Maria Kass

Traum, Symbol,

HERDER / SPEKTRUM
Band 4040

Das Buch

Träume und Symbole können den Menschen Wege zur Reifung erschließen und den Weg zu seelischen Tiefen eröffnen. Allerdings: ihre Aussagen müssen verstanden werden, ihre Bedeutung richtig für das eigene Leben entschlüsselt werden. Unsere Kultur ist – wenn es auch manchmal nicht mehr bewußt ist – in der Tiefe geprägt von religiösen Symbolen. Maria Kassel bringt hinter einer verdrängenden Rationalität diese tiefenpsychische Botschaft heilsam neu zur Sprache. Auf dem Grund unserer modernen Seele erschließt sie die Wirklichkeit jener oft verdrängten Untergründe der Träume und Urbilder, die sich nicht selten mit dem Weiblichen verbinden. Die bruchstückhaften Grenzen unseres Bewußtseins zu überschreiten und die Fähigkeit neu zu entwikkeln, zu anderen Ufern unserer Wirklichkeit vorzustoßen, ist der befreiende Weg, den sie geht. Maria Kassel untersucht das Verhältnis von Traum, Symbol(-sprache) und Religion, indem sie die Erkenntnisse der Tiefenpsychologie auf religiöse Überlieferungen v. a. des Christentums und der Bibel anwendet. Dadurch vermag sie das Unermeßliche, das in diesen Überlieferungen verschlossen ist, für Menschen heute zugänglich zu machen. Sie nimmt ihre Leser/-innen mit auf ihre eigene faszinierende Entdeckungsreise, auf einen anderen Weg zu religiösen Überlieferungen, auf dem patriarchale Einbahnstraßen erweitert und Stop-Schilder abgeschafft sind. Eine zertrümmerte Straße wird wieder frei: die des Traums als Weg zu einer heilenden, tiefen Erfahrung, an der auch weibliche Bilder das Göttliche anwesend machen.

Die Autorin

Maria Kassel, geboren 1931, Studienprofessorin an der Katholisch-Theologischen Fakultät der Universität Münster. Verschiedene Lehraufträge, Gastprofessur am C. G. Jung-Institut Zürich. Zahlreiche Publikationen, tätig u. a. in der Fortbildung von Religionslehrer/-innen/n und in der Erwachsenenbildung. Unter ihren Buchpublikationen: Das Auge im Bauch. Erfahrungen mit tiefenpsychischer Spiritualität; Sei, der du werden sollst. Tiefenpsychologische Impulse aus der Bibel.

Maria Kassel

Traum, Symbol, Religion

Tiefenpsychologische und feministische Analyse

Herder
Freiburg · Basel · Wien

Originalausgabe

Herstellung: Freiburger Graphische Betriebe 1991
Umschlaggestaltung: Joseph Pölzelbauer
Umschlagmotiv: Ernst Fuchs, Flügelaltar (geschlossen), Mutter Gottes mit dem anbetenden Jesusknaben (Ausschnitt)

ISBN 3-451-04040-9

Inhalt

Zweites Kapitel
Die feministische Perspektive wird zum Thema

Drittes Kapitel
Versuch, die tiefenpsychologische und die feministische Perspektive zu integrieren: Eine neue Hermeneutik für Religion

Einleitung

„Nun aber überschreitet unser Leben diese bruchstückhaften Grenzen des Bewußtseins. Wir sind imstande, zu anderen Ufern vorzustoßen."[1] Dies ist nicht ein berühmtes Wort eines großen Weisen, sondern die Einsicht einer armen Schweizer Bergbäuerin aus einem der hintersten Winkel Europas, einer 1901 geborenen Frau. Der Satz ist auch nicht das Fazit der Kenntnis von tiefenpsychologischen Theorien; er ist Fazit der Erfahrung eines unterdrückten Frauenlebens aus der ersten Hälfte dieses Jahrhunderts. Das Erstaunliche daran: der Satz wird von den zur gleichen Zeit entwickelten tiefenpsychologischen Lehren bestätigt, aber in seiner Erfahrungs- und Bedeutungsfülle von diesen Denksystemen nicht eingefangen. Er enthält einen Überschuß an Sinn, der an eine religiöse Aussage erinnert. Aus tiefenpsychologischem Wissen läßt sich die Bedeutung des Satzes zwar erklären, aber nicht ausschöpfen, z. B. so: Die Grenzen des menschlichen Bewußtseins sind bruchstückhaft, weil das Unbewußte ständig durch sie hindurchströmt, in den Träumen etwa; und wenn Menschen gezielt die Grenzen des Bewußtseins ins Unbewußte überschreiten, so ist das wie die Entdeckung eines unbekannten Landes, eines neuen seelischen Kontinents. Die Väter der Tiefenpsychologie (S. Freud, C. G. Jung) sowie Nachfolger/-innen haben für diese Expedition auch das praktische Rüstzeug (Psychoanalyse, -therapie) sowie das theoretische Wissen bereitgestellt; ja, sie haben den Kontinent der unbewußten Psyche bereits vermessen und kartographiert. Leider wird bei dieser Aufklärungsbemühung oft das Paradox übersehen, daß „die anderen Ufer", von denen Marie Métrailler spricht, mit zunehmender Erschließung unermeßlicher werden, ähnlich wie die Weltraumforschung eine wachsende Unermeßlichkeit des

Kosmos zutage fördert. Das Meer des psychisch Unbewußten läßt etwas wie Grenzenlosigkeit erkennen, je weiter es befahren wird. Und dieses Grenzenlose läßt sich nicht mehr nur auf ein oder auch viele menschliche Ich beziehen. Der Strom eines individuellen Unbewußten mündet, wird er weit genug befahren, in ein Meer, das der Menschheit, ja allem Seienden gemeinsam ist. Die meisten von der therapeutischen tiefenpsychologischen Praxis benutzten Fahrzeuge machen an der individuellen Grenze des Unbewußten halt; oder manche versuchen, das Meer von den „anderen Ufern" in Eimer zu schöpfen, um es dem bewußten Ich erträglich zu machen.

Religionen sind dagegen seit jeher die menschheitliche Praxis, die das Überschreiten der individuellen Grenzen zum Ziel hat. Zwar haben Religionen ihre Grenzgängerei nicht unbedingt wissenschaftlich-systematisch reflektiert. Sie haben aber versucht – und tun es zum Teil noch –, dem Ich zu helfen, sich dem Meer des Unermeßlichen auszusetzen, statt umgekehrt das Grenzenlose auf die Maße des Ich zu bringen. Religionen befahren den Traumkontinent mit dem Bestreben, das Unermeßliche als Unermeßliches zu erfahren. In den geographischen und geistigen Regionen, die zum Entstehungsraum des Christentums gehören – das sind Sumer, Babylon, Alt-Ägypten, Alt-Syrien u. a. bis hin zu Alt-Israel –, in denen das Unermeßliche als personal, das heißt in einem Gottesbild gedacht wurde, waren Träume eine, vielleicht die wichtigste Einbruchstelle des Unermeßlichen in das Leben diesseits der (Bewußtseins-)Grenze. Diese Offenbarungsquelle versickerte bereits im Alten Testament, und bis zum Neuen Testament hin ist sie praktisch versiegt. Dennoch sind auch jüdisch-christliche Glaubensüberlieferungen in der Traumsprache formuliert und weitergegeben. Erzählungen wie die von der Stillung des Seesturms durch Jesus (Markus 4,35–41 und parr), von Jesu Verklärung auf dem Berge (Markus 9,2–8 und parr), von Wunderheilungen und auch die Auferstehungsgeschichten ergeben, als historische Berichte gelesen, keinen Sinn, wohl aber als Überlieferungen von einem, der „zu anderen Ufern" vorgestoßen ist. Auch die Bergpredigt als Vision von einer Umwertung der menschlichen Elendserfahrungen und einer neuen Ethik menschlichen Zusammenlebens weist Merkmale einer Erfahrung von jenseits der Grenze auf. „Selig sind die Gewaltlosen, denn sie werden das Land erben" (Matthäus 5, 5), und „Wenn dich einer auf die rechte Wange schlägt, dann halt ihm auch die linke hin" (Matthäus 5, 39), sind Sätze, die nicht durch eine logische Argumentationskette, nach Art des bewußten Denkens, gefunden werden. Es sind bildhafte Einsichten, wie sie auf dem Traumkontinent durch Anschauung einer anderen Welt gewonnen werden. Und überliefert sind sie in der Sprache, die in jenem dem Christentum westlicher Prägung fremd gewordenen Land gesprochen wird: in der Sprache des Symbols.

In diesem Buch sind Überlegungen zusammengetragen, die das Verhältnis von Traum, Symbol(-Sprache) und Religion untersuchen. Das zu tun ist durch die in diesem Jahrhundert entwickelte Tiefenpsychologie möglich geworden, welche die Symbolsprache des Traums wiederentdeckt und ihre Baugesetze erforscht hat. Als Theologin wende ich diese im säkularen Raum gewonnenen Erkenntnisse auf religiöse Überlieferungen an und versuche so, das Unermeßliche, das in diesen verschlossen ist, für Menschen heute wieder zugänglich zu machen.

In der Theologie selbst wird allerdings die tiefenpsychologische Erforschung der religiösen Grenzgängerei eher skeptisch beäugt, obgleich doch Transzendenz, Überschreitung von Grenzen, von jeher Thema christlicher Theologie ist. Nur an einem Beispiel sei das Verhältnis von Theologie zur Tiefenpsychologie illustriert. „Verführung des Geistes" nennt ein renommierter Theologe in einer Seminarankündigung die Anwendung von „Psychologische(n) Metatheorien der Religion" auf die Erforschung des christlichen Glaubens. Und er äußert den Verdacht, daß dabei „Theologie durch Psychologie ersetzt wird"[2]. Einmal abgesehen vom Schillern des Wortes „Verführung" – wird es nicht mit Vorzug in erotisch-sexuellen Zusammenhängen verwendet? –, bleibt die Frage offen, wozu (Tiefen-)Psychologie in der Theologie angeblich verführt. Interessant ist auch, daß ein ähnlicher Verdacht gegenüber politischen und soziologischen Kategorien in der Theologie nicht geäußert wird. Warum soll gerade die Psychologie, und insbesondere die Tiefenpsychologie, als Denkmodell zum Vermitteln religiöser Themen verfemt sein? Hier drängt sich ein Gegenverdacht auf, daß nämlich vermieden werden soll, den Zusammenhang von Bewußtsein und Unbewußtem in der christlichen Theologie zu erforschen. Denn die Tiefenpsychologie ist unter allen heute in der Theologie gängigen Denkmodellen das einzige, das neben der Erforschung des religiösen „Objekts" auch eine Erforschung der Theologie treibenden Subjekte erfordert, vor allem der bei ihnen unbewußt vorhandenen Voraussetzungen sowie der Einflüsse ihrer unbewußten Persönlichkeit auf ihre jeweilige Theologie. Gerade dies ist notwendig in einer Zeit, in der es möglich geworden ist, nicht nur das physikalische, sondern ebenso das psychische Universum vollständiger und genauer zu erkennen als je zuvor. Das gilt zumal für eine Zivilisation wie die wissenschaftlich-technische, für die das Phänomen Religion sich erledigt hat und irrelevant geworden ist. Daß religiöse Überlieferungen es stets mit der seelischen Welt der Menschen zu tun hatten, dürfte außer Frage stehen. Zu erforschen, welche Zusammenhänge bestehen zwischen Glaubenstraditionen und der unbewußten seelischen Welt, vor allem den Träumen als deren universaler Manifestation, kann nicht unsinnig und selbstverständlich nicht verboten sein. Ob liebgewordene theologische Vorstellungen dabei zu Fall kommen, muß sich zeigen. Diese Möglichkeit kann jedoch nicht als Verdikt vor einer tiefenpsychologischen Theologie aufgestellt werden.

So wird in diesem Buch versucht, bewußt die „anderen Ufer" anzusteuern, unabhängig von den Vorgaben religiöser Institutionen, unabhängig auch von möglichen Ängsten, die sich als Verdacht artikulieren, in anderen theologischen Richtungen.

Das andere Denkmodell, das hier zunächst parallel und dann in Konvergenz mit dem tiefenpsychologischen angewandt wird, ist das feministische. Es ist in meiner theologischen Forschungsarbeit als zweites hinzugetreten und wird deshalb in der Einführung zum zweiten Kapitel erläutert.

Der Aufbau des Buches folgt zwei strukturierenden Linien, die ich miteinander zu kombinieren versucht habe. Die erste ist eine chronologische Linie, die sich durch die fortlaufend numerierten Texte ergibt. An ihr entlang kann die Entwicklung einer tiefenpsychologischen und feministischen Theologie bis zu ihrer Integration verfolgt werden. Diese Linie spiegelt auch die zunehmend deutlicher werdende Erkenntnis vom Zusammenhang zwischen Traum, Symbol(-Sprache) und Religion sowie die Kehrseite dieser Einsicht in die Verbindung vom Verlust des Traums als religiöser Offenbarung und der Unterdrückung des weiblichen Gottesbildes. Die fortlaufende Lektüre des Buches gibt somit Einblick in das Entstehen und den Ausbau eines neuen theologischen Denkens. Die zweite Strukturlinie ist systematisch akzentuiert und wird durch die drei Kapitel repräsentiert. Dieses Prinzip ermöglicht eine auswählende Lektüre, z.B. von tiefenpsychologischen und/oder feministischen Textinterpretationen, evtl. nur mit Blick auf die praktische Symbolarbeit oder zur Information über den Theorierahmen.

Beide Arten des Lesevorgehens werden auf Wiederholungen stoßen, die sich bei näherem Hinsehen aber als nicht ganz identisch erweisen, sich vielmehr als Weiterentwicklung einer Metapher, eines Gedankens, eines Arguments zu erkennen geben. Die hier dargelegte Theologie ist in der Weise einer Spiralbewegung entstanden: Eine zunächst vorläufige Einsicht ist auf der nächsten Suchebene oft erhalten geblieben, hat sich aber verengt oder erweitert, präzisiert und differenziert oder sich in einem größeren Kontext gezeigt. Dieser Suchprozeß ist am Ende des Buches offen und geht, so hoffe ich, weiter. Denn die Integration von tiefenpsychologischer und feministischer Theologie steht erst am Anfang.

Eingerahmt ist das Buch von zwei kurzen Texten mehr poetisierender als diskursiver Art. Prolog und Epilog bilden die Pfeiler, zwischen denen sich der Bogen spannt vom Beginn meiner Arbeit an religiösen Traditionen und Symbolen bis zu ihrem heutigen Stand. Beide Texte stammen aus den letzten Jahren. Das im Prolog gestaltete Erlebnis vom Anfang meines Studiums war mir in der Erinnerung zwar immer zugänglich, aber die Symbolik seiner Paradoxie habe ich offensichtlich erst nach Jahrzehnten erfaßt, zu einem Zeitpunkt, da die Theologie, die ich selbst entwickle, sich erdenweit von der entfernt hat, die ich anfangs studiert habe, studieren mußte. Daß ich, um der christlichen Spur von der Berührung mit dem Unermeßlichen zu folgen, die griechische Sprache, in der von dieser Spur berichtet wird, zu lernen hatte, finde ich sinnvoll; daß ich sie mir nicht an dem Berichteten selbst aneignen durfte, sie vielmehr aus Kriegsberichten pauken mußte, gibt sich als kompletter Widersinn zu erkennen; denn ein und dieselbe Sprache bleibt sich ja nicht gleich, wenn sie von einem Inhalt, den sie ausdrückt, auf einen konträren übertragen wird[3]. Und der sprachliche Widersinn wiederholt sich inhaltlich, wenn die Überlieferung von Jesus, dem Verkünder der Friedensbotschaft des Reiches Gottes, lesen gelernt werden muß mit Hilfe einer Kriegsberichterstattung. Daß ich damals nicht nur in das Loch meiner Prüfungsangst gefallen bin, sondern auch in diesen theologisch-religiösen Widersinn, jedoch ohne ihn als solchen zu erkennen, habe ich erst allmählich verstehen gelernt mit dem Herausbilden eines differenzierteren tiefenpsychologischen und dann auch feministischen Bewußtseins. Heute betrachte ich die damalige Erfahrung als die symbolisch vorweggenommene Einsicht in den Irrsinn patriarchaler Denk- und Verhaltensmuster. Am eigenen Leibe erlebt, in diesem gespeichert und so gewissermaßen von Anfang an auf Nicht-Funktionieren in diesen Mustern eingestimmt, wird diese Erinnerung unbewußt am Erarbeiten meiner tiefenpsychologisch-feministischen, an einer unkonventionellen Theologie mitgewirkt haben.

Ähnliches spricht die Geschichte von meinem Verhältnis zum Stein im Epilog aus. Sie enthält in verdichteter Form meinen ganzen Arbeits- und Forschungsweg mit religiösen Überlieferungen, den Weg des Suchens, Findens und wieder Verlierens, neuen Suchens und – wie mir dieser sich windende Weg die Zuversicht vermittelt hat – auch immer wieder möglichen Findens. Die am Weg liegenden verschiedenartigen Steine markieren die unterschiedlichen Stadien meiner Theologie mit den zwei markantesten Abzweigungen: der ersten von den vorkonziliaren abstrakten Prinzipien[4], wie Gott und seine Offenbarungen nur gedacht werden dürfen, von einer männlichen Theologie, die keine Ahnung zu haben schien von den „anderen Ufern" jenseits der „Grenzen des Bewußtseins", hin zu einer tiefenpsychologischen Theologie, die versucht, Menschen die „anderen Ufer" in den Blick zu bringen und sie zur Fahrt in Richtung des unermeßlichen Meeres zu bewegen; und mit der zweiten Abzweigung, die ich eher als einen Parallelweg zur ersten betrachte, hin zu einer feministischen Theologie, die Frauen nicht nur von dem sie erdrückenden patriarchalen Stein befreien, sondern ihnen auch einen Weg zu einer aus ihnen selbst wachsenden Identität zeigen möchte.

Die beiden Abzweigungen von der alten Theologie versuche ich in den beiden ersten Kapiteln aus verschiedenen Blickwinkeln zu erhellen. Im dritten Kapitel zeichnet sich das Aufeinanderzulaufen und eine Vereinigung der beiden Abzweigwege ab, der Beginn eines anderen Weges zu religiösen Überlieferungen, auf dem patriarchale Einbahnstraßen erweitert und Stop-Schilder abgeschafft sind, dafür zertrümmerte Straßen wieder aufgebaut werden: die des Traums als Weg zu religiöser Erfahrung, verbunden mit der, an der weibliche Bilder das Göttliche anwesend machen.

Prolog

Loch im Boden. Eine poetische Studie

Prüfung. Sie sitzt am schmalen Tisch vor den beiden Herren, Gymnasialdirektoren, Altphilologen. Der eine stellt die Fragen, der andere schreibt Frage und Antwort ins Protokoll. Die Studentin will Gott verstehen lernen; deshalb studiert sie die Wissenschaft von seinen Offenbarungen und Überlieferungen. Die Bibel vor allem, das Wort seines Sendboten Jesus, soll sie in deren eigener Sprache studieren. Sie hat sich gefreut, diese zu lernen und der Gottesmitteilung so auf den Grund zu kommen. Sie war fleißig im Sprachkurs und las und übersetzte, und übersetzte und las, wie von ihr verlangt: Xenophon, „Anábasis" – die Geschichte und Geschichten von Heereszügen, Aufmärschen, militärischen Aktionen und mannhaften Kämpfen mit ebensolchem Sterben. Geübt werden mußte die Sprache ja, das war ihr klar, wenn sie Jesus und seine Botschaft richtig verstehen wollte.

Und nun: das Graecum. Interessante Fragen stellt ihr der Prüfer als einer seiner guten Kursteilnehmerinnen, etwas schwierigere als gewöhnlich. Sie merkt gleich: er gibt ihr die Chance, eine gute Note zu bekommen. So strengt sie sich an, um das Vertrauen in sie zu rechtfertigen.

Doch siehe da: was gerade an die Oberfläche ihres Wissens und in die Formulierung drängen wollte, flutscht weg wie ein glitschiger Fisch, den sie nicht mehr zu fassen kriegt. Herzklopfen; erstauntes Aufblicken bei den Herren. Neuer Versuch. Der Prüfer variiert die Frage, gibt eine kleine Hilfsinformation. Die Kandidatin fängt an zu reden; aber es trifft nicht das Gemeinte; sie merkt es an den Blicken, welche die beiden Herren rasch, doch unverkennbar austauschen; auch spürt sie es an der eigenartigen Distanz und Gefühllosigkeit, die in ihr aufsteigt. Was sie sagt, wird zusammenhangloser, die Wissenslöcher dazwischen kann sie nicht füllen. Sie registriert es wie bei einer anderen Person.

Sie registriert auch, daß die Fragen immer einfacher werden und das Erstaunen des Prüfers immer größer. Was schreibt der andere nur dauernd nieder? Ihr Kopf arbeitet angestrengt und würfelt viele Brocken des Gelernten durcheinander; ein paar Zufallsfunde teilt sie mit mühsamer Zunge den Herren mit. Es spricht aus ihr – sie ist es und sieht sich zugleich wie eine Fremde, während Panik in ihr hochkriecht und sie starr werden läßt. Noch immer weiß sie, daß dies eine Prüfung ist, die sie zu bestehen hat, ihre erste Prüfung an der Universität. *Dieses* Wissen überschwemmt bald die letzten Wissensbrocken von Grammatik, von Deklinationen und Konjugationen und ertränkt sie.

Gerade ist der ratlose Prüfer beim einfachsten Beispiel des griechischen Verbs angelangt; und die Studentin setzt an zu konjugieren: paideuo – paideuso / ich erziehe – ich werde erziehen ... sie stockt; der Boden unter ihr hat sich aufgetan. Der Stuhl, ihre Beine schweben über einem schwarzen Loch. Sie sieht es mit starr geradeaus gerichtetem Blick. Krampfhaft spannen sich alle Körpermuskeln an, sie will nicht hinunterstürzen. Aber es hilft nichts, sich am Stuhl festzuhalten – der unaufhaltsame Sturz ins Bodenlose setzt ein. Als Schwindel ihren Kopf erfaßt und sie vom Stuhl zu fallen droht, ist die Prüfung zu Ende. Die Herren entlassen sie, mild mit ihr sprechend und völlig konsterniert. Das nimmt sie beim Aufstehen schon wieder wahr. Ihr marionettenhafter Gang zur Tür läßt dennoch den Gedanken ein: durchgefallen; aber ihrem kalten und starren Körper bedeutet es nichts mehr.

Als sie draußen langsam wieder auftaut, kommt schon die Nachricht von drinnen: bestanden, als eine der drei von neun Geprüften bestanden. Der letzte Trost – schriftlich hatte sie Xenophons Kriegsberichte gut in ihre Muttersprache herübergebracht.

Das Loch im Boden war zu. Unter dünnen Brettern konnte es sich bei jedem Schritt neu auftun; denn es war an vielen Orten.

Erstes Kapitel

Ein neues theologisches Denken entsteht: Bibel und Tiefenpsychologie

Zur Einführung

Oft werde ich bei Vorträgen und Seminaren gefragt, wie ich dazu gekommen sei, tiefenpsychologische Betrachtungsweisen in die Theologie einzuführen. Da ich diese Frage nie mit der Angabe eines bestimmten Anfangsdatums, nicht mit dem Verweis auf eine einmalige Entscheidung beantworten konnte, habe ich dem mehr oder weniger absichtslosen Entstehen meiner tiefenpsychologischen Bibelexegese nachgespürt und bin dabei in die zweite Hälfte der sechziger Jahre gelangt; die tiefenpsychologischen Anfänge in meinem Denken reichen somit fast ein Vierteljahrhundert zurück. Da diese Sichtweise es stets mit Erfahrung und infolgedessen mit menschlichen Lebensvollzügen zu tun hat, setzte meine tiefenpsychologische Exegese auch nicht mit einer wissenschaftlichen Hypothesenbildung ein, sondern wurde beim tiefenpsychologischen Gang durch meine Biographie als Ahnung einer Möglichkeit geboren. Vorangegangen waren Jahre der Bibelabstinenz – für eine Berufstheologin ein Alarmsignal –, hervorgegangen aus der Abnutzung der historisch-kritischen Bibelexegese, die ich zehn Jahre zuvor mit Begeisterung entdeckt und mit Gewinn für mich und die theologische Arbeit in und außerhalb der Universität betrieben hatte. Einen ähnlichen Leerlauf wie mit der historisch-kritischen innerhalb eines Jahrzehnts habe ich nach nun mehreren Jahrzehnten mit der tiefenpsychologischen Exegese nicht erlebt; im Gegenteil: je differenzierter und vielfältiger ich sie anzuwenden gelernt habe, um so fruchtbarer erwies und erweist sie sich. Dies werte ich als ein Kriterium für ihre wissenschaftliche Angemessenheit sowie für die Brauchbarkeit der tiefenpsychologischen Analyse bei der Vermittlung religiöser Traditionen.

Wie aber ist es damals von der Ahnung zur Realisierung gekommen? Wie hat es in meiner Theologie mit der tiefenpsychologischen Arbeit angefangen? In meinen Unterlagen finde ich die ersten, noch punktuellen Versuche, biblische Überlieferungen tiefenpsychologisch auszulegen, in einer Vorlesung zum Alten Testament im Wintersemester 1967/68, und zwar an zwei Stellen: mit Bezug auf den Exodus (2. Buch Mose) und auf die Landnahmetradition (Buch Josua). Beim Exodus warf ich den tiefenpsychologischen Blick auf den Rückkehrwunsch der aus der Sklaverei ausgezogenen Israeliten nach den Fleischtöpfen Ägyptens, bei der Landnahme auf die Reklamierung des Landbesitzes durch Jahwe. Zu beiden Stellen habe ich damals die tiefenpsychologische Einsicht entwickelt, daß die äußere Freiheit nicht von selbst einhergeht mit innerer Unabhängigkeit, daß die sozial und politisch Befreiten nicht automatisch auch psychisch freie Menschen sind; daß erst der Aufbruch aus dem emotionalen Gebundensein an eine bestimmte Lebensform – z. B. an materiellen Wohlstand, und sei er noch so bescheiden, sogar an ein Dasein als Unterdrückte (Sklaven in Ägypten), an Orte und Menschen der Herkunft usw. – dazu befähigt, auch eine freiheitliche politische Ordnung an einem neuen Lebensort aufzubauen – bezeichnend dafür, daß die aus Ägypten ausgezogene Generation noch nicht ins verheißene neue Land gelangen kann, selbst Mose nicht, da diese Menschen offensichtlich ihre innere Unfreiheit noch mit sich tragen; daß der Einzug erst der unterwegs in der Wüste geborenen Generation möglich wird; daß aber auch diese aus der Zeit der äußeren Befreiung stammenden Israeliten das eroberte Land nicht besitzen dürfen, daß vielmehr Gott sich das Eigentumsrecht vorbehält – eine starke symbolische Warnung, sich nicht erneut festzusetzen und so wieder in innere Abhängigkeit zu geraten.

Es scheint mir aus der Rückschau nicht von ungefähr zu sein, daß sich meine ersten tiefenpsychologischen Interpretationsversuche auf Texte richteten, die es mit verändernder Bewegung zu tun haben, die Übergangssituationen und Wandlungsvorgänge erzählen. Mir damals wahrscheinlich noch nicht ganz bewußt, habe ich mich von Beginn an der Urform biblischer Botschaft und zugleich tiefenpsychischer Erfahrung zugewandt: dem Thema des Aufbrechens, des Unterwegsseins, des Zugehens auf ein Ziel, das sich zwar deutlich abzeichnet, beim Näherkommen aber sich immer wieder entzieht und neu konstituiert, daher zu immer neuem Aufbruch nötigt. Dieses Grundmuster des psychischen Menschwerdens zieht sich vom Anfang her durch meine tiefenpsychologisch-theologische Arbeit bis heute. Es hat sich in der praktischen Symbolarbeit bestätigt – z. B. bei Imaginationen mit vielen Gruppen; und diesem anthropologischen Leitmotiv folgt auch die später erarbeitete tiefenpsychologische Theorie über den Charakter religiöser Überlieferungen.

Die Idee, den tiefenpsychologischen Zugang zur Bibel systematisch auszubauen und diese neue theologische Perspektive auch zu veröffentlichen, nahm dann bei einer Vorlesung über die Patriarchenerzählungen der Genesis im Wintersemester 1973/74 deutliche Gestalt an, und ein erstes Interpretationsbeispiel wurde 1974 veröffentlicht (I, 1). Sechs Jahre lang hat somit die Inkubationszeit bzw. die psychische Schwangerschaft gedauert, bis für mich ans Licht kam, daß das tiefenpsychologische Verfahren eine zukunftsträchtige Perspektive für die Theologie sein kann. Das ist keine zu lange Zeit für das Reifen tiefenpsychischer Prozesse; denn in den seelischen Urbildregionen gelten die Gesetze der bewußten Tag-Zeiten nicht. Meistens ist dort viel Geduld und Wartenkönnen gefragt; dann aber kann es auch zu schnellen Durchbrüchen von intensiver Aktivität kommen. Die zeitliche Entwicklung meiner tiefenpsychologischen Theologie kann verstehbar machen, daß diese nicht am Schreibtisch ausgedacht, wenngleich dort formuliert worden ist. Schreiben konnte und kann ich vielmehr immer erst dann, wenn der tiefenpsychologische Erfahrungs- und Erkenntnisprozeß bei mir selbst einen gewissen Reifegrad erlangt hat. Und diese Zeitspannen lassen sich nicht durch Planung im Terminkalender festlegen. Wohl läßt sich der richtige Zeitpunkt zum Ausformulieren durch Aufmerksamkeit für die eigene tiefenpsychische Entwicklung recht genau wahrnehmen.

Mit der Beschreibung meines Arbeitsprozesses möchte ich die Eigenart des tiefenpsychologischen Arbeitens in der Theologie verdeutlichen. Dieses neue theologische Paradigma wird seine Lebensfähigkeit nicht dadurch erweisen – oder auch widerlegen –, daß die Konzepte der „Väter" der Tiefenpsychologie denkerisch möglichst genau in die Theologie eingeführt und die überlieferten religiösen Urbilder mit Hilfe einer tiefenpsychologischen Theorie beschrieben werden. Lebensfähigkeit und Fruchtbarkeit der Tiefenpsychologie für die Theologie werden sich vielmehr daran erweisen, ob bzw. inwieweit die tiefenpsychologische Relevanz religiöser Symbole in heutiges Leben, individuell und gesellschaftlich, integriert werden kann. Um dies leisten zu können, bedarf es eines aus tiefenpsychischer Erfahrung gewonnenen Wissens um die subjektiven und strukturellen Voraussetzungen, welche in die Erforschung einer religiösen Tradition oder eines Themas einfließen und die bei *jedem* Theologietreiben gegeben sind. Dazu gehört z. B. die Glaubensposition der Forschenden, die nie nur aus eigener Entscheidung sich gebildet hat, sondern auch durch die persönliche Lebensgeschichte bestimmt worden ist; dazu gehören (amts-)kirchliche Rahmenbedingungen, durch die bestimmte theologische Forschungsrichtungen begünstigt und gefördert und andere zurückgewiesen und sanktioniert werden; dazu gehört die jeweils verschiedene Lebenswelt von kirchlichen Amtsträgern und von Laien, die Theologie betreiben, sowie besonders die unterschiedliche Stellung in der kirchlichen Tradition und der infolgedessen unterschiedliche Zugang von Männern und Frauen zur religiösen Symbolik und ihrer Erforschung u. a. m. Alle diese Faktoren haben unbewußte Einsprengsel, und diese prägen die jeweilige Art von Theologie. Tiefenpsychologische Theologie hat per definitionem diesen Tatbestand nicht nur festzustellen oder über ihn zu reden; sie hat ihn mit tiefenpsychologischen Methoden aufzuklären; und dazu bedarf es eigener tiefenpsychischer Erfahrung der Forschenden.

Daß die unbewußten Voraussetzungen der theologischen Forschung zum Thema ebendieser Forschung gemacht werden, hat es bislang in der theologischen Wissenschaft nicht gegeben. Dies gerade ist das eigentlich Neue an der tiefenpsychologischen Theologie in allen ihren Bereichen. Deshalb ist für die tiefenpsychologisch-theologische Textinterpretation und Theoriebildung eine Praxis tiefenpsychischer Erfahrung unabdingbare Voraussetzung. Daß eine denkerisch entworfene Theologie nicht nachträglich auf die Lebens- und Glaubenspraxis angewandt wird, daß vielmehr das Theologisieren mit der Praxis der religiösen Erfahrung beginnt und aus dieser eine theologische Theorie entwickelt wird, ist das Spezifikum einer tiefenpsychologischen Theologie und insbesondere Exegese.

Solche Präzisierungen tiefenpsychologischer Exegese sind langsam erfolgt, mit vorangebracht zunächst durch kritische Einwände von Studierenden in den erwähnten Vorlesungen. Vor allem war der in den Diskussionen aufgeworfenen Frage nachzugehen, inwiefern es berechtigt sei, den Verfassern der biblischen Texte selbst unbewußt gebliebene Motive der Gestaltung durch eine tiefenpsychologische Untersuchung herauszuinterpretieren. Dies konnte nur durch eine neue, jetzt bewußte Begegnung mit der unbewußten Motivschicht religiöser Überlieferungen geklärt werden. Die Hypothese war zu prüfen, ob die am Anfang des Jahrhunderts von S. Freud, C. G. Jung u. a. entdeckte Gesetzlichkeit des Unbewußten sich im tiefenpsychologischen Dialog mit biblischen Texten einstellen und bewahrheiten würde. Und so kündigte ich für das Sommersemester 1975 mein erstes tiefenpsychologisch-theologisches Seminar an mit dem noch recht allgemeinen Titel „Mehrdimensionale Schriftauslegung als Ziel biblischen Religionsunterrichts“[5]; und als Gruppe von zehn Interessierten begannen wir die Arbeit ohne eine rechte Vorstellung davon, wie das methodisch gehen könne.

Wir befaßten uns mit verschiedenen Texten, zu denen die Studierenden eine persönliche Beziehung hatten; ein besonderes Gewicht gewann dabei die alttestamentliche Jonageschichte. Zum erstenmal ließ ich in einem Seminar am Anfang die Sekundärliteratur weg; und die Gruppe wagte es, sich, ungeschützt durch eine anerkannte Methodik, den Bibeltexten zu nähern. Wir kreierten sozusagen die erste tiefenpsychologische Spontanmethode, das Assoziieren. Dabei traten wir aus der historischen und wissenschaftlichen Distanz zum biblisch Überlieferten heraus und setzten uns mit unseren heutigen Lebenserfahrungen den religiösen Symbolen aus, z.B. dem Verschlungen- und Wiedergeborenwerden wie Jona vom Fisch. Erst im zweiten Durchgang brachten wir das dabei Erfahrene mit den Ergebnissen der herkömmlichen Exegese in Verbindung, und bei diesem Schritt kam Sekundärliteratur zum Zuge. Dann versuchten wir ansatzweise eine neue Exegese, die sich zusammensetzte aus der unmittelbaren Begegnung mit den biblischen Symbolen und der historisch-kritischen Untersuchung eines Bibeltextes. Die Ergebnisse dieser Arbeit fielen in diesem ersten tiefenpsychologischen Seminar freilich noch recht bescheiden aus. Aber die große Überraschung am Ende des Semesters: Alle Beteiligten meinten, dies sei für sie das bisher wichtigste Seminar gewesen, denn sie hätten aus der tiefenpsychologischen Sicht begriffen, daß sich ein Theologiestudium auch heute noch für sie lohne.[6]

Was mir damals noch nicht klar war, sich aber heute so zeigt: Das Seminar bedeutete einen Durchbruch zu einer neuen theologischen Sichtweise. Von da an wurden weitere Erfahrungsmethoden gefunden und erfunden. Und mit Hilfe der Archetypentheorie von C. G. Jung wurde allmählich eine tiefenpsychologische Bibelexegese aus den beschriebenen Anfängen systematisch ausgebaut. In die tiefenpsychologische Interpretation wurden andere Textgattungen einbezogen, auch die damals noch schwierig zu bearbeitenden mythischen. Ausflüge zu nichtbiblischen Textarten und Vergleiche mit ihnen förderten die tiefenpsychologischen Erkenntnisse auch für die Bibel (I, 2). Der Schritt zur Anwendung der Methode auf das Neue Testament, insbesondere auf die Evangelien, war nicht ganz leicht; denn nach damals mehr als 25jähriger Prägung durch eine mehr oder weniger (kirchlich) anerkannte Theologie stellte sich mir anfangs ernsthaft die Frage, ob die tiefenpsychologische Sicht auch auf die Person Jesu angewandt werden dürfe. Auch boten sich alttestamentliche Texte mit starker

Erzähldynamik wie die Vätersagen, die Auszugsüberlieferungen, die Urgeschichte u. a. eher an für eine Auslegung auf ihre Psychodynamik hin als die oft mehr gerafft und verdichtet gestalteten Texte der Evangelien. Schließlich ergab sich hier mit den Wundergeschichten als Erzählungen von existentiell aufrührenden Erfahrungen der Einstieg (I, 3).

Ergiebig erwies sich die tiefenpsychologische Methode bald nicht nur für in sich abgeschlossene Einzelperikopen, sondern auch für biblisch-theologisch komplexe Themen wie die Auferstehung Jesu (I, 4) oder die Frage nach einem biographischen bzw. zutreffender: nach einem psychographischen Grundmuster der Jesusüberlieferung (I, 5)[7], oder für das eschatologische Thema von Himmel und Hölle (I, 6). Aus der zunehmenden tiefenpsychologischen Erfahrungsarbeit mit Gruppen und aus inzwischen breitgestreuten Einzeluntersuchungen entwickelte sich dann mehr und mehr auch die theoretische Fundierung einer tiefenpsychologischen Exegese, von der in diesem Kapitel nicht das anfängliche, sondern ein mittleres Stadium zur Sprache kommt (I, 7).

Dieses erste Kapitel bleibt am Schluß offen; es bietet (noch) keinen Ausblick in die weitere Entwicklung meines tiefenpsychologisch-theologischen Ansatzes. Das liegt daran, daß sich schon früh mehr oder weniger unbewußt eine weitere neue Sichtweise in die tiefenpsychologische eingeschlichen hat und in der zweiten Hälfte der achtziger Jahre immer stärker zum Tragen kam. Davon handelt das zweite Kapitel.

1. Gotteserfahrung setzt Selbstbegegnung voraus – Jakobs Kampf mit dem Fremden (Genesis 32, 23–32)[8]

Die Symbolsprache alttestamentlicher Sagen

Seit längerem läßt sich feststellen, daß der Zugang zur Botschaft des Alten Testaments immer schwerer zu erschließen ist und daher Versuche dazu häufig unterbleiben. Die Schwierigkeit dürfte bei den Sagen, z. B. den Vätersagen der Genesis, besonders groß sein, da sie das Verlangen nach historischer Erweisbarkeit ihres Inhalts nicht befriedigen können und eine andere Form von Wahrheitsmitteilung alter Texte als die historische für Menschen des technisch-industriellen Zeitalters nur mühsam einsichtig zu machen ist. Sagen werden leicht, wie Mythen und Märchen, als primitive, allenfalls Kindern gemäße Erzählungen betrachtet. Ein neuer Zugang zu ihnen kann wohl nur dann erschlossen werden, wenn eine auch heute existentielle Bedeutsamkeit dieser Texte zu erweisen ist.

Es muß also Ausschau gehalten werden nach Hilfen, welche die alten Überlieferungen Israels in ihrer anthropologischen Relevanz wieder so zum Sprechen bringen, daß ihr Angebot an Sinngebung für das menschliche Leben auch als für heute gültig erkennbar wird. Zu diesem Zweck genügt es nicht, sich auf die Erschließung des spezifisch israelitischen Heilsverständnisses zu beschränken. Da dies bei den sehr alten Stoffen meistens nur die jüngste bzw. letzte Motivschicht darstellt, gilt es, darüber hinaus das in den viel älteren, häufig aus weit vorisraelitischer Zeit stammenden Traditionsschichten angesiedelte allgemeinmenschliche Selbstverständnis mit seinem religiösen Horizont zu erheben.

Einheitlichkeit in ihrer Mehrdimensionalität gewinnen die alten Sagen Israels dadurch, daß sie – wie die Sagen und Mythen der Völker allgemein – der Niederschlag von menschlichen Grunderfahrungen sind. Mit C. G. Jung können diese auch als der Menschheit gemeinsame archetypische Erfahrungen bezeichnet werden.[9] Das formale und intentionale Charakteristikum solcher durch viele Jahrhunderte weitervermittelter Erfahrungen kann darin gesehen werden, daß durch Erzählen menschliche Schicksale vergegenwärtigt und so eigene Lebens- und Erlebensweisen zu verstehen versucht werden. In den Vätersagen des Alten Testaments werden die erzählten Erfahrungen unter einem doppelten Aspekt gestaltet: Sie resultieren aus den sozialen Ur-Konstellationen – daher erscheinen sie in der Form von Familiensagen; und sie tendieren auf die Erschließung von Daseinssinn in den unterschiedlichen Lebensvollzügen.

Eine archetypische Deutung alttestamentlicher Sagen versucht, diese menschlichen Grunderfahrungen herauszuarbeiten. Als tiefenpsychologisches Verstehensmodell erweitert sie die historisch-kritischen Methoden der Bibelauslegung. Ihr geht es nicht um den Aufweis der im Text manifesten, rational nachvollziehbaren Aussagen, sondern um das Verstehen der Symbolsprache des Textes. Da die Grunderfahrungen in diesen Texten nicht in einem Begriffssystem ausgesagt, sondern in Bildern anschaubar gemacht sind, bedarf es zu ihrem Verständnis der Fähigkeit, Lebensvorgänge in Symbolen erfassen zu können. Das Spezifische einer Interpretation alttestamentlicher Sagen auf Archetypen hin liegt dann darin, daß den alten Erzählern selbst unbewußt gebliebene Implikationen ihrer Symbolik mittels heutiger psychologischer Erkenntnis bewußtgemacht werden können. Das Problem einer Auslegung heute zeigt sich darin, daß Menschen, die in der Zeit rationaler Aufklärung leben, weithin keinen intuitiven Zugang mehr zur Symbolsprache alter Sagen haben; er muß ihnen vielmehr erst auf dem Wege über Bewußtmachung erschlossen werden. Daß dieses Problem mit Hilfe tiefenpsychologischer Auslegungsschemata heute lösbar ist, bedeutet die große Chance, den Lebenswert wichtiger alttestamentlicher Traditionen zu reaktivieren.

Im folgenden soll versucht werden, an einem Textbeispiel einen solchen Verstehensprozeß in Gang zu bringen.

Die Mehrdimensionalität der Erzählung vom Jabbok-Kampf – Genesis 32, 23–32

23 In derselben Nacht stand er auf, nahm seine beiden Frauen, seine bei-
den Mägde sowie seine elf Söhne und durchschritt die Furt des Jabbok.
24 Er nahm seine Familie und ließ sie den Fluß überqueren. Dann
schaffte er auch seinen Viehbestand hinüber; 25 er blieb allein zurück.
Da rang mit ihm ein Mann, bis die Morgenröte aufstieg. 26 Als der Mann
sah, daß er ihm nicht beikommen konnte, schlug er ihn aufs Hüftgelenk.
Jakobs Hüftgelenk renkte sich aus, als er mit ihm rang. 27 Der Unbe-
kannte sagte: Laß mich los, denn die Morgenröte ist aufgestiegen! Jakob
aber entgegnete: Ich lasse dich nicht los, wenn du mich nicht segnest.
28 Jener fragte: Wie ist dein Name? Jakob, antwortete er. 29 Da sprach der
Mann: Nicht mehr Jakob wird man dich nennen, sondern Israel; denn
mit Gott und Menschen hast du gestritten und hast gewonnen. 30 Nun
fragte Jakob: Nenne mir doch deinen Namen! Jener entgegnete: Was
fragst du mich nach meinem Namen? Dann segnete er ihn dort. 31 Jakob
gab dem Ort den Namen Penuël (Gottesgesicht) und sagte: Ich habe Gott
von Angesicht zu Angesicht gesehen und bin doch mit dem Leben davon-
gekommen.
32 Die Sonne schien bereits auf ihn, als er durch Penuël zog; er hinkte
an seiner Hüfte.

Es handelt sich bei diesem Text um eine vielschichtige Erzählung, die manche Vorstadien bis zu ihrer endgültigen Form durchlaufen hat. In ihrer Endgestalt ist sie widersprüchlich und durchsetzt von Brüchen. Zu erklären ist dieser Tatbestand damit, daß das ganze, in langer Tradition gesponnene Motivationsgeflecht erhalten geblieben ist, wobei keineswegs die Motive der jüngsten Entwicklungsstufe dominieren, sondern die aller Traditionsschichten eigentlich ein gleich starkes Gewicht besitzen. Folgende Traditions- und damit Motivschichten sind von Bedeutung:

Am Anfang hat wahrscheinlich eine Gespenstergeschichte gestanden. Das war schon lange vor der Rezeption durch die Tradition Israels. Folgende Elemente sind charakteristisch für diese Erzählstufe: der Vorfall ereignet sich bei Nacht; ein unbekannter gefährlicher Geist, an einem Fluß lokalisiert, tritt auf; er fällt einen Menschen an, ist von diesem aber nicht zu bezwingen; aber auch er kann den Menschen letztlich nicht bezwingen; der Geist verliert seine Macht mit hereinbrechendem Tageslicht; der Mensch gewinnt im Kampf dem Geist etwas ab (Segen), aber er bleibt auch von dem Erlebnis gezeichnet. Das sind verbreitete Motive dieser Erzählgattung.

Man wird die Frage stellen müssen, was Menschen veranlaßt, solche Geschichten zu erzählen, sie immer wieder zu erzählen, wie die Erhaltung der frühesten Traditionsstufe in der Jabbokgeschichte durch Jahrhunderte hin zeigt. Ein Ansatzpunkt für das Verstehen dieses Erzählprozesses ist der Flußübergang als Symbol für eine Umbruchsituation im Leben eines Menschen oder von Menschengruppen. Der Flußgott als dämonische Macht versinnbildet das Gefährliche solcher Übergangs- oder Krisensituationen. Offenbar werden hierin Mächte des Unbewußten symbolisiert, denen der Mensch sich nicht gewachsen fühlt, von denen er verschlungen zu werden fürchtet. Von daher ist auch zu verstehen, daß der Fluß in der mythischen Vorstellungswelt zum Todessymbol geworden ist.[10] Die dämonischen Flußgötter haben nur bei Nacht über Menschen Macht; mit dem anbrechenden Tag müssen sie verschwinden. Das zeigt an, daß das bedrohliche, unbekannte Unbewußte seine Macht durch das Licht des Bewußtwerdens verliert. Man kann sagen: die Umbruchsituation, in der es um Tod und Leben geht, tendiert der ihr innewohnenden Zielgerichtetheit nach auf Licht, auf neues Leben, auf neue Geburt aus dem Dunkel. Auch dieser Aspekt wird gern im Fluß symbolisiert.[11] Für Israel mußte das ambivalente Symbol des Flußübergangs von besonderer Bedeutung sein, da es sich in seinem Ursprung auf Nomaden zurückführte, für deren Lebensweise Übergangssituationen typisch sind. So steht ja auch im Zentrum des heilsgeschichtlichen Credo das Zeichen des Übergangs über Wasser – der Durchzug durchs Schilfmeer, der von Israel als Ursprungsdatum seines Gottesverhältnisses und Volkwerdens erfahren wurde. Von daher gesehen, steht die Geschichte von Jakobs Kampf am Jabbok sehr nahe der Mitte von Israels Selbstverständnis.

Ein neuer Motivationsstrang kam in die Erzählung durch Übertragung auf den Stammvater Israels. Der Stammvater geht aus dem Kampf mit dem göttlichen Wesen zugleich als bezwungen (er hinkt) und überlegen (gesegnet) hervor. Der Name Jahwe ist auf dieser Stufe – wie auch später – nicht auf das göttliche Wesen übertragen worden

In einer nächsten Weiterbildung ist die Geschichte zu einer Israel-Erzählung geworden. Sie berichtet von dem Ursprung des Volkes im Stammvater, der von Gott – mit dem jetzt nur Jahwe gemeint sein kann – den Namen des späteren Volkes „Israel" erhält. Insofern spricht die Erzählung in dieser Motivschicht vom Gottesverhältnis Israels.

Jakobs Wandlung und Gotteserfahrung

In Verbindung mit der Jakob-Esau-Erzählung, in welche die Geschichte vom Kampf am Jabbok mitten hineingesetzt ist, wird in Genesis 32 die Auseinandersetzung Jakobs mit seinem Schatten geschildert, mit der von ihm abgewehrten unbewußten Seite seiner Person, der dunklen animalischen Lebensbasis, die in den Jakobsgeschichten durch den Zwillingsbruder Esau personifiziert wird.[12] Die Auseinandersetzung findet hier aber nicht durch einen Kampf mit der Person des Esau statt, sondern mit Gott selbst. Denn dieser Konflikt berührt den Punkt, an dem die menschliche Endlichkeit Jakobs an das Unendliche, das Unverfügbare stößt. Ausgelöst wird der Kampf durch die Rückkehr zu Esau, das heißt durch die Reaktivierung des eigenen Schattens, der durch die Fixierung an die Existenzerweiterung nach außen bei Laban bis dahin unterdrückt war, abgebildet in der Flucht vor Esau. Anlaß für die Rückwendung ins Innere ist, daß Jakob die Grenzen der Dominanz der Bewußtseinskräfte erreicht hat. Das Ringen Jakobs um die Neustrukturierung seines Lebens ist von verschiedenen Elementen gekennzeichnet:

Jakob hat das Erlebnis in der Nacht, in der Stille, dem Alleinsein – seine Familie und seinen Besitz hat er schon über den Fluß geschafft. Es ist die Zeit und der Zustand, wo die Zensur durch das Tagesbewußtsein abgebaut oder doch verringert ist, wo eine

Sensibilität für die in der Tiefe der Seele sich abspielenden Vorgänge geweckt wird. Und das Alleinsein nimmt jede Möglichkeit, vor sich selber auszuweichen; die große Familie Jakobs hatte für ihn auch die Funktion, ihn vor der Konfrontation mit sich selbst zu bewahren.

In dieser Lage, in der Jakob sich selber nicht mehr entkommen kann, überfällt ihn der Kampfpartner, der anonym bleibt: „einer" oder „ein Mann". Die Anonymität kennzeichnet genau Jakobs bisherige Einstellung zu seinem Schatten: Er wollte ihn nicht wahrhaben, deshalb kennt er ihn nicht. Anläufe, einen Zugang zu sich selbst als dem unbekannten Wesen zu finden, hat er immer wieder abgewürgt.[13] So bleibt für ihn als Möglichkeit, seiner eigenen Tiefe zu begegnen, nur noch die radikale Infragestellung seiner ganzen Existenz; und diese ereignet sich in dem Kampf mit dem anonymen Partner. Erst als die Entscheidung über den Ausgang des Kampfes gefallen ist, erkennt Jakob, mit wem er gerungen hat: mit Gott. Er erfährt nun, daß er nicht nur in die Tiefen seines persönlichen Lebens hinabgestiegen ist, sondern in die des Menschenlebens schlechthin, in die Tiefe, in der Gott erreichbar ist. Die Austragung des Konflikts, die alle Dimensionen des individuellen Daseins einbezieht, läßt Jakob zugleich die tiefste, nämlich religiöse Dimension menschheitlicher Erfahrung erreichen.

Zunächst aber unternimmt Jakob in dem Kampf noch einmal den Versuch, sich in seiner alten Weise der numinosen, ihm noch unbekannten Tiefenkräfte zu bemächtigen. Doch in der Grenzsituation, in der er sich befindet, schlägt dieser Versuch fehl. Jakob will von dem fremden Wesen, dessen Überlegenheit er spürt, den Segen erzwingen. Schon das ist in sich ein Widersinn; denn das Wesen des Segens besteht darin, frei zukommendes Geschenk zu sein. Aber genau diese Wahrheit ist Jakob bis jetzt unzugänglich, wie die Szene der Erschleichung des Segens vom Vater gezeigt hatte. Der Bemächtigungsversuch gegenüber der größeren Macht wird verstärkt, indem Jakob den Fremden nach seinem Namen fragt. Es ist der Versuch, auch das Göttliche zu manipulieren, es sich handhabbar zu machen, wie Jakob es mit allem in seinem Leben getan hat. Er hat zu dem ihm den Weg verstellenden Göttlichen kein personales Verhältnis, sondern nur ein magisches.[14] Auf die Segensforderung geht der Fremde nicht ein, und die Frage nach dem Namen wird mit einer Gegenfrage zurückgewiesen. Das kennzeichnet deutlich die Krise, in der Jakob sich befindet: Die ihm bekannten Mittel der Lebensbewältigung versagen; daher ist es unmöglich, daß er so weiterleben kann wie bisher.

Die Situation wird vielmehr umgekehrt: Jakob selber wird gezwungen, *seinen* Namen zu nennen, das heißt sich als der zu erkennen, der er tatsächlich ist: Jakob, der Fersennachsteller, der Betrüger, der, der mit der Lebenslüge lebt. Indem er seinen Namen nennt, gibt er sich der anderen, der unbekannten Macht preis. Er setzt sich damit seinem Schatten aus, der dunklen Seite seines Wesens, die so aus der Verdrängung zurückgeholt wird. Das Fluchtsymbol verwandelt sich in das der Heimkehr zu sich selbst. Mit der Rückkehr aus der Fremde ist die Selbstentfremdung aufgehoben. Damit bändigt Jakob die tödlich bedrohende Macht seines Schattens. Denn nun läßt er vor sich und vor Gott seine eigene Wahrheit zu – er nennt dem Fremden seinen Namen. Deshalb mündet der Kampf nicht in den Tod, was die andere reale Möglichkeit gewesen wäre, sondern in die Geburt eines neuen Menschen: er erhält einen neuen Namen, „Israel“. Der Name wird erklärt: „Du hast mit Gott und Menschen gerungen und den Sieg errungen“; „mit Menschen“ kann sich nur auf Jakob selbst beziehen, er hat mit sich selbst gerungen. Der Satz, der der Exegese große Schwierigkeiten macht, hat unter dem Aspekt der Wandlung Jakobs einen guten Sinn; er besagt, daß Gott *da* zu finden ist, wo der Mensch in hartem Ringen die dissoziierten Lebenskräfte in Ausgleich zu bringen vermag. Das Ausweichen vor sich selbst, vor der Wahrheit des eigenen Lebens, und sei sie noch so düster, bedeutet zugleich Fernsein von Gott. Und umgekehrt schafft Einswerden mit sich selbst, Selbstannahme, auch mit den abgelehnten Seiten der eigenen Person, die Möglichkeit, Gott zu begegnen.

Der neue Name nun, mit dem Jakobs neues Leben angezeigt wird, schafft Zukunft; denn der Name „Israel“ weist Jakob als den aus, der nun zu Recht die Verheißung trägt; es ist ja der Name des späteren Volkes.

Erst nach der Erfahrung, daß er sich einer nicht-manipulierbaren Macht des Lebens aussetzen muß, wird Jakob gesegnet. Der Segen steht somit erst ganz am Ende des nächtlichen Ringens. Jetzt ist er kein Ergebnis der Forderung Jakobs mehr, sondern reine Gabe. Jakob ist durch den Kampf zu einem Menschen geworden, der weiß, daß er sich nicht sich selbst verdankt. Das ist in dem frei gewährten Segen veranschaulicht. Und damit gewinnt sein Gegenüber auch ein Gesicht: „Gottes Angesicht". Im Zusammenhang der Jakobsgeschichte ist das der Sinn der alten Kultortätiologie. Jetzt kann Jakob Gott, der sein Leben neu gemacht hat, als Du erkennen. Diese Aussage wird durch die nachfolgende Bemerkung über die gerade aufgehende Sonne unterstrichen: Die zerstörende Macht von Jakobs verleugneter, jetzt aber angenommener dunkler Tiefe ist verwandelt in Leben schaffende Kraft.

Jakob bleibt aber ein von dem Kampf Gezeichneter, er hinkt. Er ist von nun an ein „Behinderter", der nicht mehr nach schrankenloser Machterweiterung ausgreifen wird. Er wird immer mit den Spuren seines nächtlichen Kampfes behaftet bleiben. Die Geschichte von Jakobs Kampf mit sich selbst versteht die Wandlung eines Menschen nicht als Absage an eine überwundene Gestalt der Person, sondern als das Einbringen der früheren Form in eine reifere Gestalt.

2. Sprachbilder. Was biblischen Geschichten und Märchen gemeinsam ist [15]

Leser und Leserin mögen sich bei diesem Titel verwundert fragen, ob biblische Geschichten und Märchen tatsächlich etwas miteinander zu tun haben. Degradiert eine solche Zusammenstellung biblische Geschichten nicht zu bloßen Phantasiegebilden, wo sie doch Erzählungen über historische Personen und Begebenheiten sind – aus der alten Geschichte Israels, über Jesus von Nazaret? Zweifel an einer berechtigten Verbindung beider stellen sich leicht ein wegen der wohl immer noch vorhandenen Vorstellung, Märchen seien nicht wahr, biblische Geschichten dagegen wohl, weil diese historische Fakten berichteten. Der darin sich ausdrükkende weitverbreitete Wahrheitsbegriff ist sehr eng, da er auf feststellbare Tatsachen eingeschränkt ist. Und er entspricht deshalb ganz und gar nicht der vollen Wirklichkeit menschlichen Lebens. Die Wahrheit z. B., daß und wie Menschen einander vertrauen, sich gut sind oder umgekehrt einander ablehnen, sich hassen, bleibt aus dem verkürzten Wahrheitsbegriff ausgeblendet; ebenso die Wahrheit, daß Menschen auf eine bessere Zukunft für sich, ihre Kinder, die Menschheit hoffen, daß Menschen glauben, es gehe gut mit ihnen und der Welt aus, obwohl der Augenschein dem widerspricht. Diese Wahrheiten sind für das Leben von Menschen höchst entscheidend. Im Leben des Kindes haben sie den größeren Stellenwert als die Faktenwahrheit, da das Kind nur im sozialen Leib von Zuwendung, Vertrauen, Güte zu seinem vollen Menschsein heranwachsen kann. Zu diesem Beziehungsfeld menschlicher Wahrheit gehören auch die dunklen Seiten, beim Kind die Ängste, die es von außen, von den „Großen", und aus seinem Inneren bedrängen, z. B. die auf Menschen gerichteten bösen Wünsche und die daraus folgenden Schuldgefühle, Wahrheiten, mit denen das Kind zu leben und die es zu bewältigen lernen muß und möchte.

Diese Formen von Wahrheit lassen sich nicht als Fakten erheben; sie kommen vielmehr in symbolischer Sprache bzw. in (Sprach-)Bildern vor. Und in diesem Punkt liegt die Verwandtschaft von biblischen Geschichten und Märchen. Beide sprechen, inhaltlich und erzählerisch oft verschieden, vom Menschen als einem leiblich, psychisch und sozial dynamischen Wesen, das nicht fertig ist, sondern immer wird. Biblisch entspricht dem z. B. die sowohl historische wie symbolische Wahrheit des Exodus, des Weges hinaus, wie ihn eine kleine Gruppe von Israels Vorfahren aus der Bedrückung in Ägypten gegangen ist, wie ihn Christen gehen, die sich auf die Suche nach der Begegnung mit dem von Jesus verkündeten Gott machen. Im Märchen entsprechen dem Aufbruch, Abenteuer und Bewährungsproben des Helden, durch die er Erlösung von einem Zauber erwirkt, ein Königskind wird oder es mit dem dazugehörigen Königreich gewinnt. Das Hinausgehen ist in der Bibel wie in den Märchen stets auch ein Hinausgehen des Menschen über sich selbst, auch wenn es weithin als äußere Veränderung, als geographischer Weg dargestellt wird. Es wird im wörtlichen Sinn das transcedere des Menschen erzählt. Die beiden Begriffe „Symbol" und „Transzendenz" sollen deshalb den Kern dieser Überlegungen ausmachen.[16]

Transzendenz

Unter Transzendenz ist zunächst das Hinausgehen über einen verfestigten, meist ausweglos erscheinenden Zustand zu verstehen. Schon biologisch gesehen ist der Mensch von der Natur regelrecht dazu gezwungen, den jeweils erreichten Entwicklungsstand zu überschreiten. Dieser Vorgang stellt dem Menschen auch Aufgaben, denn die psychisch-soziale Entwicklung vollzieht sich nicht automatisch wie die körperliche. Beim Kind läuft dieser Prozeß mit größerem Tempo und inhaltlich dramatischer ab, und zwar aus mehreren Gründen. Die Veränderungen der Entwicklung folgen rascher aufeinander als beim körperlich ausgereiften Erwachsenen; zumal das Kleinkind kann seine psychisch-soziale Entwicklung noch nicht bewußt steuern, und es hat noch keine Erfahrungsinhalte, die ihm helfen könnten, einen neuen Entwicklungsabschnitt zu verstehen und günstig zu gestalten. Das Kind braucht daher Hilfen für das Transzendieren. Diese können ihm Märchen wie biblische Geschichten bieten, weil sie Möglichkeiten vorstellen, wie Probleme, Krisen, Konflikte des notwendigen Übergangs in neue Entwicklungsphasen bewältigt werden können; weil sie Hoffnung geben, daß das Leben gelingen wird.

Diese Möglichkeiten werden jedoch nicht als Abklatsch der Alltagsrealität vorgeführt, sondern als Entwurf von etwas noch Unbekanntem, das sich der Verstand nicht auszudenken vermag, das aber spontan als etwas schon Geahntes erkannt wird. Daß Menschen in der Begegnung mit Jesus eine ihr ganzes Leben umgestaltende Erfahrung machen, wie das die Evangelien z. B. in den Wundergeschichten erzählen, entspricht einer tiefen Sehnsucht, vielleicht sogar einer unbewußten Ahnung des Menschen, daß es so richtig ist, daß solch ein Sinn für Mensch, Welt und Geschichte da ist. Ähnlich rührt im Märchen die symbolische Aussage etwa im „Rumpelstilzchen", daß eine dunkle, bedrohende, den Menschen in die Gefahr des Scheiterns drängende Macht gebändigt werden kann und deshalb nicht das letzte Worte über das Menschenleben ist, mindestens an die Möglichkeit des Menschen, sich auf diese Wahrheit einzulassen und auf sie hin zu leben.

Symbol

Damit ist bereits das Charakteristische des Symbols, wie es in biblischen Geschichten und Märchen vorkommt, beschrieben. Zum Begriff des Symbols gehört wesentlich das bildhafte Erfassen einer Wahrheit bzw. Wirklichkeit; und auch die Sprache, speziell in Märchen und biblischen Erzählungen, malt gewissermaßen Bilder, etwa wie das des sich selbst in die Erde stoßenden und sich zerreißenden Rumpelstilzchen oder wie das der blutflüssigen Frau, die im Vertrauen auf Jesu helfende Macht seinen Gewandsaum berührt und geheilt wird. Daß wir ein Stück Wirklichkeit, das in der sicht- und greifbaren Welt nicht wahrnehmbar ist, im Symbol erfassen können, geht aus der Fähigkeit des Menschen hervor, innere Bilder zu entwerfen, die aus dem unbewußten Teil der Psyche stammen; ohne unser Zutun erscheinen sie in unseren Träumen, wir können sie aber auch im entspannten Wachzustand ins Bewußtsein gelangen lassen. Die inneren Bilder zeigen uns die wahren Bedürfnisse unseres Menschseins. Wenn wir sie zu verstehen lernen, sprechen sie von der Notwendigkeit, daß und wie wir uns weiterentwickeln müssen, damit wir psychisch und in den menschlichen Beziehungen nicht verkümmern, sondern uns auf ein menschliches Vollständig-, ein Ganzsein hin entfalten, das wir in unserer Lebenszeit zwar nie voll ausfüllen werden, das aber als Möglichkeit in uns angelegt ist und dem wir uns mehr und mehr nähern können. Im Symbol zeigt sich uns somit das noch nicht Gelebte, aber Mögliche. In Märchen und biblische Geschichten ist eine Fülle solcher innerer Bilder in symbolhafter Sprache eingegangen; denn viele Generationen haben an ihnen erzählt und ihre Erfahrungen in sie eingebracht.

Die innere Welt des Kleinkindes nun ist noch ganz erfüllt von symbolischen Bildern, da in seiner Psyche das Unbewußte gegenüber dem Bewußtsein noch weit überwiegt; das Ich als Bewußtseinszentrum, das in die Bilderflut des Unbewußten Ordnung zu bringen vermag, bildet sich ja erst allmählich heraus; auch unterscheidet das Kind seine innere Bildwelt von der äußeren Alltagsrealität noch nicht genau. In den Bildergeschichten der Bibel wie der Märchen finden daher insbesondere Kinder ihre eigenen inneren Erfahrungen wieder, die sie noch nicht aussprechen, vielleicht auch nicht verstehen können. Zum Verstehen können ihnen diese Geschichten helfen. Da die Symbole der Erzählungen aus uralter Menschheitserfahrung stammen, können sie das Kind auch aus der es häufig ängstigenden Enge seiner kleinen Person und Welt hinausführen und es Möglichkeiten der Selbstentfaltung, der Freiheit, des Einsseins mit sich und dem Leben erfahren lassen, die ihm in seiner Entwicklung weiterhelfen.

An je einem Beispiel soll nun die symbolische Wahrheit, die in der biblischen wie in der Märchentradition vermittelt wird, veranschaulicht werden, an der alttestamentlichen Geschichte von David und Goliat (1 Samuel 17) und dem Märchen vom Aschenputtel. Beide Geschichten sprechen im allgemeinen Kinder stark an wegen der kindgemäßen Thematik, daß ein kleiner, unbedeutender, geringgeachteter Mensch eine Verwandlung seines Geschicks erfährt, die zwar seine volle eigene Anstrengung fordert, dennoch aber als Geschenk empfangen, ja wie ein Wunder erfahren wird.[17] Die Interpretation der Geschichten ist für Erwachsene gedacht, sie ist nicht zum Weitergeben an Kinder geeignet. Kindern sollten Symbolgeschichten nicht erklärt, sondern erzählt werden. Erklärungen, die sich ja an den Verstand, an das Bewußtsein richten, zerstören für Kinder die Möglichkeit, mit den Geschichten eigene Erfahrungen zu machen, unbewußt in der Welt der Märchen mitzuleben. Die beiden Erzählungen stelle ich deswegen nebeneinander, weil die ähnliche Thematik einmal aus männlicher (David und Goliat), zum anderen aus weiblicher Perspektive (Aschenputtel) erzählt wird, eine Thematik, die sich kurz auf den Nenner „klein – groß" bringen läßt.[18]

David und Goliat

Eine biblische Geschichte ist nie so in sich abgerundet wie ein Märchen, wenngleich gerade die David-Goliat-Erzählung märchenhaft anmutet. 1 Samuel 17 steht in dem größeren Zusammenhang der Saul-David-Überlieferung und gewinnt ihre Symbolik auch aus diesem größeren Erzählkomplex. Aber sie ist zugleich eine in sich abgeschlossene Episode, die zwar von einer historischen Person, Israels größtem König David ca. 1000 Jahre v. Chr., erzählt, in der diese Person aber typisiert, nicht in ihren tatsächlichen historischen Charakteristika dargestellt ist. Die typischen Züge drücken hier, wie bei Märchenfiguren, etwas grundlegend Menschliches aus, und das verleiht der Geschichte ihre Anziehungskraft noch nach dreitausend Jahren.

In dem kleinen David, der den großen Goliat besiegt und damit sein Volk vor dem Untergang rettet, ist der spätere König, der Israel aus der Philistergefahr befreit und ein Reich geschaffen hat, mitgesehen. Die Erzählung zeigt, daß schon im jungen David die Möglichkeiten liegen, die ihn zum König aufsteigen lassen und ihn weit über seine historische Existenz hinaus zum Symbol für ein exemplarisches Menschsein haben werden lassen; noch bis ins Neue Testament hinein sind mit David Heilshoffnungen verknüpft. Die Gestalt Davids hat so im Laufe der Zeit urbildhafte Züge erhalten, die unabhängig von einer bestimmten geschichtlichen Zeit die Erfahrung von einem menschlichen Grundkonflikt und seiner Lösung beinhalten.[19]

In der Geschichte sind diese urbildhaften oder archetypischen Züge von allgemein menschlicher Bedeutsamkeit in die Figur des „jugendlichen Helden" hinein verdichtet, eine Figur, die auch in vielen Märchen vorkommt. Der Kampf des jungen, unerfahrenen und von seinen Brüdern gedemütigten David gegen den schon von körperlicher Statur übermächtigen und in Waffen starrenden Goliat stellt als äußeren dramatischen Ablauf den Kampf eines Menschen um seine Entfaltung als Mensch, um seine Selbstverwirklichung dar. Die märchenhaften Züge sind hier aber ausdrücklich ins Religiöse überhöht: das Gottvertrauen Davids ist größer als sein Selbstvertrauen. Im Glauben, daß Gott andere Wege führt, um Menschen groß zu machen, als die bei den Menschen üblichen – Krieg, Gewalt –, begibt sich David in einen für ihn aussichtlos erscheinenden Kampf und gewinnt. In der biblischen Erzählung tritt Gott an die Stelle der hilfreichen Mächte aus der Natur im Märchen. So wird im biblischen Glauben das Hinauswachsen des Menschen über sich selbst, das Erreichen einer höheren, integrierten Stufe des Menschseins, mit dem Glauben an Gott in Beziehung gesetzt.

David macht auch den Versuch, den Kampf mit den Mitteln Goliats zu bestehen, gepanzert, was auch heißt, der unmittelbaren Konfrontation mit dem Gegner ausweichend. Doch er merkt sogleich, daß die Rüstung nicht zu ihm paßt, daß er in ihr nicht er selber ist, und er verzichtet auf diese Abwehrform. Goliat geht dagegen ganz in ihr auf. Seine Identität kommt nicht von innen, sondern ist künstlich von außen aufgebaut; das, womit er gepanzert ist, läßt von seiner Person nichts mehr übrig. Die Rüstung macht ihn nicht nur äußerlich unbeweglich, sondern hat ihn auch auf eine einzige Rolle festgelegt. In ihr ist er zwar anerkannt – er wird immer wieder vom Philisterheer zum Zweikampf vorgeschickt –, aber die erstarrte Rolle hindert ihn daran, als Mensch weiterzukommen, ja sie stürzt ihn bei der ersten Auseinandersetzung mit ihm ungewohnten Mitteln ins Verderben. Da seine Stärke nicht von innen heraus gewachsen ist wie bei dem schwachen David, scheitert er in der Bewährungsprobe.

David dagegen erringt den Sieg dadurch, daß er keine Stärke

vortäuscht, vielmehr versucht, mit seinen geringen, aber authentischen Fähigkeiten der übermächtigen Bedrohung Herr zu werden – mit einem Kinderspielzeug, der Schleuder, wird er, entgegen aller Erwartung, der Größere. Das kann ihm nur gelingen, weil er sich selbst riskiert im Vertrauen auf die Hilfe einer größeren Macht, mit der er im Innersten verbunden ist. Ohne dieses Vertrauen, so läßt die Geschichte erkennen, wäre David nicht in der Lage gewesen, sich selbst so vorbehaltlos aufs Spiel zu setzen. Sein Selbsteinsatz wiederum ist die Voraussetzung dafür, daß er über seine gegenwärtige Kleinheit, sein Schwachsein hinauswächst und zu einem „Großen" wird, der auch für andere, für sein Volk, Großes zu tun vermag.

Nun endet die Geschichte – auch ähnlich wie viele Märchen – mit einem grausamen Zug: dem besiegten Goliat schlägt David den Kopf ab. Verstehen wir das Ganze als die Erzählung von einer menschlichen Entwicklung, so ist das ein wahrhaftiger Zug, der von der Gewalt urtümlicher Kräfte spricht, denen wir aus unserer psychischen Tiefe heraus ausgesetzt sind. Wir haben durch Kultur und Zivilisation nur gelernt, diese Mächte zu verleugnen oder zu verdrängen. Kinder aber sind deren Ansturm noch ohne diesen Abwehrmechanismus ausgeliefert und erleben ihre eigene innere Gewalttätigkeit in voller Wucht. Für den Erwachsenen bestünde der rechte Umgang mit diesen Mächten darin, sie als eigene negative Möglichkeit, als Schatten zu akzeptieren und sie bewußt steuern zu lernen. Das noch ich-schwache Kind hat zunächst nur die Möglichkeit, diese Mächte gewaltsam zu unterdrücken, um nicht von ihnen überwältigt zu werden. Im symbolischen Bild erscheint das als Vernichtung des Gegners (wie in „David und Goliat") oder als Tötung „böser" Menschen (z. B. der Stiefmutter und -schwestern im Märchen). Für das Kind, dem solche Geschichten gefallen, ist mit diesem Erzählschluß seine Welt in Ordnung. Was es auf symbolische Weise mitlebt, braucht es in seiner Tagesrealität nicht auszuleben. Es findet so unter Umständen die Möglichkeit, über den inneren Zwiespalt, zugleich gut und böse zu sein, hinauszugelangen und neue Fähigkeiten zur reiferen Bewältigung der inneren bösen Mächte zu entwickeln. So können biblische wie märchenhafte Symbolgeschichten dem Kind helfen, aus seinem schwachen Zustand hinaus und in ein „größeres" Menschsein hineinzuwachsen.

Aschenputtel[20]

Aschenputtel ist die Prinzessin im Verborgenen. Ihr wahres Selbst ist äußerlich nicht zu erkennen; nur in Augenblicken der Klarsicht – beim Fest – tritt es ins Bewußtsein als Verheißung, daß es eines Tages sich ganz zeigen, daß es sich auch nach außen sichtbar durchsetzen wird, wie es dann in der Hochzeit mit dem Königssohn geschieht.

Dieses wahre Selbst muß Aschenputtel aus sich heraus entwikkeln; das ist nicht leicht, sondern erfordert eine harte Arbeit an sich – abgebildet in der Mühsal am Herd in der Asche. Die Arbeit erscheint oft sinnlos wie das Auslesen der Linsen aus der Asche. Hilfreiche Kräfte – die Vögel, die picken helfen, der aus dem Grab der Mutter gewachsene Baum als Symbol der Mutter Natur, beides Kräfte aus dem Unbewußten – stellen sich nur ein, weil Aschenputtel sich selbst an die Arbeit macht, weil sie ihr niedriges Dasein in der Asche zwar lebt, aber zugleich immer an den größeren Wert, an die reichere Existenz, die für sie noch aussteht, glaubt; ein Glaube, der sich im Pflanzen des Baumes, in den mehrfachen Anstrengungen, am Fest teilzunehmen, manifestiert und der unüberwindbar erscheinende Hindernisse überwindet.

Geduld, um aus dem unbedeutenden grauen Zustand, aus der Asche des Lebens hinüberzugelangen in ein reicheres, ein größeres und erfüllteres Leben, ist unerläßlich; denn das Königreich eines entfalteten menschlichen Selbst wird nicht in *einem* Anlauf gewonnen – Aschenputtel verschwindet die beiden ersten Male unerkannt vom Fest, die Zeit, sie selbst ist noch nicht reif. Bis zur vollen Entdeckung ihres wahren Selbst muß sie noch mehr Kostbares an sich herausbilden – die Kleider, die sie erhält, werden immer prächtiger und machen sie immer faszinierender. Mehrmals kehrt sie in ihre unscheinbare Alltäglichkeit zurück, bis ihr wahres Wesen nicht mehr verborgen bleiben kann; der im Schloß zurückgelassene goldene Schuh ist die Fußspur zu der Prinzessin, die sich aus dem unansehnlichen Aschenputtel entwickelt hat.

Die Stiefschwestern verkörpern die innere Gefährdung Aschenputtels; an ihnen wird die Zwiespältigkeit dieses Prozesses dargestellt, der Versuch, von dem mühsamen Weg der Arbeit am wahren Selbst abzugehen und sozusagen im Handstreich das königliche Dasein an sich zu reißen. Das führt genau zum Gegenteil; nicht ein größeres, bedeutenderes, reicheres Selbst wird gewonnen, sondern der Versuch treibt zur Selbstverstümmelung – um die wahre Braut vorzutäuschen, schneiden die Schwestern etwas von sich selbst ab, sie schneiden sich von weiterer Entfaltung ihres Selbst ab. Und schließlich endet dieser Versuch in der (Ver-) Blendung; die Stiefschwestern sehen ihre wahren Möglichkeiten nicht, sondern spiegeln sich selbst und anderen etwas vor, sie blenden. Selbstverstümmelung und Blindheit sperren die Stiefschwestern in sich selbst ein; sie haben sich die Fähigkeit genommen, über sich hinauszuwachsen; Transzendenz bleibt ihnen verschlossen.

Der Antrieb zur Selbsttranszendenz aus dem Zustand des Geringseins und des daraus folgenden Gering-geschätzt-Werdens durch andere als Hauptmotiv dieses Märchens ist der psychischen Selbstwahrnehmung von Kindern als Kleine und oftmals klein Gemachte sehr nahe. Sie können daher die im Symbol erzählte Wahrheit leicht verstehen und vor allem in die symbolische Verheißung einschwingen, daß in ihnen wie in jedem Menschen ein Königskind verborgen ist und daß es ihre Aufgabe ist, dieses ans Licht zu bringen. „Aschenputtel" hat, wie die Märchen überhaupt, eine bejahende Grundeinstellung; daß es mit einem Menschen, der in der Asche hausen muß, so gut, ja großartig ausgeht, zeugt vom Urvertrauen des Märchens in die Welt und das Leben. Und in diesem für die Märchen charakteristischen Aspekt kann so etwas wie religiöse Transzendenz erkannt werden. In unserer empirischen Welt geht es ja in der Regel nicht so gut aus. Das Märchen zeigt daher eine unbekannte, noch nicht vorhandene, aber mögliche Wirklichkeit. Es spricht eine Wahrheit aus, auf die hin sich leben läßt. Im Erzählen in symbolischen Bildern entwirft das Märchen ein Bild von der Entfaltung menschlichen Lebens auf Ganzheit und Fülle hin. Es ist den Bildern vom Heil vergleichbar, die in religiösen Traditionen für dieselbe menschliche Wirklichkeit stehen, nur daß diese Wirklichkeit da ausdrücklich auf Gott bezogen ist. Ähnlich ist in der christlichen Tradition das Symbol für die vollendete Welt und den vollendeten Menschen ein Königreich, das Reich Gottes.

Absolute Transzendenz

Sowohl in der biblischen Geschichte wie im Märchen zeigt sich die im Symbol ausgesprochene Transzendenz in doppelter Form: als Überschreiten des jeweiligen Entwicklungsstandes eines Menschen und als absolute Transzendenz; das ist im Märchen die Zuversicht, daß die Welt gut ist, in der Bibel der Glaube an Gott. Als eigentlich religiöse Transzendenz ist letztere zu bezeichnen; aber diese ist nicht unabhängig von der ersten Form. Der Mensch, der nicht über seine Grenzen hinauszuschreiten vermag, wird nicht an die Dimension reichen, die nicht nur ein Aspekt an seinem Leben ist, sondern ihn im ganzen umgreift – Aschenputtel wird nur Königin, weil es hart an seiner Wandlung gearbeitet hat. Und der kleine David zeigt die andere Möglichkeit: Im Vertrauen auf Gott, den absolut Transzendenten, in dessen Namen David in den Kampf geht, wächst er über sich hinaus. Religiöse Transzendenz im Märchen und insbesondere in der Bibel bedeutet daher nicht einen Sprung ins Ungewisse, ist vielmehr eine für den Menschen grundsätzlich gegebene Möglichkeit wie auch Notwendigkeit, will er im vollen Sinn Mensch werden.

3. „Du wirst sterben müssen, damit du leben kannst" Heilung des besessenen Jungen – Markus 9,14–29[21]

Die Geschichte hat eine starke äußere und innere Dynamik, da viele Personen(-Gruppen) in ihr handeln. Sie kann deshalb tiefenpsychologisch sowohl auf der Objekt- als auch auf der Subjektebene (vgl. I,7) betrachtet werden; denn handelnde Personen verkörpern zugleich seelische Kräfte.

14 Als sie zu den anderen Jüngern zurückkamen, sahen sie eine große
Menschenmenge um sie versammelt und Schriftgelehrte, die mit ihnen
stritten. 15 Sobald die Leute Jesus sahen, liefen sie in großer Erregung auf
ihn zu und begrüßten ihn. 16 Er fragte sie: Warum streitet ihr mit ihnen?
17 Einer aus der Menge antwortete ihm: Meister, ich habe meinen Sohn
zu dir gebracht. Er ist von einem stummen Geist besessen; 18 immer
wenn der Geist ihn überfällt, wirft er ihn zu Boden, und meinem Sohn
tritt Schaum vor den Mund, er knirscht mit den Zähnen und wird starr.
Ich habe schon deine Jünger gebeten, den Geist auszutreiben, aber sie hat-
ten nicht die Kraft dazu. 19 Da sagte er zu ihnen: O du ungläubige Gene-
ration! Wie lange muß ich noch bei euch sein? Wie lange muß ich euch
noch ertragen? Bringt ihn zu mir! 20 Und man führte ihn herbei. Sobald
der Geist Jesus sah, zerrte er den Jungen hin und her, so daß er hinfiel und
sich mit Schaum vor dem Mund auf dem Boden wälzte. 21 Jesus fragte
den Vater: Wie lange hat er das schon? Der Vater antwortete: Von Kind
auf; 22 oft hat er ihn sogar ins Feuer oder ins Wasser geworfen, um ihn
umzubringen. Doch wenn du kannst, hilf uns; hab Mitleid mit uns!
23 Jesus sagte zu ihm: Wenn du kannst? Alles kann, wer glaubt. 24 Da rief
der Vater des Jungen: Ich glaube; hilf meinem Unglauben! 25 Als Jesus
sah, daß die Leute zusammenliefen, drohte er dem unreinen Geist und
sagte: Ich befehle dir, du stummer und tauber Geist: Verlaß ihn, und kehr
nicht mehr in ihn zurück! 26 Da zerrte der Geist den Jungen hin und her
und verließ ihn mit lautem Geschrei. Der Junge lag da wie tot, so daß alle
Leute sagten: Er ist gestorben. 27 Jesus aber faßte ihn an der Hand und
richtete ihn auf, und der Junge erhob sich.

28 Als Jesus nach Hause kam und sie allein waren, fragten ihn seine
Jünger: Warum konnten denn wir den Dämon nicht austreiben? 29 Er
antwortete ihnen: Diese Art kann nur durch Gebet ausgetrieben wer-
den.[22]

Zunächst wird die Geschichte auf der Objektebene betrachtet, das heißt, die vorkommenden Menschen werden tiefenpsychologisch als eigenständige Personen mit den dargestellten Beziehungen zueinander interpretiert. Die Erzählung beginnt während der Abwesenheit Jesu mit einem theologischen Streit zwischen den Jüngern und Schriftgelehrten (V. 14), der sich, aus dem erzählerischen Kontext heraus, nur um den fehlgeschlagenen Heilungsversuch der Jünger an dem epileptischen Jungen drehen kann; vorstellbar ist, daß die religiösen Bedingungen der Möglichkeit einer Heilung in solch einem Fall kontrovers diskutiert werden – ein Beispiel für eine zur Ideologie gewordene Theologie, die den Anlaß ihres theologischen Disputs, den bedürftigen Menschen, aus dem Auge verloren hat. Die Jünger versuchen sich möglicherweise dafür zu rechtfertigen, daß ihnen die Heilung nicht gelungen ist. *Sie* wenden sich auch nicht an Jesus; das tut das Volk. Und einer aus dem Volk gibt das zutreffende Urteil über das Versagen der Jünger ab: ihnen fehlte die Kraft (V. 18). Es ist offenbar eine innere Mächtigkeit gemeint, deren Fehlen von Jesus dann ein für ihn langsam unerträglich werdender Unglaube genannt wird (V. 19). Die Jünger haben diese innere Kraft, die sie wie das Gebet (V. 29) mit Gott verbinden würde, durch theologisches Räsonieren ersetzt und glauben anscheinend, damit Heilung und Heil bewirken zu können. Sie wissen nicht, worauf es ankommt, sonst könnten sie nicht noch nach der Heilung durch Jesus diesen so verständnislos fragen, warum sie nicht heilen konnten (VV. 28–29). Die Jünger sind hier so gezeichnet, als meinten sie, sie könnten durch ein bei ihrem Meister abgegucktes Wissen dasselbe bewirken wie er, ohne die heilmachende Kraft in sich selbst zu entwickeln. Sie lassen sich in ihrer Identität von außen bestimmen und können deshalb nichts in Bewegung bringen.

Der zu dem Menschenauflauf hinzukommende Jesus verhält sich dagegen ganz anders. Er läßt sich zwar über die theologische Diskussion informieren, aber er beteiligt sich nicht daran (VV. 16–17). Und so spricht zu ihm auch sogleich der betroffene Vater (ab V. 17). Das Gespräch zwischen dem Vater und Jesus bildet überhaupt das Kernstück der Geschichte. Im Vergleich zu diesem Dialog erscheint der kranke Sohn nur als Mittel zum Zweck. Es geht zwar um seine Heilung, aber diese hängt aufs engste mit

Glaube und Unglaube des Vaters zusammen. Seine Anfallskrankheit wird als Besessenheit verstanden, das bedeutet: der Junge ist im Besitz eines anderen. Er ist seiner selbst nicht mächtig, was auch darin zum Ausdruck kommt, daß er gar nicht spricht – es ja auch nicht kann –, daß auch niemand mit ihm redet, daß er vielmehr wie ein Objekt vorgeführt wird (V. 20). Seine Geschichte und sein Leiden sind nur indirekt anwesend in dem, was der Vater über ihn und wie er es sagt. Der kranke Sohn ist gewissermaßen ganz in die Sicht des Vaters von ihm und seiner Krankheit eingegangen; er selbst ist stumm und starr, sozusagen lebendig tot (VV. 17–18). Welcher „Geist" ihn in Besitz genommen hat, oder salopp gesagt: wes Geistes Kind er ist, läßt sich deshalb nur beim Vater herausfinden. Und hier geht die tiefenpsychologische Interpretation auf die Subjektebene über.

Da der kranke Junge in der Geschichte kein Eigenleben besitzt, ist alles, was der Vater über ihn sagt, aus dessen Identifikation mit dem Sohn heraus gesprochen. Der Vater hat Seiten an seinem Sohn bei sich verinnerlicht, und zwar die Seiten, von denen er seinen Sohn befreit sehen möchte. Andere Aspekte vom Leben des Sohnes kommen gar nicht zur Sprache, der Vater ist auf das Kranksein fixiert. Er unterscheidet auch nicht wirklich zwischen sich und dem Sohn; denn entweder spricht er für ihn, das heißt an Stelle des Sohnes (VV. 17–18), oder in der Wir-Form (V. 22). So wirkt der kranke Sohn in der Geschichte wie ein Spiegel, in dem der innere Zustand des Vaters angeschaut werden kann: dessen eigenes Stummsein, manifestiert in der Beziehungslosigkeit zum Sohn, den er nur unter dem Aspekt der Krankheit, somit als Objekt sieht, nicht als Gegenüber; die eigene innere Starre, ja Unlebendigkeit, durch die er in den Mächten des Lebens (Feuer und Wasser: V. 22) umzukommen droht. Der Geist des Vaters ist es, der den Sohn gefangenhält und diesen um sein eigenständiges Leben bringt. Es ist die Geschichte einer Projektion nach klassischem Muster. Darauf verweist nicht zuletzt die für den äußeren Erzählablauf bedeutungslose Frage Jesu, wie lange der Junge die Krankheit schon habe, und die Antwort des Vaters: „Von Kindheit an" (V. 21). Im Urtext ist die Kleinkindzeit gemeint. Der tiefenpsychologischen Dynamik nach sind Frage und Antwort jedoch hochbedeutsam. Sie stellen die knappste Form einer therapeutischen Exploration dar, bei welcher der Vater aussprechen muß, daß sein Sohn nie die Chance erhalten hat, über sein Leben selbst zu bestimmen, daß er von klein auf gewissermaßen stellvertretend für den Vater dessen Schattenseiten ausgelebt hat. Und auch jetzt noch versucht der Vater, sich der Verantwortung für seine Projektion zu entziehen, indem er eine äußere Instanz, Jesus, um Mitleid anbettelt, und dies noch halbherzig tut: „Wenn du es kannst, hilf uns!" (V. 22). Er scheint es Jesus nicht ganz zuzutrauen, daß er helfen kann. Der Vater nimmt – wie seinen Sohn – auch Jesus nur unter einem verengten Blickwinkel wahr: als einen, der von außen vielleicht etwas für ihn tun kann. Auch zu Jesus kann er keine echte Beziehung aufnehmen; daran hindert ihn, daß er sich noch immer nicht seiner eigenen Wahrheit stellt. Dieses (Abwehr-)Verhalten trägt ihm die harte Schelte Jesu ein. Der Satz „Alles kann, wer glaubt" (V. 23) konfrontiert den Vater mit seiner Halbherzigkeit, mit den nicht zugelassenen Ohnmachtsgefühlen, mit seiner seelischen Erstarrung in einer Weise, die seinen Widerstand gegen das Verdrängte zusammenbrechen läßt. Auf ihn zuerst wirkt die innere Mächtigkeit Jesu, die Kraft, die Jesus von dem Vater – und von den Jüngern – als Glauben fordert. Jetzt endlich kann der Vater seine eigene Wahrheit bekennen, seinen Unglauben (V. 24); das ist seine Unfähigkeit, selbst einem anderen, hier Jesus, zu vertrauen sowie einem anderen, nämlich seinem Sohn, Vertrauen zu ermöglichen. Und jetzt endlich kann er die richtige Bitte um Hilfe aussprechen: „... hilf *meinem* Unglauben" (V. 24). Jetzt hat der Vater aufgehört, die seelische Heilung, deren er selbst bedarf, ständig als Notwendigkeit zur physischen Heilung seines Sohnes zu kaschieren.

Über den Vater befreit Jesus somit den Sohn von dem ihn fesselnden und sein Leben zerstörenden Geist seines Vaters. Die bisherige Existenz des Jungen, in der er nur als ein Schatten seines Vaters da war, stirbt jetzt wirklich; die unverständigen Leute meinen daher, er sei tot (V. 26). Doch erweist sich dieser Tod eines unterdrückten Lebens als Durchgang zur Auferstehung in ein neues, in sein eigenes Leben. Der Urtext verwendet hier (V. 27) dasselbe Wort, mit dem Markus in 16,6 die Auferweckung Jesu bezeichnet. „Jesus richtete ihn auf" wäre daher angemessener zu übersetzen mit: „Jesus erweckte ihn (vom Tod)." Und auch das zweite hier vorkommende griechische Wort: „Der Junge stand auf" (ebenfalls V. 27) wird bei den Evangelisten öfter für die Auferstehung Jesu verwendet (so z.B. Mk 8,31; 9,31; 10,34; Lk 18,33; 24,7; 24,46; Joh 20,9). Das neue, das wirkliche Leben des bisher kranken Jungen beginnt damit, daß er aufrecht steht und nicht mehr Spielball einer fremden psychischen Einwirkung auf ihn ist. Auch der Vater macht ein Sterben durch – das seiner inneren Bemächtigung des Sohnes. Aber er kann jetzt die Kraft, die er in die Projektion einer nicht akzeptierten Seite von sich, in die Krankheit des Sohnes, veräußert hat, in die Entwicklung seines psychischen Ganzwerdens und in den Aufbau einer vollen menschlichen Beziehung zum Sohn stecken; das ist seine Auferstehung.

Dies jedoch erzählt die Geschichte nicht mehr. Sie zeigt in der urbildhaften Darstellung des Geschehens gewissermaßen nur die durch die Begegnung mit Jesus ermöglichte Initialzündung von zwei miteinander verknüpften Menschwerdungsprozessen. Jesus erscheint darin als der seiner selbst mächtige Mensch, der allein durch sein Selbst, nicht durch magische Wunderpraktiken etwa, auf die Selbstwerdung anderer Menschen wirkt, hier auf die des Vaters und über diesen auch auf die des Sohnes. Die tiefenpsychologische Aussage der Erzählung ist somit angesiedelt auf der Ebene der psychischen Menschwerdung und der von dieser abhängigen Beziehungsfähigkeit von Menschen miteinander.

4. Ostern – erfahrene Überlieferung[23]

Die Osterüberlieferung soll hier nicht nur, wie in der Exegese gewohnt, aus historisch-kritischer Sicht betrachtet werden. Ich will vielmehr neue Sichtweisen erproben, die von den Erfahrungen der Jünger/innen damals ausgehen. Solche Erfahrungen lassen sich vor allem aus den Evangelien erschließen. Eine auf den Erlebnishintergrund zielende Exegese kann zudem plausibel machen, daß die Botschaft von Jesus mit den Endereignissen seines Lebens begonnen hat.

Erlebnishintergrund der Osterbotschaft

Um diesen Hintergrund zu erfassen, müssen wir uns die Lage der Jünger seit dem Tod Jesu vergegenwärtigen, wie sie in der Botschaft selbst zu erkennen ist. Insbesondere in der Leidensgeschichte wird den Jüngern von den Evangelisten, und zwar in allen Evangelien, keine sehr rühmliche Rolle zugesprochen bei der Verhaftung, dem Prozeß und der Hinrichtung Jesu. Wir hören von ihrer Flucht, vom Verrat des Petrus, davon, daß sie Jesus im Sterben allein gelassen haben. Bei den Frauen, die Jüngerinnen waren, ist das anders: Sie sind sowohl unter dem Kreuz, beim Begräbnis als auch am leeren Grab zu finden. Bei den Frauen scheinen Trauer und Jesus über den Tod hinaus erwiesene Zuneigung vorgeherrscht zu haben. Die männlichen Jünger scheinen dagegen dem Geschehen in völliger Verwirrung und Angst und nach dem Tod Jesu in Verzweiflung und Hoffnungslosigkeit gegenübergestanden zu haben – vgl. die Emmaus-Jünger mit ihren depressiven Reden. Diese Verfassung ist durchaus verständlich, wenn wir die hochfliegenden Hoffnungen bedenken, welche die Jünger an ihren Meister geknüpft hatten. Da war der Traum von der politischen, gar militärischen Befreiung von der Fremdherrschaft der Römer und der Aufrichtung des messianischen Reiches, das in der Vorstellung der Jünger, wie mancher jüdischer Zeitgenossen, nationale Größe und Herrlichkeit umschloß. Und dieser Traum war mit der Hinrichtung Jesu abrupt zu Ende. Ich kann mir nach dem, was die Evangelien schildern, nicht vorstellen, daß die Jünger auch nur irgendetwas von dem schrecklichen Schicksal Jesu verstanden haben; und dies dürfte ihre Hoffnungslosigkeit noch vertieft haben.

Die Verwirrung können wir uns einerseits als Enttäuschung über den Meister selbst denken, über ihn, von dem sie außergewöhnliches Tun gesehen und machtvolle Worte gehört hatten. Das Urteil, das sich bei der inneren Einstellung der Jünger zu Jesu Botschaft ergeben mußte nach Jesu Tod, war dies: Wir haben uns in ihm getäuscht. Und andererseits mußten sie sich, aus ihrer Erlebnisstruktur heraus, jetzt auch selbst als die Betrogenen vorkommen, denn sie hatten ja ihr ganzes Leben auf den Meister gegründet. Mit einer trivialen Redewendung gesagt, war für die Jünger am Todesfreitag alles aus. Sie können nicht im geringsten damit gerechnet haben, daß das, was sie mit Jesus erlebt hatten, irgendwie weitergehen würde. Der Tod Jesu mußte für sie so endgültig gewesen sein, wie es der Tod eines jeden Menschen ist. Dieses Erlebnismuster machen wir uns heute in der Regel gar nicht mehr klar, weil wir Sterben und Tod Jesu immer schon von seiner Verklärung durch die Auferstehung aus betrachten. Ob wir wollen oder nicht, wir beurteilen die Hinrichtung Jesu stets von der nachher verkündeten Herrlichkeit aus. Was die Jünger tatsächlich erlebt haben mögen, vollziehen wir im Grunde nie nach. Dies zu tun halte ich aber für wichtig, weil wir nur so in die Ursprungssituation der Auferstehungs-Verkündigung eintreten können. Wenn christlicher Osterglaube nicht eine rein verbal akzeptierte Formel bleiben soll, dann ist dieses Hineingehen in die Ursprungserfahrung des Osterglaubens unerläßlich. Und ich meine, nur von solcher österlichen Ursprungserfahrung aus läßt sich die Osterbotschaft überzeugend weitertragen. Ich kann auch sagen: Hineinzugehen in die Ursprungserfahrung des Osterglaubens ist die einzige didaktische Forderung, die erfüllt sein muß, um diesen Glauben weitervermitteln zu können. Alle anderen didaktischen Erfordernisse halte ich dagegen für zweitrangig.

Zurück zu den Jüngern. Alle Evangelien berichten, daß die

Ostererfahrung die Jünger mitten in ihre tiefste Verzweiflung hinein trifft, so die Emmaus-Jünger im Lukasevangelium, so Petrus auf die Kunde der Maria von Magdala hin im Johannesevangelium, so die Jünger auf die Mitteilung der Frauen hin bei Lukas; die Verzweiflung äußert sich da überall in der Form einer starken Skepsis. Wie immer die Ostererfahrung der Jünger gewesen sein mag, ein ganz wesentliches Element muß sie enthalten haben, sonst hätten sie nicht den Auferstandenen verkünden können: Sie müssen erfahren haben, daß sie mit ihrer Angst und Verzweiflung beim Tod Jesu nicht im Recht waren, daß sie sich nicht in Jesus getäuscht hatten, sondern in sich selbst. Es muß eine Erfahrung innerer Umkehr, eigener Auferstehung gewesen sein, sonst wären das Engagement und die Ausstrahlung, mit denen sie die Verkündigung begannen, nicht verständlich. Wenn sie nun anfingen, den hingerichteten Jesus, von dem sie erfahren hatten, daß er lebt, zu verkünden, dann mußten sie natürlich als erstes von dem sprechen, was sie selbst gerade erlebt hatten. Wenn sie anderen Menschen glaubhaft mitteilen wollten, daß es mit Jesus doch nicht zu Ende sei, so mußten sie zuerst davon sprechen, daß er lebe und daß er für sie, die Verkündigenden, und für die, denen sie ihn verkündigten, eine große Bedeutung habe. So redeten sie also von der Auferstehung Jesu als erstes.

Dann stellte sich aber für die Erstverkündiger ein schwieriges Problem. Wie sollten sie die Tatsache des Verbrechertodes Jesu erklären? Für sie selbst erschien dieser Tod nun in einem ganz anderen Licht: Er bedeutete nicht mehr das Scheitern der Sendung Jesu, sondern aus dem Kreuzestod kam ihnen, die ihn verkündigten, das Heil zu. Sie hatten die heilmachende Umwertung des Verbrechertodes Jesu an sich selbst erfahren, so mußten sie dies auch zugleich mit der Kunde von seiner Auferstehung sagen. Die ursprüngliche Predigt über Jesus, die Auferstehung und Tod umfaßte, war so letztlich eine Mitteilung der Jünger über ihre Erfahrung und ihren daraus hervorgegangenen Glauben an Jesus als den Lebendigen und zu Gott Erhöhten. Es ging nicht darum, daß sie einfach sagten, wie es beim Tod und der Auferstehung Jesu zugegangen war, sondern darum, wie sie diese Ereignisse erfahren hatten und was diese für sie und darüber hinaus für die Welt bedeuteten. Der Osterglaube der ersten Glaubenden hat somit deutlich eine biographische Verankerung, das heißt, er ist nicht sozusagen von außen über sie gekommen, sondern er ist in ihnen selbst erwacht, ist aus ihrer konkreten Lebenssituation heraus entstanden. Der Osterglaube des Anfangs ist eine erlebte, eine mitgeteilte und gedeutete Erfahrung. Dies gilt es zu bedenken, wenn wir uns heute, nach zweitausend Jahren, mit den Zeugnissen über diesen Glauben befassen. Wir können ihn einfach nur zur Kenntnis nehmen und ihn beschreiben – das tut m. E. die historisch-kritische Exegese. Sie leistet damit eine wichtige Hilfe zum Verstehen, aber sie kann damit nicht in diesen Glauben selbst hineinführen. Um die Ursprungserfahrung des Osterglaubens zu reaktivieren, und das heißt auch, um Ostererfahrung und -glaube an andere zu vermitteln, bedarf es anderer Erschließungsverfahren, solcher, die uns selbst an *unsere* Ursprungserfahrung von Ostern bringen (können).

Die Begrenztheit der historischen Fragestellung im Bezug auf die Osterüberlieferung soll noch kurz bedacht werden.

Engführung der historischen Frage

Historisch-kritisch betrachtet, bietet sich die Osterüberlieferung in verschiedenen literarischen Formen dar. Es sind zu unterscheiden die Osterbekenntnisse, die auch als Kurzformel des Osterglaubens bezeichnet werden können; das wichtigste ist 1 Korinther 15, 3–8. Daß diese am Anfang der Traditionsbildung stehen, weist schon darauf hin, daß der Osterglaube nicht als Faktenmitteilung entstanden ist. Weitere Formen sind die Ostergeschichten oder -erzählungen, bei denen zu unterscheiden sind Geschichten von den Erscheinungen des Auferstandenen und Geschichten vom leeren Grab bzw. von der Auffindung des leeren Grabes.

Auf die Passion und den Kreuzestod läßt sich die historische Frage verhältnismäßig leicht anwenden, da es hier um historisch feststellbare Fakten geht, wenngleich diese nicht einheitlich überliefert sind. Die Anwendung der historischen Fragestellung auf die Auferstehung Jesu ist ungleich schwieriger, weil es bei dieser ja nicht um eine Rückkehr Jesu ins irdische Leben geht, also nicht um eine medizinische Wiederbelebung – ein Vorgang, der historisch relevante Fakten setzen würde. Die Auferstehung Jesu ist vielmehr von ihrem Ursprung her eine strikte Glaubensaussage: Wer nicht an diesen Jesus glaubt, wird niemals sagen können: Er ist auferstanden. Der biblische Befund bietet nicht ein einziges neutrales Auferstehungszeugnis; alle Zeugnisse stammen von Menschen, die in irgendeiner Form eine Beziehung zu Jesus gehabt hatten. Die historischen Aspekte bei der Auferstehung Jesu beziehen sich daher nach meinem Dafürhalten auf die Ostererfahrung der Jünger und Jüngerinnen Jesu.

Bei den Ostergeschichten werden die Erscheinungserzählungen in der Regel als primär eingestuft, das heißt von den Erscheinungen, nicht von der Entdeckung des leeren Grabes, soll der Osterglaube ausgegangen sein; die Geschichten vom leeren Grab sollen erst später ihre Form erhalten haben. Argumentiert wird für diese Auffassung damit, daß im ältesten Osterzeugnis, in 1 Korinther 15, zwar das Begrabenwerden, aber nicht das leere Grab Jesu genannt wird. Der Osterglaube wird auf die zurückgeführt, die eine Erscheinung hatten. Hier zeigt sich die Unzulänglichkeit der nur historischen Fragestellung deutlich: Sie fragt nach der Entstehung der vorhandenen Osterzeugnisse, nicht aber danach, welche Erfahrungen der Zeugen/innen aus den Zeugnissen zu erschließen sind. Bei einer Analyse der Zeugnisse mit anderen Methoden als nur historischen können sich die in den Erzählungen vom leeren Grab mitgeteilten Erfahrungen durchaus als primär erweisen.

Die historische Frage an die Osterzeugnisse wird weiterhin dadurch erschwert, daß der Ablauf der Ereignisse in den Evangelien und in 1 Korinther 15 nicht übereinstimmend dargestellt wird, und zwar im Bezug auf den Ort, den Abschluß und die Personen, die Erscheinungen hatten. Allein aus diesem Befund wird deutlich, daß es den Tradenten nicht in erster Linie auf den historischen Gesichtspunkt angekommen sein kann. Daß eine verkündende Absicht im Vordergrund stand, ist gerade an den nicht übereinstimmenden Fakten abzulesen.

Die theologische Aussage der Osterüberlieferungen im üblichen Sinn will ich hier nicht herausarbeiten, füge jedoch ein Zitat aus dem Holländischen Katechismus „Glaubensverkündigung für Erwachsene" von 1966 an, dessen Aussage dem nahekommt, was ich die Ursprungserfahrung des Osterglaubens nenne; diese Sätze leiten über zu der Fragestellung, die ich anschließend behandeln will.

„Seine Erscheinungen bedeuten ..., daß er seine Jünger und seine Kirche einweiht in eine neue Weise seiner Gegenwart. Dazu bilden die Erscheinungen einen Übergang. Er läßt sehen, wie er allezeit bei ihnen ist. Die Tatsache, daß er plötzlich mitten unter seinen Jüngern gesehen werden kann, bedeutet ja nicht, daß er ‚durch Türen hindurchgehen kann', sondern daß er immer anwesend ist, auch wenn sie ihn nicht sehen. Der Auferstandene ist die neue Schöpfung unter uns. Die Erscheinungen sind stille Andeutungen seiner bleibenden Anwesenheit."[24]

Heutige Ostererfahrung – tiefenpsychologischer Weg

Im folgenden geht es um die Frage, wie wir selbst heute, nach zweitausend Jahren, in die Ursprungserfahrung von Ostern eintreten können. Das ist nicht dadurch möglich, daß wir das Osterbekenntnis verbal übernehmen und nachsprechen. Es kann sogar sein, daß wir, wie in der Osterzeit, stark von der liturgischen Feier berührt sind und dennoch keine wirkliche Ostererfahrung machen, weil sich in uns selbst nichts verändert. Es kann auch sein, daß wir aus der Osterbotschaft Konsequenzen für unser Leben ziehen, etwa im gesellschaftlich-politischen Bereich, und uns die Ostererfahrung dennoch nur wie von außen angeheftet bleibt. Ich möchte nun eine Möglichkeit zeigen, bei der andere Weisen der Übernahme der Osterbotschaft nicht ausgeschaltet werden, bei der diese aber zurückbezogen werden können auf die Struktur der Erfahrung, wie sie im Neuen Testament von Jüngerinnen und Jüngern Jesu überliefert ist. Die historischen Elemente der damaligen Ostererfahrung können wir ja nicht wiederholen, da unsere historische Situation eine ganz andere ist. Aber wir können in dem nachfolgen, was damals die Veränderung der hoffnungslosen und verzweifelten Jünger bewirkt hat. Dazu betrachte ich nun nicht mehr – wie in den beiden ersten Abschnitten – den manifesten literarischen Befund der Überlieferung; ich wende mich vielmehr dem Symbolgehalt des überlieferten Osterzeugnisses zu.

In den Symbolen, welche die Bedeutung eines Geschehens oder einer Erfahrung aussprechen, können wir auch heute noch zur Struktur damaliger Erfahrung gelangen. Leicht verständlich zu machen ist das an der (katholischen) Osterliturgie: das auf ursprüngliche Weise entzündete Feuer, das Aufgehen des Lichtes in der dunklen Nacht sind Symbole, die in der biblischen Überlieferung von der Auferstehung Jesu so gar nicht vorkommen; was dort mitgeteilt wird, scheint viel nüchterner zu sein. Dennoch wird niemand sagen wollen, die Symbolik der Osterfeier beinhalte etwas ganz anderes, als die biblische Osterüberlieferung enthält. Und was haben die alttestamentlichen Texte von der Schöpfung, vom Exodus, das Prophetenwort vom Wasser in der Wüste mit der Auferstehung Jesu zu tun? Zwischen all diesen Aspekten besteht ein symbolischer Bedeutungszusammenhang. Der läßt sich in Worten zwar erklären, das wird aber bei Menschen nicht viel bewirken, außer daß sie es zur Kenntnis nehmen. Gefeierte Symbole wie in der Osternacht sind etwas ganz anderes als erklärte Symbole. Erklärungen sind hilfreich und auch notwendig. Aber wenn sie zum Ersatz für das gefeierte bzw. das begangene oder erlebte Symbol werden, dann ist das Symbol bereits tot und kann nicht mehr bewirken, was über es gesagt wird. Natürlich kann liturgisch ein Symbol auch nur äußerlich vollzogen werden; dann ist es eigentlich nur mehr ein Zeichen, das ersetzt werden kann durch andere Zeichen. Die Feier der Liturgie muß nicht unbedingt eine symbolisch vermittelte Erfahrung bewirken; das ergreifendste liturgische Symbol kann an der menschlichen Seele sozusagen ablaufen. Symbolische Erfahrung ist auch nicht einfach ein schönes, erhebendes Gefühl, obwohl das dazugehören kann. Zur symbolisch vermittelten Ostererfahrung, die uns wirklich innerlich zu eigen wird, gehört vielmehr eine Arbeit an sich selbst, eine Öffnung zu den seelischen Tiefen. Diese Öffnung ist allerdings nicht so leicht, wie sich das anhören mag. Sie kann nämlich manches in Frage stellen, mit dem wir innerlich identisch sind. Nach den Ostertexten ist es so z. B. den Jüngern Jesu ergangen; sie mußten ihre Wünsche und Hoffnungen auf Macht im Reich Gottes endgültig begraben. Daß dies keineswegs dauerhaft gelungen ist, zeigt sich schon im Neuen Testament selbst. Und das zeigt uns wiederum, daß heutige Ostererfahrung im symbolischen Vollzug eine immer wieder neue Selbst-Arbeit verlangt.

Wo könnte nun solch symbolischer Vollzug der ursprünglichen Ostererfahrung im Osterzeugnis selbst ansetzen? Wo gibt es dort solche Symbole, die uns heute, der Struktur nach, eine Ostererfahrung ermöglichen könnten? Bei meiner tiefenpsychologisch-biblischen Arbeit mit Gruppen bin ich darauf gestoßen, daß viele überlieferte Symbole dafür brauchbar sind, eines aber die österliche Ursprungserfahrung am intensivsten eröffnet: es ist das Symbol vom leeren Grab. Die Geschichten der Evangelien von der Entdeckung des leeren Grabes Jesu berichten in erster Linie nicht ein historisches Faktum; sie machen vielmehr eine symbolische Aussage über eine tiefenpsychische Erfahrung der Frauen, die am Ostermorgen zum Grab Jesu gegangen sind – ohne zu wissen, daß dies der Ostermorgen wird! Das Bildmaterial, mit dem die Erfahrung der Frauen erzählt wird, verweist auf die symbolische Aussage. Da ist der weggerollte schwere Verschlußstein, niemand weiß von wem; da sind die überirdischen Boten im Grab sowie die unwahrscheinliche und unerhörte Kunde, daß ein Toter auferstanden, aber nicht in das gewöhnliche irdische Leben zurückgekehrt ist; bei Matthäus ist da noch die Geschichte von der Ohnmacht der Wächter u. a. m.

Das Symbol des Grabes ist der seelischen Welt besonders kongruent. Dafür ist es gut, sich nicht unsere Grabform als ausgehobene Grube vorzustellen, sondern das orientalische Grab, das in den Evangelien gemeint ist: eine in den Felsen gehauene Höhle. Zu „Höhle“ fallen gewiß sogleich viele Assoziationen ein: vielleicht Erinnerungen an Kindertage vom Höhlenbauen oder Vorstellungen von Höhlenerlebnissen im Bett o. ä. Die Höhle ist ein Ursymbol der menschlichen Seele, ein Urbild von großer emotionaler Kraft. Wir alle, jeder Mensch nimmt seinen Lebensursprung aus einer Höhle, der Höhle des Mutterbauches. Das Grab symbolisiert dies durchaus auch, ist es doch eine Höhle von Mutter Erde, in die der gestorbene Mensch zurückkehrt. Höhle oder Grab, die dunkle Hohlform als verborgene Körperhöhle, ist in der Menschheit verbreitet als Symbol für den Mutterschoß, für lebensspendende Macht, für schöpferisches Leben, für Wiedergeborenwerden. Mythologien und frühe archäologische Funde zeigen das.[25] Da wir seelisch ebenfalls Dunkles in uns tragen, das schöpferisch, lebensschaffend wirksam wird, wenn wir Zugang dazu finden – nämlich den unbewußten Teil der Seele –, ist die Höhle zugleich ein Symbol für das dunkle psychisch Unbewußte. Die Kreativität dieser Seelenhöhle erleben wir jede Nacht in den Träumen. Die unbewußte Psyche spendet uns diese, unabhängig von unserem Willen.

Diese Verfassung des Unbewußten können wir uns auch durch gezielte Bemühung zunutze machen. Wir können gewissermaßen bewußt die Grabeshöhle unserer Seele betreten. So ungefähr ist die innere Erfahrung zu denken, welche die Frauen am oder im leeren Grab gemacht haben. Im offenen Grab Jesu öffnete sich ihnen auch die unsichtbare Höhle ihrer Seele. Sterben, Tod und Leben als Wiedergeborenwerden oder Auferstehen ist in mythischer Symbolik weitgehend als eine Einheit gesehen und erlebt. So gehört z. B. das in der Geschichte von Noach (Genesis 6–8) verwendete hebräische Wort für „Arche" dem Wortstamm an, aus dem auch das Wort „Sarg" gebildet ist. Die Arche ist da sprachlich verstanden als der Sarg, in dem Noach und die Seinen den Weltuntergang überleben und aus dem sie als die neue Menschheit hervorgehen; Adam wird in Noach wiedergeboren. Und als Bild stellt die Arche ein Schiff dar, ein uraltes Symbol: der Schiffsbauch als Ort einer neuen Geburt. In der Ikonen-Kunst der orthodoxen Kirche, die eine Theologie ist mit feststehenden, also vom einzelnen Maler nicht zu verändernden ikonographischen Mustern, wird auf der Weihnachtsikone die Krippe, auf der das Jesuskind liegt, in der Form eines Sarkophages dargestellt, und dieser steht über einer schwarzen Erdhöhle. Auch hier ist es die Symbolik des Zusammengehörens von Tod und neuem Leben als Geburt, im Bild von Sarg und Höhle. Und diese Symbolik enthält auch die Überlieferung von den Frauen am leeren Grab Jesu. Die symbolische Struktur von der Ostererfahrung der Frauen können Menschen zu allen Zeiten erleben als ihre jeweilige Ostererfahrung. Daß dies möglich ist, hängt mit der Urbildstruktur der menschlichen Seele zusammen. Diese führt offenbar in der ganzen Menschheit, vom Anfang bis in die Gegenwart, zu ähnlichen Symbolproduktionen; diese wiederum basieren auf menschheitlich vergleichbaren seelischen Grunderfahrungen. Und dazu gehört die Erfahrung von Auferstehung bzw. neuer Geburt. Mit Hilfe solcher allgemein-menschheitlicher Symbole, wie dem vom leeren Grab Jesu, können wir daher eigene seelische Tiefenerfahrungen machen. Und so wird es möglich, in die Ursprungserfahrung von Ostern einzutreten, ohne daß wir die historische Situation wiederholen können bzw. müssen. Wie solche Erfahrungen bei tiefenpsychologischer Bibelarbeit sich darstellen, will ich am Beispiel zeigen.

Bei Imaginationsübungen, z.B. mit dem Symbol vom leeren Grab, werden bewußt seelische Bilder hervorgerufen, wie sie sich in den Träumen autonom einstellen. In einer Gruppe gehen die Beteiligten dabei in ihrer Vorstellung wie die Frauen damals zum Grab, gehen vielleicht sogar hinein in die Grabhöhle und versuchen, mit den Boten zu sprechen. Dabei kann sich eine tiefenseelische Erfahrung einstellen von der Struktur, nicht unbedingt vom gleichen Bildmaterial, wie sie von den Frauen am Ostermorgen erzählt wird. Nach einer solchen Übung erzählte ein junger Mann, er sei, statt in das Grab, in eine Leichenhalle gekommen. In einer Zelle sei sein gerade gestorbener Freund aufgebahrt gewesen. Beim Erzählen sagt er, als er den Leichnam gesehen habe, habe er zum erstenmal gemerkt, wie sinnlos es sei, einen Leichnam zu salben. Dann sei ein älterer befreundeter Pfarrer dagewesen, der ihn trösten wollte und zu ihm sagte: „Dein Freund ist auferstanden." Er habe ihn aber darauf hingewiesen, daß sein Leichnam doch hier liege. Der Pfarrer darauf, das habe nichts zu bedeuten, der Freund sei auferstanden. Diese Imagination ist dem jungen Mann zur Hilfe geworden, die Trauer über den plötzlichen Tod des Freundes zu fühlen und anzufangen, sie zu verarbeiten. Das biblische Symbol führte ihn nun keineswegs ins Zentrum der neutestamentlichen Auferstehungsbotschaft. Er wurde vielmehr veranlaßt, sich einem Problem seines persönlichen Lebens im Symbol zuzuwenden und den bis dahin abgewehrten Schmerz zu durchleben; oder es läßt sich auch sagen: zu durchsterben. Diese oder eine ähnliche Erfahrung wird beim Imaginieren von überlieferten religiösen Symbolen oft gemacht. Es zeigt sich daran, daß allgemeine Wahrheiten, und seien sie dogmatisch noch so zentral wie die Glaubensaussage von der Auferstehung Jesu, sich verschließen oder nicht ins eigene Leben eingehen können, wenn nicht zuvor die persönliche seelische Wahrheit angeschaut und akzeptiert wird. Wenn also z. B. ein Trauerprozeß, der ja eine Art Sterben ist, nicht wirklich durchlebt ist, so muß dies erst geleistet werden, bevor Auferstehung, auch mit christlichem Inhalt, erfahren werden kann. Ohne sich dem Schmerz solcher Trauer auszusetzen und ihn zu durchleben, kann Auferstehung nicht erfolgen. Wo solche Sterbeerfahrungen, die ganz verschiedener Art sein können, verdrängt, gewissermaßen auf die seelische Schattenseite geschoben werden, um ihnen zu entgehen, da wird der Weg zur Ursprungserfahrung von Ostern verbaut. Die Frauen am Grab Jesu haben nach dem Zeugnis der Evangelien einen solchen eigenen Sterbeprozeß durchgemacht und waren daher fähig, die Auferstehung Jesu zu erfahren. Das Festhalten an etwas Zu-Ende-Gelebtem, an einem Leichnam, verhindert Auferstehung. Dies haben die Frauen am leeren Grab Jesu offensichtlich begriffen; und das hat auch der junge Mann verstanden, obwohl in seinem „Grab" der Leichnam noch da war. Beide Male konnte ein Toter nur dadurch auferstehen zu einer neuen Beziehung, daß die Zurückbleibenden, die Hinterbliebenen, wie wir sagen, ihre Beziehung zu dem Toten zu verändern vermochten. Es war notwendig für sie, den physisch Gestorbenen in sich selbst auch seelisch sterben zu lassen. Die Jüngerinnen und Jünger Jesu gaben mit diesem eigenen Sterbeprozeß Vorstellungen, Wünsche, Hoffnungen auf, die sie an den irdischen Jesus geheftet hatten. Und damit wurden sie frei für neue Vorstellungen von einer ganz anderen Lebendigkeit Jesu, einer Lebendigkeit jenseits seines Todes.

Mehrere biblische Erzählungen von den Erscheinungen des auferstandenen Jesus haben einen ähnlichen Tenor, z. B. die Geschichte vom sogenannten ungläubigen Thomas (Johannes 20). Dieser Jünger hat sogar eine handgreifliche Vorstellung davon, wie Jesus sich jenseits des Todes ihm erfahrbar machen müsse. In der Geschichte wird erzählt, daß der Auferstandene auf diese Vorstellung eingeht, das heißt, daß sie Thomas bewußtgemacht wird; und im selben Augenblick begreift er, daß es nicht mehr auf das Betasten ankommt, daß leibliches Berühren eine Weise der Beziehung vor der Auferstehung ist und daß, will er daran festhalten, Auferstehung für ihn unmöglich bleibt. Oder die Geschichte von den Emmaus-Jüngern (Lukas 24). Sie haben nur eine einzige Möglichkeit gesehen, daß das, was Jesus gesagt und getan hat, sich realisieren könne – wie wahrscheinlich die meisten Jünger; und diese Möglichkeit liegt vor dem Tod. In ihrer Vorstellung gibt es jenseits des Todes Jesu keine Möglichkeit des Reiches Gottes. Ihre Ostererfahrung weht dieses Bild von Jesus weg und zeigt ihnen Möglichkeiten, die sie sich nie hätten ausdenken können. Ich denke mir, daß die Ursprungserfahrung von Ostern nichts äußerlich Spektakuläres war, daß sie aber eine so tiefe Erfahrung der Betroffenen war, daß diese nicht nur ihr eigenes Leben grundlegend veränderte, sondern sie auch drängte, mit ihrer Botschaft die Welt zu verändern. Heute einzutreten in diese Ursprungserfahrung von Ostern bedeutet, sich auf vergleichbare eigene Veränderungsprozesse einzulassen.

5. Jesus auf dem Weg wie jeder Mensch. Psychographische Aspekte in den Evangelien[26]

Vom echten Menschsein Jesu

Viele Christen haben von klein auf gelernt, daß Jesus Gottes Sohn und der Erlöser der Menschheit ist. Durch die lange Gewöhnung, vor allem auf das Gottsein Jesu zu schauen, ist dem christlichen Glauben dabei das Menschsein Jesu ferngerückt. Ja, es hat sich bei vielen Christen eine Scheu herausgebildet, sich ernsthaft vorzustellen, was es konkret heißt, daß an Jesus nicht nur als „wahren Gott" geglaubt wird, sondern daß er auch als „wahrer Mensch" gelebt hat, wie das Dogma beides formuliert.[27] Zum Glaubensbekenntnis gehört die Aussage von der Inkarnation, das heißt, daß in Jesus Gott Mensch geworden ist. Das bedeutet aber, daß Gott ohne das Menschsein Jesu nicht gefunden werden kann bzw. daß es ein falscher Gott sein müßte, der nicht in Verbindung mit dem Menschsein Jesu gesehen würde. Das Menschsein Jesu ist somit die Brücke von unserem Menschsein zu Gott. Es ist demnach wichtig für uns, Jesu Menschsein zu verstehen, um Gottes Menschwerdung in Jesus verstehen zu können. Wie aber können wir uns dem Menschsein Jesu verstehend nähern? Ich denke, das wird nur in dem Maße möglich sein, in dem wir unser eigenes Menschsein verstehen.

Charakteristisch für uns Menschen ist nun, daß niemand je sagen kann: Das bin ich, und ich werde nichts anderes mehr sein. Unser Mensch*sein* ist offensichtlich nie fertig, sondern immer *werden* wir, verändern, entwickeln uns. Wie dieser Lebensprozeß verläuft, hängt nicht nur von äußeren Faktoren ab – wie der Familie, in die wir hineingeboren sind, unserer Bildung und sozialen Stellung u. a. –, sondern zu einem guten Teil auch davon, was jemand aus seiner Person macht, wie jemand an sich arbeitet. Menschwerden ist eine Aufgabe, die viel damit zu tun hat, wie weit ein Mensch seine inneren, psychischen Fähigkeiten und Möglichkeiten verwirklicht, wie er sich selbst dabei kennenlernt und seine unverwechselbare Identität gewinnt. Das Bild vom menschlichen Weg Jesu will deutlich machen, daß auch Jesus in seinem Menschsein nicht von Beginn an vollendet gewesen sein kann, sondern daß er, indem er seinen Weg ging, voll Mensch geworden ist. Solches Werden aber ist immer offen zum Scheitern oder Gelingen. Ich will nun der Frage nachgehen, ob die Zeugnisse über Jesus einen solchen Prozeß seines menschlichen Werdens überliefern.

Es ist aufschlußreich, daß die Evangelien als die einzigen Quellen über Jesu Leben sehr viel vom wahren Menschsein Jesu mitteilen, dies aber von den Christen, gerade auch Theologen, lange übersehen worden ist, wohl deswegen, weil sie einseitig auf das Gottsein Jesu fixiert waren. Auch wenn wir in den Evangelien keine fortlaufende Biographie Jesu finden, so beleuchten die Evangelien doch einzelne Verhaltensweisen Jesu und geben uns damit Einblick in seine menschliche Entwicklung. Liest man die Evangelien im Zusammenhang, z. B. das Markusevangelium als das älteste, so entsteht von Jesus der Eindruck eines Menschen, der in sich ruht, der mit sich selbst und Gott im Einklang ist. Die Evangelien drücken das öfter so aus, daß Jesus mit Vollmacht spreche und handle, zum Erstaunen der Menschen, die ihm begegnen. In unser Verständnis übersetzt könnte das heißen: Jesus ist seiner selbst ganz mächtig. Er lebt aus einem inneren Zentrum heraus und wirkt dadurch so auf andere Menschen, daß auch sie aus ihrer inneren Zerrissenheit zur Ganzheit, zum Heilsein finden können; davon wird z. B. in den Wundergeschichten erzählt. An einzelnen Stellen der Evangelien wird aber deutlich, daß Jesu Einssein mit sich selbst und mit Gott ihm nicht einfach gegeben war, sondern daß er es durch intensive Arbeit an seiner eigenen Entwicklung, gewissermaßen durch mühevolle Selbst-Verwirklichung errungen hat. Einen Aspekt davon möchte ich verdeutlichen.

Es gibt in den synoptischen Evangelien drei hervorgehobene Stellen, an denen erzählt wird, wie Jesus auf der Suche nach seiner wahren Bestimmung ist. Es sind die Versuchung Jesu vor seinem öffentlichen Auftreten, das Messiasbekenntnis des Petrus bei Cäsarea Philippi zu der Zeit, als sich für Jesus abzuzeichnen beginnt, daß seine Auseinandersetzung mit den jüdischen Autoritäten unausweichlich in einen Prozeß und zum Todesurteil führen wird, und das betende Ringen mit Gott im Garten Getsemani vor seiner Gefangennahme. Zwar sind diese drei Texte wohl von den Evangelisten an diese Stellen des Weges Jesu gesetzt worden; doch erscheinen sie für diesen Weg so folgerichtig, daß das, was sie mitteilen, ganz überzeugend ist.

Es sind gewissermaßen drei Krisenpunkte im Leben Jesu, an denen er schwere Kämpfe mit sich selbst bestehen muß, um das, was er als verpflichtenden Willen Gottes in seinem Leben spürt, anzunehmen und bewußt zu vollziehen. Es geht für ihn um die Überwindung der Versuchung, seine Sendung in Macht und Herrlichkeit, mit der Anerkennung durch das Volk und seine Führer durchzusetzen. Matthäus erzählt das in einer ausführlichen Form der Versuchungsgeschichte mit den drei Versuchungen, aus Steinen Brot zu machen, das heißt das Reich Gottes mit materieller Wohlfahrt gleichzusetzen, sich von der Zinne des Tempels zu stürzen, das heißt das Volk durch religiöse Verblendung hinter sich zu bringen, und Satan anzubeten, das heißt sich als Weltherrscher aufzuwerfen und so Gott zu entthronen.[28]

Die drei Texte gliedern die Evangelien, indem sie am Anfang (Versuchung Jesu), in der Mitte (Messiasbekenntnis) und gegen Ende (Getsemani) stehen, und sie zeigen damit, daß Jesus nicht nur einmal, sondern immer wieder sich dazu durchringen muß, Unverständnis und Ablehnung, die ihm entgegenschlagen, bis hin zum Haß der Gegner, bis zum Getötetwerden, anzunehmen als gerade seinen von Gott gewollten Weg. Auszuharren auf diesem Weg der Vereinsamung und der Mißerfolge und so sich selbst treu zu bleiben, ist für Jesus nicht leichter gewesen als für irgendeinen Menschen.

Am Beispiel der Krise in der Mitte seines Wirkens will ich das genauer zeigen.

Die Identitätskrise Jesu – Markus 8,27–33

27 Jesus ging mit seinen Jüngern in die Dörfer bei Cäsarea Philippi. Unter-
wegs fragte er die Jünger: Für wen halten mich die Menschen? 28 Sie sag-
ten zu ihm: Einige für Johannes den Täufer, andere für Elija, wieder
andere für sonst einen der Propheten. 29 Da fragte er sie: Ihr aber, für wen
haltet ihr mich? Simon Petrus antwortete ihm: Du bist der Messias!
30 Doch er verbot ihnen, mit jemand über ihn zu sprechen.

31 Dann begann er, sie darüber zu belehren, der Menschensohn müsse
vieles erleiden und von den Ältesten, den Hohenpriestern und den
Schriftgelehrten verworfen werden; er werde getötet, aber nach drei Ta-
gen werde er auferstehen. 32 Und er redete ganz offen darüber. Da nahm
ihn Petrus beiseite und machte ihm Vorwürfe. 33 Jesus wandte sich um,
sah seine Jünger an und wies Petrus mit den Worten zurecht: Weg mit dir,
Satan, geh mir aus den Augen! Denn du hast nicht das im Sinn, was Gott
will, sondern was die Menschen wollen.

Exegeten sagen, die beiden Abschnitte hätten ursprünglich wahrscheinlich nichts miteinander zu tun gehabt, sie seien vom Evangelisten verbunden worden. Doch glaube ich nicht, daß diese Verbindung zufällig geschah. Achtet man auf das, was hier an innerem, an seelischem Geschehen ausgedrückt wird, so erweisen sich beide Teile als eine enge Einheit. Die Perikope zeigt, daß Jesus von der Frage umgetrieben wird, die wohl keinem Menschen fremd ist: Wer bin ich eigentlich? und: Worauf läuft das hinaus mit mir? Auch Jesus schaut nach einer Antwort zunächst bei anderen Menschen aus, wie wir das von der wohlbekannten, nur oft nicht laut gestellten Frage kennen: Was halten wohl die anderen von mir? An seiner doppelten Frage, einmal in bezug auf die Leute und dann an seine Freunde gerichtet, wird so etwas wie eine Identitätskrise Jesu erkennbar. Solch intensives Fragen weist auf eine innere Verunsicherung hin, auf eine Krise im Selbstwerdungsprozeß. In der Antwort werden ihm

Vorbilder angeboten – Johannesder Täufer, Propheten –, Möglichkeiten, die von anderen Personen schon gelebt worden sind, geliehene Identitäten sozusagen. Hätte Jesus sich auf die Meinung der Leute eingelassen, so wäre er vermutlich ganz gut gefahren; das hätte kaum zu tödlichen Feindschaften geführt; er hätte ja eine schon bekannte und gebilligte Aufgabe nur wiederholt. Aber er hätte auch nur eine Rolle gespielt und wäre nicht zu der nur ihm eigenen Identität gekommen. Ich kann mir vorstellen, daß Jesus in Gedanken schon selbst solche Vorbilder für sich ausprobiert hatte. In der Auseinandersetzung mit ihnen und mit der gängigen Messiasvorstellung, die Petrus ihm anbietet, hat er aber offenbar die Vorbilder für sich verworfen. Und so konnte sich seine eigene, von innen her wachsende Identität herausschälen: Jesus sieht sich nun als den, der durch das Leiden in Übereinstimmung mit sich und seiner Aufgabe sein wird. Diese Identität ist aber den Vorbildern und Erwartungen, die ihm gelten, nämlich ein mächtiger Erlöser zu sein, entgegengesetzt; denn ein leidender, gar getöteter Heilbringer ist für sein Volk ein Widerspruch in sich.

Die heftige Abfuhr, die Petrus erhält, als er Jesus das Leiden auszureden versucht, läßt ahnen, wie stark für Jesus die Versuchung war, die Erwartungen der anderen zu erfüllen und so dem Leiden und der schmerzhaften Identitätssuche auszuweichen. Daß Jesus den Petrus mit „Satan" betitelt, heißt soviel wie: er erlebt ihn in diesem Augenblick wie Satan. Für das, was hier geschieht, kann jede/r bei sich die Probe aufs Exempel machen; wo wir etwas Unangenehmes bei uns selbst nicht wahrhaben wollen, wo wir eine aus uns selbst kommende Versuchung abwehren, sind wir leicht geneigt, das Abgewehrte an anderen festzumachen, als seien sie die Versucher; und nicht selten reagieren wir dann aggressiv auf sie. Wir projizieren unbewältigte Lebenskonflikte auf andere Menschen, und das ist eine Art Flucht vor uns selbst. Identität als Übereinstimmung mit uns selbst wird aber gewonnen, indem wir auch unsere dunklen Seiten zur Kenntnis nehmen und uns mit ihnen bei uns selbst auseinandersetzen. Jesus muß nach unserem Text offensichtlich mit solchen Schattenseiten in sich ringen und ist der Versuchung ausgesetzt, diese auf Petrus zu projizieren. Anders läßt sich die „Verteufelung" des Petrus kaum verstehen. Mit „Satan" sind die Kräfte in Jesus zusammengefaßt, die ihn möglicherweise zu machtpolitischer Aktivität, z. B. zur Bildung einer gewalttätigen Oppositionspartei gegen die römische Fremdherrschaft, als Ausweg vor dem Leiden verführen könnten. Die Versuchung, vor dem erkannten Weg zu sich selbst, auf dem allein er Gottes Willen finden kann, auszuweichen, muß groß gewesen sein für Jesus. Auf der Mitte seines Weges wehrt er sie zwar ab, kann aber (noch) nicht zu ihr als seiner eigenen dunklen Möglichkeit stehen.

Die im Leiden gefundene Identität

Ganz identisch mit sich selbst wird Jesus, als er seine Schwäche nicht mehr abwehrt oder sich ihr zu entziehen versucht, sondern sich zu ihr bekennt. Und da erst gewinnt er auch das volle Einverständnis mit Gottes Willen. Davon wird in der Ölbergszene berichtet (Markus 14, 32–42). In der Stunde, in der Jesus menschlich völlig einsam ist – die Freunde sind so wenig sensibel für das, was sich mit Jesus abspielt, daß sie schlafen – und von Todesangst geschüttelt, bekennt er sich zu seiner Schwachheit mit der Bitte, die Stunde des gewaltsamen Todes möge an ihm vorbeigehen, und der Vater solle den Kelch (= das Leiden) von ihm nehmen. Was er zu den Jüngern sagt: „Wacht und betet. Der Geist ist willig, aber das Fleisch ist schwach", dürfte in diesem Augenblick Jesu Erfahrung mit sich selbst sein. Indem er jedoch die Gefahr zu versagen nicht mehr projiziert wie bei Cäsarea Philippi, sondern sie als sein eigenes Gefühl annimmt und ausspricht, kann er auch eine große Nähe zu Gott erfahren. Markus überliefert gerade an dieser Stelle die Anrede Gottes mit „Abba"; Jesus steht mit ihr damals in seinem Volk einzig da, drückt sie doch die familiäre zärtliche Nähe des Kindes zum Vater aus.

Im Nachdenken des menschlichen Weges Jesu läßt sich auch sagen: Jesus ist zum Sohn Gottes geworden. Seine menschlich-göttliche Identität ist gewachsen, weil er durch Gefährdung und Auseinandersetzungen mit sich und Gott, dem Ziel seines Weges, seiner Selbstwerdung, hindurchgegangen und darin gereift ist.

Eine späte Schrift des Neuen Testamentes hat den Aspekt der Versuchung Jesu theologisch entfaltet. Der Hebräerbrief hebt öfter darauf ab, daß wir auf Jesus, den Sohn Gottes, vertrauen können, da er selbst durch menschliche Versuchung und menschliches Leiden hindurchgegangen sei. Daß Jesus einen menschlichen Weg gegangen ist, wird in dem Satz zusammengefaßt: „Obwohl er Sohn war, hat er durch Leiden den Gehorsam gelernt" (Hebräer 5,8). Der „Gehorsam" kann nicht eine äußere, gar durch Leidensdruck erzeugte Unterwerfung Jesu unter den Willen Gottes meinen, nicht ein Gehorsamlernen, wie es in der Erziehung von Kindern oft erzwungen wird. In den Evangelien wird der „Gehorsam", den Jesus gelernt hat, beschrieben als der Prozeß, in dem er seine Bestimmung gesucht und durch tiefe Unsicherheiten, Versuchungen und Schmerzen hindurch gefunden hat. So hat er sich selbst gefunden, ist mit sich selbst identisch geworden. Die Frage kann gestellt werden, ob Jesus dieses Ziel seines menschlichen Weges erreicht hätte, wenn er mit seinem Wirken breite Zustimmung gefunden hätte, vor allem auch bei den religiösen Funktionären, die ihn statt dessen dem Leiden und Tod überantwortet haben.

6. Himmel und Hölle. Das Ich geht über sich hinaus[29]

Religiöse Symbolsprache

In der westlichen Theologie und Verkündigung ist es zur Gewohnheit geworden, die eschatologischen Heils-, auch die Unheilsaussagen auf die äußere Realität der Geschichte, der Menschheit und der Welt zu beziehen. Es wird dabei weitgehend übersehen, daß die Sprache religiöser Überlieferungen eine Bild-

und Symbolsprache ist, ähnlich entstanden und strukturiert wie Träume, Visionen, Imaginationen; eine Sprache, in der sich menschliche Erfahrung von der stets neu zu gestaltenden Wirklichkeit ausspricht. Religiöse Vorstellungen – wie Reich Gottes/Himmelreich, Himmel, Hölle, Gericht –, die auf die Umgestaltung der Welt und des Menschen zielen, spiegeln daher Strukturen und Erfahrungsmuster der psychischen Innenwelt, und sie zielen seelische Veränderungen an. Biblische Bilder vom Ende bzw. von der Vollendung drücken insofern die psychische Notwendigkeit für den einzelnen Menschen aus, sich auf Vollständigkeit hin zu entwickeln, wie für die Gesamtheit von Welt und Geschichte das Ganzwerden als Heil zu erhoffen und an seiner Verwirklichung zu arbeiten. Die Umgestaltung in beiden Bereichen – dem seelischen Innen und der äußeren Welt – stellt in der tiefenpsychologischen Betrachtungsweise eine Einheit dar, die verlangt, daß das psychische Ganzwerden mit dem Kommen des Reiches Gottes, mit dem Entstehen des Himmels, Schritt hält. „Himmel" bezeichnet das Erreichen, „Hölle" das Verfehlen des Ganzwerdens, „Gericht" das definitive und durchgreifende Bewußtwerden von den – mit dem Tod bzw. dem Ende der Geschichte – verwirklichten oder nicht verwirklichten Möglichkeiten auf dieses Ziel hin.

Ich und Transzendenz

Im Blick insbesondere auf den einzelnen Menschen vollzieht sich diese Entwicklung in einem fortwährenden Prozeß des psychischen Transzendierens. Dieses ist als eine Fähigkeit und zugleich als eine Aufgabe des Menschwerdens anzusehen. Transzendenz gehört in tiefenpsychologischer Sicht zum Menschsein. Und insofern Transzendenz eine grundlegende Kategorie von Religion ist, ist Religion als zum Menschsein gehörend anzusehen. Wie ist solche Transzendenz zu denken, und was sagen die christlichen Transzendenz-Symbole von Himmel und Hölle tiefenpsychologisch aus?

Transzendenz ergibt sich als Folge des Bewußtwerdens und der Ich-Bildung der menschlichen Gattung. Das im Ich zentrierte Bewußtsein erweist sich zwar als typische, aber als nur *eine* psychische Funktion. Unterhalb der Bewußtseinsschwelle bleibt das menschliche Ich verwurzelt in der Muttererde des Unbewußten, aus der es in der Evolution herausgewachsen ist und durch die der einzelne Mensch mit der Gattung „Mensch" und mit allem, was ist, psychisch zusammengehört, so wie er in Körpermerkmalen physisch diese Zusammengehörigkeit aufweist. Hier ist die biopsychische Basis gegeben für die theologische Aussage, daß der Mensch eins ist mit der gesamten Schöpfung.

Transzendenz bezeichnet tiefenpsychologisch dann die Fähigkeit des Ich, die Verbindung zum psychisch Unbewußten als seinen natürlichen Lebensvoraussetzungen bewußt herzustellen und zu intensivieren. Durch Transzendieren kann das Ich über seine psychisch engen Grenzen hinausgelangen und sich an ein größeres seelisch Ganzes anschließen. Die Erfahrung von Transzendenz ist für das Ich notwendig, um psychisch nicht zu verkümmern. Tiefenpsychische Transzendenz hat daher keineswegs eine Ego-zentrische Engführung zur Folge, wie das oft unterstellt wird. Vielmehr weist sie in der Praxis religiöse Merkmale auf, die auf eine Erlösung aus der Ich-Zentrierung hindeuten.

(Seelische) Unterwelt und Transzendenz

In vorchristlichen-vorjüdischen Religionen ist die Transzendenz des Ich ins Unbewußte durchgängig in der mythischen Vorstellung von der Unterwelt symbolisiert. Da Mythologie als archaisch-antike Psychologie verstanden werden kann, stellt das Symbol von der Unterwelt in seinen verschiedenen Varianten eine Projektion der psychischen Erneuerung und des Ganzwerdens des Ich durch sein „Hinuntergehen" ins Unbewußte dar. Projektion ist hierbei ein neutraler Begriff ohne negative Bedeutung. Denn Projektion ist unausweichlich wegen der menschlichen

Subjektivität, die ohne Spiegelung, z.B. im Mythos, ihrer Möglichkeiten nicht ansichtig werden könnte.

Die Unterwelt hat offenbar vom Anfang der Menschheit an eine Rolle gespielt, wenn wir z.B. an die Höhlenbilder und rituelle Höhlenbegehungen aus der Eiszeit denken. Der Mythos von der Unterwelt ist seinen bisher bekannten Ursprüngen nach ein Symbol weiblicher Religion. Ein sehr altes Beispiel dafür ist der sumerische Mythos vom Gang der Göttin Inanna in die Unterwelt (im 2. Jahrtausend v. Chr. aufgeschrieben). Sie stirbt dort, steht nach drei Tagen aus dem Tode auf und bringt das Leben auf der Welt wieder in Gang. Die Elemente des Unterwelt-Mythos gehören zu der uralten weiblichen Lebensfeier des „stirb und werde". In ihr werden das physische Leben und das Bewußtsein erneuert, indem sie zurückgebunden werden an die schöpferischen Kräfte der Natur und des Unbewußten. Für die Menschen, die an dieser Lebensfeier beteiligt waren, bedeutete das, teilzuhaben an der Ganzheit und Fülle des Lebens. Der Ritus der Unterweltsfahrt ermöglichte den Menschen Transzendenz-Erfahrung; denn in der Unterwelt des Mythos konnten sie ihre eigene seelische Unterwelt und den Zugang zur Gottheit finden, die sich ihnen dort offenbarte.

Der Tod wurde im Unterweltssymbol nicht als das Ende des Lebens erfahren, sondern als die zum Leben verwandelnde Macht. Das änderte sich in den patriarchalen Religionen. Dort wurde die Unterwelt zum Ort ohne Wiederkehr, wie etwa in der griechischen Hadesauffassung. Der Tod löste Angst und Entsetzen aus.

Unterwelt im Christentum

Im Christentum ist die Unterwelt als Ort der Transzendenz verlorengegangen. Sie hat sich hier in die Hölle verwandelt und ist so zu etwas absolut Negativem geworden, wie bereits im Alten Testament die Scheol ein Gott-loser Ort geworden ist. Die Hölle ermöglicht keine Transzendenz des menschlichen Ich mehr, sondern ist deren definitives Ende. Auch der Tod ist zum Feind des Menschen schlechthin geworden, wie sich das in der paulinischen Theologie zeigt – vgl. z. B. 1 Korinther 15,26: „Der letzte Feind, der entmachtet wird, ist der Tod". Die Unterwelt, die in archaischen weiblichen Religionen noch als Mutterschoß der Erde und als Ort der Wandlung des gestorbenen Lebens durch Wiedergeburt bzw. Auferstehung galt, wurde in der christlichen Deutung zur Hölle, zum Ort grauenhafter Torturen. Tiefenpsychologisch bedeutet das: Das seelisch Unbewußte ist im Christentum abgespalten worden vom bewußten Ich und wird infolgedessen als etwas grundsätzlich Böses wahrgenommen. Die höllische Unterwelt ist zu bewerten als Phantasie von Menschen, die sich mit ihrem Bewußtsein getrennt haben von der weiblich-lebenspendenden Macht des seelisch Unbewußten. Transzendenzerfahrungen werden in diesem Bereich nicht mehr gesucht. Träume und Visionen – Hauptmedium göttlicher Offenbarung in weiblichen Religionen – wurden im Laufe der christlichen Geschichte als Ort der Gottesbegegnung verpönt, in offizieller Lehre und Theologie sogar als unchristlich verdächtigt. In der Folge davon leidet das Christentum an einem großen seelisch-weiblichen Defizit.[30]

Im Christentum ist Transzendenz stets mit der Vorstellung vom Himmel verbunden worden. Gott wird „oben" gesucht und gefunden – vgl. dazu die Vorstellung von dem „Ort", an den der auferstandene Christus zu Gott geht: in den Schriften des Lukas die Himmelfahrt Jesu, im Johannes-Evangelium die Vorstellung von der Erhöhung Jesu. Da Vorstellungen und Bilder, die eine unanschauliche Wirklichkeit ausdrücken – wie die religiösen Transzendenzorte Himmel und Hölle –, eng an ein Weltbild gebunden sind, verlieren sie ihre Bedeutung, wenn das zugehörige Weltbild sich ändert. Der in den kosmischen Himmel projizierte Gotteshimmel hat sich auf diese Weise aufgelöst, da das neuzeitliche wissenschaftliche Weltbild keinen Raum mehr für diesen Gottesort läßt. Als eine Folge davon wird Transzendenz weithin kaum noch erfahren, und so bleiben Menschen – individuell und kollektiv – in ihrem engen Ich eingeschlossen. Der entleerte Himmel führt zur Sinnleere. Da das Ich nur ein kleiner Teil des Gesamtpsychischen ist, werden Menschen ohne Transzendenz fragmentarisch. Ja, das Ich mit seinem Intellekt und seiner Macher-Mentalität besetzt selbst die Stelle von Transzendenz, das heißt: es setzt sich an die Stelle des Ganzen. Dabei driften Bewußtsein und Unbewußtes immer weiter auseinander. Schließlich fällt das von seiner seelischen Unterwelt abgeschnittene und an den „Himmel" versetzte Ich – wiederum sowohl individuell wie kollektiv – einem Allmachtswahn anheim. Dessen destruktive weltweite Auswirkungen haben wir erst seit verhältnismäßig kurzer Zeit zu sehen begonnen. Das Christentum hat mit seiner Verteufelung des Weiblichen und der seelischen Unterwelt nicht wenig zu der fatalen psychischen Lage der Gegenwart beigetragen.

Himmel und Unterwelt – Transzendenz der Ganzheit

Es stellt sich somit die Frage: Soll das Christentum zurückkehren zur vorchristlichen Unterwelt, um dem Ich Transzendenzerfahrung wieder zu ermöglichen? Gewiß kann nicht die Rückkehr zur antiken Unterwelts-*Projektion* gewünscht werden, wohl aber das Zurückholen der verleugneten Unterwelt an ihren seelischen Ursprungsort. Der „oben" leer gewordene Himmel müßte mit dem „Unten" verbunden werden. Dabei könnte sich die Projektion der Transzendenzlosigkeit in die Vorstellung von der Hölle auflösen, und die seelische Unterwelt könnte als Ort der Gotteserfahrung wieder erkennbar werden.

Die positive Bedeutung des Unterwelt-Symbols ist in der christlichen Überlieferung biblisch auch angelegt, und in der orthodoxen Theologie spielt sie im Zusammenhang mit der Auferstehung Jesu sogar die zentrale Rolle. Es ist das Symbol vom „Abstieg Christi in die Unterwelt", das sogar ins Apostolische Glaubensbekenntnis eingegangen ist: „abgestiegen in das Reich des Todes" (früher: „abgestiegen zu der Hölle"). Da die Unterweltvorstellung eine tiefenpsychische Wirklichkeit ausdrückt, symbolisiert der Abstieg Christi in die Unterwelt den Gang des Erlösers in das menschheitlich Unbewußte. Dieses wird durch das Symbol einbezogen in die Auferstehung, in das Neuwerden des Lebens durch Christus. In der Geschichte des westlichen

Christentums ist diese ganzheitliche Vorstellung von der Auferstehung Christi im Laufe der Jahrhunderte allerdings aus dem Bewußtsein geschwunden. Sie wäre nicht nur als ein vergessenes Wissen wiederzugewinnen, sondern als eine Möglichkeit religiöser Erfahrung, die eine Zuwendung der Christen zum seelisch Unbewußten sowie das Bemühen, dieses in Leben und Glauben zu integrieren, voraussetzt.

Im Neuen Testament finden sich Ansatzpunkte zu solcher Integration, an die heutiges Verstehen von Transzendenz anknüpfen kann. An zwei Stellen verschiedener neutestamentlicher Traditionen will ich das zeigen. In der Apostelgeschichte läßt Lukas in der Pfingstpredigt Petrus von Jesus sagen:

„Ihn hat Gott auferstehen lassen, indem er die Wehen des Todes löste (= beendete); es war ja nicht möglich, daß er von ihm (= dem Tod) festgehalten wurde." (Apostelgeschichte 2,24.)

Hier ist untergründig die alte mythische Vorstellung von der Geburt des neuen Lebens durch die Göttin der Unterwelt – Wehen kann nur eine weibliche Person haben – ins Evangelium eingegangen. Das Symbol von „stirb und werde" wird hier auf Jesus angewandt, um den Sinn seines Sterbens und neuen Lebens zu erklären. Wenn dieses Symbol wieder mit dem von der Auferstehung verbunden würde, könnten die Richtung nach oben (Auferstehung) und die nach unten (Geburt in der Unterwelt) sich zu einer Einheit verbinden. So könnte die psychische Spaltung in das oben angesiedelte Bewußtsein und das nach unten verdrängte Unbewußte überwunden werden und Menschwerden im Christentum sich zu einer ganzheitlichen Identität hinbewegen.

Eine andere Stelle findet sich in der Geheimen Offenbarung. Einer, der in göttlichen Glanz eingetaucht ist und dennoch „wie ein Mensch aussah", das ist der Gott-Mensch Christus, sagt:

„Ich bin der Erste und der Letzte und der Lebendige. Ich war tot, und siehe: ich lebe in alle Ewigkeit. Und ich habe die Schlüssel zum Tod und zur Unterwelt." (Apokalypse 1, 17b–18.)

Hiernach ist Christus in der Todes-Unterwelt zum göttlichen Menschen gewandelt worden. Und über seine eigene Wandlung hinaus hat er eine neue Beziehung zur Unterwelt hergestellt; das ist im Bild vom Besitz der Schlüssel ausgesprochen. Da die Unterwelt in den patriarchalen Religionen der Antike für das Neuwerden des Lebens schon geschlossen war, erscheint Christus als der, der die Tore der Unterwelt wieder öffnet. Tiefenpsychologisch heißt das, das Christentum hatte am Beginn die Chance, Bewußtsein und Unbewußtes zum Heil der Menschen wieder zu vereinigen. Es hätte den Himmel mit der Unterwelt versöhnen können. Noch im Mittelalter ist dieses Wissen von der ganzheitlichen Transzendenz vorhanden gewesen in den künstlerischen Darstellungen, auf denen Christus die Tore der Unterwelt geöffnet hat, aus ihr emporsteigt und die Gerechten des Alten Bundes mitnimmt. Zwar ist bei dieser Aussage die Hölle der endgültig Verworfenen von der Unterwelt bereits abgespalten. Dennoch zeigt dieser Typus von Auferstehungs-Darstellung, daß Christus aus dem vorchristlich-patriarchalen Ort ohne Wiederkehr eine Stätte neuwerdenden Lebens gemacht hat. In der weiteren Geschichte der Kirche ist allerdings die Chance vertan worden, diese Integration von Himmel und Unterwelt fortzuführen zum Heil der Menschheitsgeschichte. Selbst die Gestalt Christi ist immer mehr von ihren Unterweltsaspekten getrennt worden. Als instruktives Beispiel dafür kann das Kirchenjahr gelten: Ostern, Himmelfahrt, Pfingsten, die zusammengehörenden Elemente der Christusbotschaft, ließen sich graphisch geradezu als eine aufsteigende Linie darstellen, deren Tendenz deutlich weg vom Symbol der Unterwelt führt.

Die in der Himmelfahrtsgeschichte unverwandt zum Himmel starrenden Jünger (Apostelgeschichte 1, 10) sind für das Verständnis von Transzendenz im Christentum symptomatisch. Der Himmel als der „Ort", an den Gott und Christus fixiert worden sind, hat sich entfernt von der gesamtmenschlichen Realität. Tiefenpsychologisch gesehen ist die seelische Ganzheit, die zu erringen eine Aufgabe auch und gerade des christlichen Menschwerdens ist, aus dem Blick geraten. Die Kritik der beiden göttlichen Boten am Verhalten der Jünger in der Himmelfahrtsgeschichte: „Was steht ihr da und schaut zum Himmel empor?" (Apostelgeschichte 1,11), möchte ich für uns, die Nachfahren der Getadelten, so verstehen, daß wir unsere Blickrichtung umkehren und erweitern sollen. Nicht den Himmel ausblenden, denn in ihm ist etwas von der Vollständigkeit des Gott-Menschen Jesus Christus repräsentiert. Aber die Unterwelt mit anschauen und sie so intensiv zu erkunden beginnen, wie sich das Christentum über lange Zeiten mit dem Himmel befaßt hat. Die seelische Unterwelts-Region wiederzugewinnen, erscheint mir notwendig, sowohl im Blick auf die Vollständigkeit der biblisch-christlichen Botschaft als auch im Blick auf das Ganz- oder Heilwerden des Menschen durch Transzendenz. Oben und Unten, Himmel und Unterwelt bedürfen im Christentum dringend der Versöhnung.

7. Theologie und Tiefenpsychologie am Beispiel der Bibelexegese [31]

Tiefenpsychologie als Denkmodell für die Theologie

Seit einiger Zeit ist in westlichen Gesellschaften ein neues Bedürfnis religiöser Art zu beobachten, besonders in der jungen Generation. Zu dessen Befriedigung strömen die Menschen jedoch nicht in die christlichen Kirchen, die in unserem Kulturraum bis weit in dieses Jahrhundert hinein sozusagen ein Monopol für die Vermittlung religiöser Werte besaßen. Sie strömen vielmehr zu religiösen Bewegungen eher subkultureller Art, zu Meditationen und Selbsterfahrungsriten, die von östlichen Traditionen inspiriert sind, und zu psychotherapeutisch orientierten Veranstaltungen. An der *Botschaft* der christlichen Kirchen wird das kaum liegen, denn Jesus, die zentrale Person christlicher Überlieferung, findet Anhänger an den Kirchen vorbei und wird akzeptiert. Es liegt wohl eher an der Art der Vermittlung der Jesusbotschaft durch die christlichen Kirchen, daß sie selbst gemieden werden.

Ein wichtiger Faktor dabei dürfte die Rationalisierung der Inhalte christlichen Glaubens sein, die den Gefühlsbereich der Menschen ignoriert, die aus den großen christlichen Symbolen dürre Sätze und Maximen macht und so den Menschen in den Grundfragen des Lebens nicht mehr hilft. Besonders die Bibel als Ursprungsdokument christlichen Glaubens lebt aber von der Symbolkraft ihrer bildhaften Wirklichkeitsdeutung. Kann zu dieser der Zugang wieder eröffnet werden, so können die Urbilder der christlichen Überlieferung auch wieder Hilfe zum Menschwerden in heutiger Zeit werden.

Eine tiefenpsychologische Erschließung christlicher Tradition scheint von daher geradezu geboten zu sein. Wichtig ist sie deshalb, weil die westliche Zivilisation gespeist ist aus christlich archetypischen Vorstellungen, auch dort, wo das Bewußtsein dafür geschwunden oder dieser Einfluß säkularisiert ist. Für die Entwicklung von Menschen, die in dieser Zivilisation aufgewachsen sind und in ihr leben, dürften die christlichen Symbole im allgemeinen leichter zugänglich zu machen sein als solche anderer Kulturen. Es geht darum, Menschen zu befähigen, aus den kollektiven Wurzeln ihrer eigenen Kultur zu leben. Als Theologin versuche ich, eine neue, eine tiefenpsychologische Erfahrung mit christlichen Urbildern in Praxis und Theorie zu ermöglichen.

Die Tiefenpsychologie verstehe ich dabei als ein Denkmodell, um Theologie zu treiben, vergleichbar dem Denkmodell Philosophie, das bis in unsere Zeit hinein das Vehikel abgegeben hat, um die christliche Botschaft denkerisch zu vermitteln; vergleichbar auch den Sozialwissenschaften, die in neuerer Zeit einen wissenschaftlichen Rahmen bieten, um das Evangelium in heutiges Verständnis zu übersetzen, wie z.B. in der lateinamerikanischen Befreiungstheologie und in der politischen Theologie in Europa. Tiefenpsychologische Theologie stellt beim heutigen Pluralismus von Theologien *ein* Paradigma von christlicher Theologie dar. Ihr Denkansatz ist in allen theologischen Disziplinen möglich: in der Dogmatik als der eigentlichen Glaubenslehre, in der Moraltheologie, der Bibelexegese, besonders in der praktischen Theologie, der Disziplin, welche die Vermittlungsvorgänge christlicher Tradition – lehrhafter, kultischer, handlungsorientierter Art – ins

Heute reflektiert. Mein eigener Ansatz der tiefenpsychologischen Bibelauslegung will daher Menschen heute religiöse Erfahrung mit der christlichen Überlieferung ermöglichen. Mein Anliegen ist in erster Linie eines der praktischen Arbeit. Die tiefenpsychologische Theorie verstehe ich als Hilfe, um zu begreifen, was bei der Erfahrungsarbeit geschieht.

Das Verhältnis von Theologie und Tiefenpsychologie will ich am Beispiel der Bibelexegese entwickeln, und zwar unter dem Leitgedanken, daß in biblischen Urbildern sich vergessene Menschheitserfahrungen erschließen. Tiefenpsychologische Auslegung ist ein Verfahren, das noch kaum betretene Wirklichkeitsräume der Bibel begehbar macht, das eine erweiterte Erfahrung mit der Bibel ermöglicht. Was aber ist tiefenpsychologische Bibelinterpretation? Worin liegt ihr Sinn? Welche Bedingungen haben sie begünstigt? Was erbringt sie theologisch und psychologisch? Wie läßt sie sich konkret anwenden? Diese Fragen leiten die folgenden Überlegungen. Der Einstieg soll mit einem Beispiel aus der Praxis erfolgen.

Biblische Aussage und persönliche Erfahrung

Bei einer Tagung machten die Teilnehmenden eine Imaginationsübung zu dem Doppelgleichnis vom Hausbau, das die Bergpredigt beschließt. Grundannahme bei dieser Übung ist, daß die biblischen Symbole mit den Bildern in unserer eigenen unbewußten Psyche korrespondieren. Deshalb wird ein biblisches Bild umgesetzt in eine Ich-Aussage; so kann das Bibelwort zu einer persönlichen Erfahrung werden.

Matthäus 7, 24–27

24 Wer diese meine Worte hört und danach handelt, ist wie ein kluger
Mann, der sein Haus auf Fels baute. 25 Als nun ein Wolkenbruch kam
und die Wassermassen heranfluteten, als die Stürme tobten und an dem
Haus rüttelten, da stürzte es nicht ein; denn es war auf Fels gebaut.

26 Wer aber meine Worte hört und nicht danach handelt, ist wie ein un-
vernünftiger Mann, der sein Haus auf Sand baute. 27 Als nun ein Wol-
kenbruch kam und die Wassermassen heranfluteten, als die Stürme
tobten und an dem Haus rüttelten, da stürzte es ein und wurde völlig zer-
stört.

Das Ich-Wort lautete: „Ich bin das Haus, auf dem Felsen gebaut.“ Der Satz wurde der Gruppe nach einer Entspannungsübung mehrmals vorgesprochen. Während einer Zeit der danach folgenden Stille sollten alle inneren Bilder zu dieser Ich-Vorstellung zugelassen werden. Bei der nachfolgenden Besprechung stellten sich in der Gruppe ganz unterschiedliche Bildmuster heraus. Interessant waren vor allem die, bei denen sich die Imaginierenden als Haus auf einem einsamen, hochragenden, wasserumbrandeten Felsen erlebt hatten, verbunden teils mit Gefühlen ängstigenden Verlassenseins, teils mit gelassener Übereinstimmung mit diesem Zustand. Vor allem fällt die gegensätzliche emotionale Beziehung zu den ähnlichen Bildern auf, erklärbar durch die Einbindung in eine jeweils individuelle Lebensgeschichte. Eine Frau erzählte z. B.: „Der Felsen wuchs in die Höhe und das Haus aus ihm heraus. Dann merkte ich aber, daß der Felsen von innen her ausgehöhlt wurde bis tief in die Erde. Ich hatte Angst, es bricht zusammen. Mein Haus auf dem Felsen war also gar nicht fest, wie Jesus das im Gleichnis sagt.“ Das Haus ist ein besonders geeignetes Bild, die menschliche Psyche und ihre Verfaßtheit auszudrücken. Ähnlich eignen sich dazu Bilder wie Baum, Licht und Zustände wie Blindsein, Gelähmtsein, Hungern, Trinken, Warten oder Bewegungen wie Aufbrechen, Durchschreiten, Nachfolgen u. a. m. Es handelt sich bei allen um zentrale biblische Bilder, die in verschiedenen Überlieferungszusammenhängen vorkommen. Sie werden grundsätzlich, kommt eine wirkliche Erfahrung mit einem Bibelsymbol zustande, von Lesenden bzw. Hörenden unterschiedlich aufgenommen. Dabei haben weniger die wissensmäßigen Voraussetzungen einen bestimmenden Einfluß – Theologen können nicht leichter Erfahrungen mit biblischen Texten machen –, als vielmehr die emotionalen und insbesondere die meist unbewußten Selbsteinschätzungen. Fühlt sich jemand als von Menschen isoliertes, vereinsamtes Haus auf dem Felsen, so wird er/sie kaum den positiven Duktus, den das Bild vom Haus auf dem Felsen im Gleichnis hat, erspüren können. Für die Umsetzung der biblischen Aussage ins Leben erbringt es in so einem Fall wenig, von dem, was das Gleichnis bewußt aussagt, zu wissen. Um das Wort Jesu in die eigene Lebenswirklichkeit einlassen zu können, muß erst die eigene Realität wahrgenommen, akzeptiert und durchlebt werden. Erst dann ist ein *Durch*dringen zur vollen biblischen Aussage möglich. Wer sich als gefährdet erlebt, kann sich nicht zugleich als Haus mit unzerstörbarem Felsenfundament erfahren, wie es das Gleichnis Jesu beschreibt.

Das Praxisbeispiel zeigt bereits die wichtigsten Grundzüge eines tiefenpsychologischen Verständnisses biblischer Überlieferung:
- das Ziel, Bibeltexte nicht nur wissensmäßig zu erfassen, sondern sie in den persönlichen Lebenskontext eingehen zu lassen;

die Möglichkeit,
- neue, bislang unbekannte Aspekte biblischer Texte durch Korrespondenz mit deren Bildstruktur zu entdecken;
- durch eine deutlichere Selbstwahrnehmung zu umfassenderem Verstehen der biblischen Erfahrung zu gelangen und so Glauben als gelebtes Leben zu realisieren;
- Zugang zu finden zu biblischen Symbolen von allgemeinmenschheitlicher Bedeutung, dadurch das schöpferische Bildpotential der Bibel, der eigenen Psyche und der Menschheit zu erschließen.

In den folgenden Abschnitten will ich diese Grundzüge theoretisch fundieren unter Verwendung der Archetypenlehre von C. G. Jung.

Gegenwärtige Voraussetzungen für eine tiefenpsychologische Bibelauslegung

Unsere Schwierigkeit heute, die Bibel unmittelbar zu verstehen und aus ihr zu leben, hängt in erster Linie mit unserem großen

Abstand zu ihrem Entstehungsprozeß zusammen. Diese Distanz hat die klassisch gewordene historisch-kritische Bibelexegese erst richtig zu Bewußtsein gebracht. Für Glauben oder religiöse Erfahrung heute ist es jedoch unabdingbar, den Abstand zu überwinden. Denn theologisch gesehen können Christen die Bibel als Ursprungsdokument ihres Glaubens nicht als veraltet beiseite legen, ohne die Identität des Christlichen aufzugeben. Und psychologisch gesehen werden Urbilder dann wirksam, wenn sie nicht nur als Ausdruck einer vergangenen Mentalität, sondern als Ausdruck auch gegenwärtiger menschlicher Grunderfahrungen verstanden werden. Um das zu ermöglichen, brauchen wir ein tiefenpsychologisches Verstehen der Bibel. Die vorherrschende theologische Exegese erschließt von ihrem Ansatz her die *damalige* biblische Aussage und kann aus sich heraus den historischen Graben nicht überwinden. Historische Kritik biblischen Überlieferungen gegenüber ist jedoch notwendig, damit ein Bibelverständnis nicht der Schwärmerei verfällt. Aber die kritische Betrachtungsweise eines historischen Textes zwingt zum Distanznehmen gegenüber dem Text und dem, was er sagt, untersucht sie doch die historischen Bedingungen, aus denen heraus seine Überlieferung entstanden ist und weitergetragen wurde. Deshalb aber kann historische Kritik die Übersetzung in heute gelebtes Leben nicht leisten. Dazu bedarf es anderer Verfahren.

Hinzu kommt das historisch bedingte Welt- und Menschenverständnis der historisch-kritischen Exegese selbst. Sie basiert auf einem Weltbild, das von Wissenschaften bestimmt ist, die Faktenerhebung betreiben: dem Positivismus in den historischen Wissenschaften und den exakten Naturwissenschaften. Damit ist die geltende theologische Exegese ein Kind des 19. und der ersten Hälfte des 20. Jahrhunderts, der Zeit, in der das genannte Weltbild das Lebensgefühl der Menschen prägte. Das hatte und hat eine beachtliche Auswirkung auf den Umgang mit der Bibel. Die alttestamentliche Jonageschichte z. B. war und ist zum Teil noch immer mit Jugendlichen nur schwer zu behandeln. Ihnen erscheint ein Urbild wie das vom Jona im Fischbauch nur als das Produkt der Phantasie von Menschen auf einer kindlichen Entwicklungsstufe und dem Bewußtseinsstand von Menschen des wissenschaftlichen Zeitalters unangemessen. Wenn überhaupt, gehen sie mit Gesichtspunkten an den Text heran wie diesen: Welches prähistorische Tier könnte da gemeint sein? Das gibt's nicht, daß ein Mensch lebendig aus dem Magen eines Tieres wieder herauskommt; wenn er nicht zerrissen ist, ist er von der Magensäure zersetzt. Das ist wie im Märchen – z. B. Rotkäppchen und der Wolf; Der Wolf und die sieben Geißlein –, womit die biblische Erzählung als Phantasterei abgewertet werden soll. Ähnliche Schwierigkeiten haben auch Erwachsene z. B. mit den Wundergeschichten und Auferstehungserzählungen in den Evangelien. Sie fragen dann: Ist das wirklich so passiert? Naturwissenschaftliche oder bloß historische Fragen an solche Texte versperren aber den Zugang zu ihnen. Die Wahrheit dieser Texte liegt nicht in der Feststellung von Tatsachen, sondern in der symbolischen Aussage einer menschlichen Wirklichkeit. Symbolische Wirklichkeitsdarstellung verlangt aber andere Wahrnehmungsorgane als die der rationalen Kritik.

Das am Beispiel erkennbare gewandelte Selbst- und Weltverständnis sowie das gewandelte Weltbild üben, wenn der Wandel sich auf breiter Basis vollzieht, einen Zwang aus, neue Verstehenszugänge zur Bibel zu finden. Anschauliches Beispiel dafür ist die auf die Bibel angewandte historische Kritik selbst, ein Vorgang, der möglich wurde, weil sich im 19. Jahrhundert das Bewußtsein von der Autonomie des menschlichen Geistes gegenüber den Traditionen und den diese tragenden Autoritäten durchsetzte. Gegenwärtig ist eine Verschiebung in der Akzentuierung von den Naturwissenschaften zu den Humanwissenschaften hin zu registrieren. Davon beeinflußt, wird sich die Identitätsfindung von Menschen zunehmend in einem neuen, vom Menschenbild der Humanwissenschaften abgesteckten geistigen Bezugsrahmen vollziehen. Dieses Menschenbild wird mitgeformt von der Entdeckung und systematischen Erforschung der Tiefendimensionen der menschlichen Psyche, des Unbewußten, wie S. Freud sie initiiert hat. Was in vielen therapeutischen und Selbsterfahrungs-Unternehmungen eine Rolle spielt, daß mit unbewußten Implikationen menschlichen Verhaltens gerechnet wird, das wird auch in der biblischen Exegese und der Vermittlung religiöser Tradition mehr und mehr beachtet werden müssen.

Wie sieht nun, bei solchen Voraussetzungen, eine tiefenpsychologische Erschließung der Bibel aus, und was kann sie leisten?

Tiefenpsychologische Bibelexegese – Inspiration für die Identitätsfindung

Tiefenpsychologisches Bibelverständnis faßt nicht nur einseitig die Bibel ins Auge, sondern die wechselseitige Beeinflussung von Leser/-in und Bibel, das, was zwischen beiden bei der Auslegung passiert. Dieser Dialog ist mehrdimensional oder vielschichtig. Mehrdimensionalität ist zum einen in den Bibeltexten gegeben. Diese liefern neben der im strengen Sinn theologischen Aussage auch allgemein-menschliche Erfahrungen mit. Neben der manifesten literarischen Form haben Bibeltexte eine Tiefenstruktur, die inhaltlich aus den unbewußten Intentionen der Autoren und Tradenten resultiert. Diese ist als mehrschichtiger Untergrund durch den ganzen Überlieferungsprozeß hindurch mitgewachsen. Jede/r Bibelleser/-in ist auch ein mehrdimensionales Wesen, das Bibeltexte in mehreren psychischen Schichten, bewußten und unbewußten, mit dem Denken und dem Fühlen, aufnimmt. Die oft unbewußten Empfindungen, Wünsche, Hoffnungen, Befürchtungen bestimmen viel stärker als das rationale Bewußtsein, was aus einem Bibeltext vom Leser oder der Leserin aufgenommen wird und wie sie/er es verarbeitet. Eine auf Erfahrung und Umsetzung ins Leben zielende Bibelauslegung muß von der Mehrdimensionalität der Texte wie der Lesenden ausgehen und muß auf sie eingehen.

Tiefenpsychologische Exegese wendet sich daher nicht nur der manifesten, sondern vor allem der Tiefenstruktur der Bibeltexte zu; denn sie versteht diese als Abbild der Tiefendimension psychischer Entwicklungsprozesse. Die Bibel steht in dieser Hinsicht in einer Reihe mit den Erzähltraditionen alter Völker, in denen sich menschliche Grunderfahrungen, typisch menschliche Lebensprozesse in bildhafter Form niedergeschlagen haben. Bei den symbolisch gestalteten Grundsituationen ist zu denken an die Problematik der Lebensphasen, Generationenkonflikte, die Frage nach einem erfüllten Leben, nach Glück, Leiden, Tod, nach dem Sinn von Leben, Geschichte und Welt, u. a. m. Diese kollektiven, von allen Menschen zu allen Zeiten zu bewältigenden Lebensvorgänge lassen sich mit dem von C. G. Jung geprägten Begriff der Individuation bezeichnen. Im Prozeß der Individuation werden immer mehr bewußtseinsferne psychische Anteile in eine integrative Ganzheit der Person eingebracht. In uns geläufiger Begrifflichkeit ist dies der Selbstwerdungsprozeß oder die Identitätsfindung.

In biblischen Traditionen hat sich die historische Glaubenserfahrung – des Volkes Israel mit seinem Gott Jahwe, der jungen Kirche mit und durch Jesus – in solchen allgemein-menschlichen Selbstfindungsprozessen inkorporiert. Indem diese Prozesse in ihren unbewußten Dimensionen versteh- und nachvollziehbar gemacht werden, werden auch die darin eingebetteten ursprünglichen Glaubenserfahrungen neu zugänglich. In der Bibel gibt es keinen Glauben ohne Identitätsfindung. Die biblischen Überlieferungen erzählen von typischen Formen solcher Selbstwerdungsprozesse, zu denen Glaubenserfahrung als integrierendes Element gehört. Am Anfang stand dabei in der Regel eine subjektive Lebens- und Glaubenserfahrung, wie z. B. die des Exodus einer Handvoll israelitischer Vorfahren aus ägyptischer Unterdrückung oder die einmalige Gotteserfahrung Jesu. Daß solche subjektiven Erfahrungen erzählt, von der Erzähl- und Glaubensgemeinschaft rezipiert und tradiert, dabei mit weiteren Erfahrungen angereichert wurden, zeigt: sie wurden als objektiv gültig, als exemplarisch auch für andere Menschen erkannt. In dieser objektivierten Form, gewissermaßen in Formeln geronnen, sind die ursprünglichen Glaubenserfahrungen auf uns gekommen. Tiefenpsychologisch gesehen sind diese Glaubenserfahrungen im Symbol verdichtet tradiert worden. Und wir stehen nun vor der Aufgabe, das verfestigte Objektive wieder zurückzutransponieren in subjektive Erfahrung heutiger Menschen, damit Glaube als lebendiges Geschehen sich wieder ereignen kann. Den überlieferten Symbolen soll ihre Lebenskraft im Kontext konkreter Lebensgeschichten von konkreten Menschen unserer Zeit wiedergegeben werden.

Die tieferen Schichten biblischer Traditionen wie die psychischen Tiefenschichten des Lesers und der Leserin werden durch die symbolische Wirklichkeitserfassung aktiviert. Dabei dringen wir in einen psychischen Bereich vor, der uns unbekannt, weil unbewußt ist. Dieser Bereich ist nur im Symbol zugänglich. Im Symbol aber verbindet sich eine empirische, auch eine historisch oder biographisch einmalige Realität mit einer geschichtsübergreifenden Dimension, einer urbildhaften Struktur. Das Haus auf dem Felsen bzw. auf Sand aus dem Gleichnis Jesu zeigt diese Verbindung. Das Haus ist eine der elementaren Lebensrealitäten, die in sich schon eine offene Stelle hat zu einer in begrifflicher Logik nicht faßbaren Dimension hin. Als Gleichnis über eine menschliche Grundbefindlichkeit in der Welt – hausen, un-behaust, zu Hause sein; bei Jesus als Ausdruck für die Einstellung zur Reich-Gottes-Gerechtigkeit, dem christlichen Zuhause – wird das Haus zu einem über Kulturen und Zeiten hinweg verständlichen Symbol. Und durch tiefenpsychologischen Umgang kann das menschheitlich relevante Symbol zum unmittelbaren Ausdruck einer Erfahrung über die eigene Lebenswirklichkeit werden wie in dem Imaginationsbeispiel von der Frau, deren Haus auf einem ausgehöhlten Felsen stand. Diese wohl bittere Wahrheit tiefenpsychisch erfahren zu haben, macht es ihr aber gerade möglich, die Grenzen ihrer bewußten Einstellung zu überschreiten in noch nicht realisiertes Leben hinein; sie kann ihrem Haus so ein festes Fundament bauen.

Die Bibel ist nun voll von symbolischer Wirklichkeitsaussage und bietet damit Beispiele und Möglichkeiten der Identitätsfindung. Wir verstehen nur oft ihre symbolische Wirklichkeit nicht, weil uns einerseits die Bildwelt zu fremdartig ist und andererseits die herkömmliche Auslegung sie als empirische Realität mißverstanden hat. So werden z. B. häufig Erzählungen von den Exorzismen und Krankenheilungen Jesu abgetan als unhistorisch und Menschen des aufgeklärten Zeitalters unzumutbar, weil die Vorstellungen von Dämonen, die in diesen Erzählungen eine Rolle spielen, in ihrer existentiellen Bedeutung nicht erkannt werden.

Symbole der eben beschriebenen Art können Urbilder oder archetypische Bilder genannt werden. Sie lassen sich mit Hilfe der Archetypentheorie von C. G. Jung erfahrungsmäßig erschließen. Ich beziehe dabei seine Beobachtung ein, daß die Urbilder analog oder sogar identisch sowohl in den erzählerischen Traditionen der Menschheit als auch in den Träumen und Imaginationen moderner Menschen vorkommen. Jung schließt daraus auf eine gemeinsame menschheitliche Struktur der Psyche, auf kollektive psychische Reaktionsmuster – das sind Archetypen – in den Grundsituationen des Menschseins[32]. Aus dieser Quelle bezieht die Bibel ihre anthropologische Relevanz auch für uns heute noch nach mehreren tausend Jahren seit ihrer Entstehung.

Für eine tiefenpsychische Erfahrung mit der Bibel ist dabei der Aspekt wichtig, daß die überpersönlichen Inhalte des Unbewußten dem menschlichen Bewußtsein sehr fremd sind; sie enthalten ja das psychische Potential der archaischen Frühzeit der Menschheit. Ihre Manifestationen werden deshalb im allgemeinen so erlebt, als stammten sie nicht aus uns selbst. Wegen seiner Fremdartigkeit und Unzugänglichkeit aus der Sicht des Bewußtseins kann dieser Teil der Psyche als autonom bezeichnet werden.[33] Die bildhaften Entwürfe von einem vollständigen Menschwerden und einer ganzwerdenden Welt kommen für unser Bewußtsein von außen, sie sind diesem transzendent; und in diesem Aspekt steckt das Religiöse der Urbilder. Und umgekehrt läßt sich sagen: Jede religiöse Aussage ist urbildhaft. Die christlichen Glaubensaussagen enthalten einen Überschuß an Wirklichkeit über die hinaus, die für unsere empirisch-bewußten Möglichkeiten denkbar ist; so etwa das biblische Urbild vom Reich Gottes, für dessen Kommen die Menschen zwar alles tun müssen, was sie können, dessen Anbruch dennoch allein auf Gott zurückzuführen ist, wie es z. B. das Gleichnis von der selbstwachsenden Saat beschreibt (Markus 4,26–29).

Bei Menschen des vorkritischen Zeitalters haben die biblischen Urbilder noch autonom gewirkt, unmittelbar auf das Unbewußte der Hörenden bzw. Lesenden, wie die Märchen bei Kindern. Bei Menschen unserer Zivilisation funktioniert dieser autonome psychische Prozeß nicht mehr wegen der Dominanz der Bewußtseinsseite. Wir müssen daher Erschließungsverfahren für die Sprache des Unbewußten in der Bibel entwickeln. Mit unseren heutigen Möglichkeiten bewußten Erschließens von symbolisch ausgedrückter Wirklichkeit haben wir sogar einen Vorteil gegenüber früher. Wir können biblische Urbilder vollständiger verstehen; denn wir können ein „Mehr" an Aussage erfassen, weil wir ein „Mehr" an unbewußter Wirklichkeit dem Bewußtsein anzugliedern vermögen. So können wir heute den Zusammenhang herstellen zwischen den bewußt gemachten Aussagen der biblischen Verfasser und Tradenten, der daraus resultierenden biblischen Selbstauslegung des Glaubens und dem über das bewußte Selbstverständnis der Bibel hinausreichenden, aus ihren Tiefenstrukturen zu erhebenden umfassenderen Sinn des Glaubens.

Der Zweck tiefenpsychologischer Auslegung kann zusammenfassend darin gesehen werden,

- daß bislang unbeachtete Wirklichkeitsräume der Bibel erschlossen werden können,
- daß die biblischen Zeugnisse über Lebens- und Glaubenserfahrungen in unmittelbare Erfahrungen von der Art, aus der die Zeugnisse hervorgegangen sind, umgesetzt werden können,
- daß so für Menschen im Verstehenshorizont des 20. Jahrhunderts die biblische Lebenswirklichkeit als Katalysator der eigenen Lebensbewältigung wiedergewonnen werden kann.

Das Verfahren und seine Variationsmöglichkeiten

Methodisch setzt die tiefenpsychologische Bibelauslegung an der Unterscheidung von Objekt- und Subjektstufe bzw. -ebene an. Die Objektstufe ist die im Text manifeste Realitätsebene. Die Interpretation auf dieser Ebene versteht alle im Text erscheinenden

Personen, Dinge, Geschehnisse, Orte, Situationen als identisch mit den Realitäten in der Objektwelt, die sie darstellen. Die Beziehungen der Personen in einem Text sind als reale Außenbeziehungen zu nehmen. Auf der Subjektstufe dagegen werden alle in einem Text vorkommenden Personen, Dinge, Orte etc. als psychische Teilaspekte der Hauptfigur, das ist: des psychischen Ich, verstanden, in Analogie zu dem, wie es im Traum ist.[34] Als Beispiel diene die Geschichte von Jakob und Esau. (Zur Erinnerung: Jakob erkauft sich von Esau das Erstgeburtsrecht und erlistet sich den väterlichen Segen. Esau geht leer aus, nach dem Kampf mit Gott versöhnt Jakob sich mit Esau.) Auf der Objektebene ist Esau der Bruder Jakobs, auf der Subjektebene ist er das archetypische Bild von Jakobs Schatten; die Szene am Jabbok (Genesis 32) ist eine tatsächliche Flußüberquerung als auch ein Urbild der Wandlung (vgl. I, 1). Die Personifizierungen von psychischen Teilaspekten hängen damit zusammen, daß unbewußte psychische Energien von uns als autonom, als unabhängig vom Ich wahrgenommen werden; deshalb erscheinen sie im Urbild als eigenständige Personen, ein Vorgang, wie er sich in jedem Traum, der sich ja autonom einstellt, abspielt. Bibelauslegung auf der Subjektstufe, die eigentliche tiefenpsychologische Exegese, versucht, solche psychischen Teilaspekte von überindividueller Art in ihrer Bedeutung für die Individuation von Menschen zu erschließen.

Die Interpretation auf der Subjektstufe fördert die im schöpferischen Unbewußten der Erzähl- und Traditionsgemeinschaft entworfenen zukunftsträchtigen Möglichkeiten der Individuation zutage, von C. G. Jung als der finale Aspekt der archetypischen Bilder bezeichnet. Im Unterschied dazu steht die kausale Betrachtungsweise, die der Deutung auf der Objektstufe entspricht und eher einer Auslegung nach S. Freuds psychoanalytischer Theorie folgt. Worin der Unterschied zwischen rückwärts gewandter (kausaler) und zukunftsgerichteter (finaler) Interpretation besteht, soll am Beispiel von Paulus' Bekehrungserlebnis gezeigt werden. Die Berichte darüber (Apostelgeschichte 9 und 26; Galater 1) heben zum einen den kausalen Aspekt hervor: Paulus erkennt im Damaskuserlebnis, daß sein Weg als Christenverfolger falsch ist.

Daß er die Verfolgung anderer zu seinem Lebensinhalt gemacht hatte, war gewiß durch seine jüdische Biographie verursacht und hatte daher, tiefenpsychologisch betrachtet, psychogenetische Gründe. Hätte er eine Psychoanalyse nach Freudschem Muster gemacht, wäre diese psychische Kausalität aufgearbeitet worden; vielleicht hatte sein Rückzug in die arabische Wüste nach der Damaskuserfahrung sogar diese Funktion (vgl. Galater 1). Zum anderen hat der finale Aspekt in der Erzählung von der Umkehr des Paulus ein besonderes Gewicht, speziell in den Aussagen des Paulus selbst. Die Damaskusvision, eine Urbilderfahrung, reißt für Paulus eine Tür auf, durch die er hindurchgeht und damit nicht nur seinem persönlichen Leben eine ganz neue Richtung gibt, sondern auch der jungen judenchristlichen Kirche den Weg zu einer Weltreligion eröffnet. Zukunftsträchtig ist die von Paulus überlieferte Urbilderfahrung, weil ohne die Öffnung zur nichtjüdischen Welt, die Paulus aufgrund seiner Erfahrung bewirkte, die judenchristliche Kirche des Anfangs zu einer Sekte geworden und wahrscheinlich aus der Geschichte verschwunden wäre. Eine nur kausal ausgerichtete tiefenpsychologische Interpretation dieses Überlieferungskomplexes erbringt für das Bibelverständnis nicht viel; denn sie bezöge sich vor allem auf die Person des Paulus. Eine Bibelauslegung nach dem Freudschen Modell greift daher zu kurz; denn tiefenpsychologische Bibelexegese ist nicht Analyse einzelner Personen in der Bibel. Tiefenpsychologische Exegese erschließt vielmehr die Urbildstruktur der Texte, um die berichtete Erfahrung zu heutiger (Glaubens-) Erfahrung werden zu lassen; und dazu ist die archetypische, die final ausgerichtete Betrachtungsweise von Jung besser geeignet.

Noch vor dem methodisch strukturierten Interpretationsverfahren (vgl. dazu I, 1–6) sind die tiefenpsychologischen Spontanverfahren zur Bibel wichtig, weil bei diesen die mehrdimensionale Interaktion zwischen Bibellesenden und Text unmittelbar stattfindet. Sie können am besten in Gruppen geübt werden, setzen bei den Teilnehmenden kein Vorwissen voraus, aber die Bereitschaft, sich auf ungewohnte Erfahrungen mit religiösen Symbolen und mit sich selbst einzulassen. Solche Verfahren laufen nicht nach einem starren Schema ab, lassen vielmehr der Spontaneität Raum und können demgemäß auch nicht detailliert beschrieben werden. Ich nenne daher nur einige Möglichkeiten.[35] Die Imagination mit biblischen Urbildern ist im Eingangsbeispiel beschrieben. Mit dieser Methode kann bei längerem Üben ein intensiver Austausch mit Urbildern in der Bibel entstehen. Der einfachste Zugang ist das Assoziieren oder: ein Ideennetz knüpfen. Dabei werden alle spontanen Einfälle zu einem Bibeltext gesammelt. Da es um die jeweils eigene Erfahrung geht, können diese nicht mit richtig und falsch bewertet werden. Die dramatische Interaktion ist *nur* in der Gruppe möglich. Bei ihr werden die in einem Text vorkommenden Personen, evtl. auch andere Elemente, jeweils auf mehrere Teilnehmende verteilt. Diese agieren jeweils aus ihrer Auffassung der biblischen Gestalt heraus. Es gibt dabei keinen festgelegten Text, auch der Handlungsablauf des Bibeltextes muß nicht eingehalten werden. Es kommt darauf an, daß das Geschehen sich so entwickelt, wie es dem Gefühl der einzelnen Beteiligten entspricht. Nur so kann die biblisch überlieferte Erfahrung zu einer heutigen Erfahrung werden.

Zu diesen und ähnlichen Verfahren – es können immer wieder neue erfunden werden – gehört als unerläßlicher anschließender Teil die Nachbesprechung. In ihr wird bewußt gemacht, was zuvor, gefühlsmäßig im allgemeinen stark besetzt, agiert worden ist. Nur in der Verbindung von emotionalem Handeln und denkendem Aneignen werden Urbilder dem Bewußtsein integriert und bereichern die Erfahrungsmöglichkeiten im Dialog mit der Bibel.

Tiefenpsychologischer Umgang mit den Urbildern der Bibel könnte uns Menschen der westlichen Zivilisation, die wir den Bildersturm der rationalen Aufklärung hinter uns haben, die Bildersprache der menschlichen Psyche wieder lernen lassen und uns auf diese Weise zu einer ganzheitlicheren seelischen Entwicklung helfen.

Zweites Kapitel

Die feministische Perspektive wird zum Thema

Zur Einführung

Bereits der erste Text (II, 8) macht deutlich, daß der Übergang von der tiefenpsychologischen zur feministischen Perspektive sich gleitend vollzogen hat, nicht in einem abrupten Sprung. Und das kommt nicht von ungefähr; denn die tiefenpsychologische Symbolarbeit hat mich sozusagen von selbst, ohne daß ich das bewußt angestrebt hätte, auf feministische Fragen gestoßen. Die Geschichte von der Kanaanäerin hatte ich schon vor der hier vorgelegten Fassung mehrmals tiefenpsychologisch ausgelegt; der zweite Teil, die Interpretation auf die Frau hin, hat dabei zunächst gefehlt. Diese Sicht hat sich mir erst mit dem wachsenden tiefenpsychologischen Verstehen der Erzählung erschlossen. Feministische Aspekte enthalten zwar schon frühere Arbeiten; und so zeigen sich Spuren davon auch im ersten Kapitel (z. B. I, 7); aber diese Aspekte sind noch nicht als feministische thematisiert. Die Erkenntnis von der Vermännlichung der religiösen Symbole hat sich gewissermaßen unbewußt bei mir eingeschlichen, ohne daß ich mir am Anfang über deren Tragweite klar gewesen wäre.

Um Selbstverständnis und Anspruch von feministischer Forschung, auch von theologischer, verstehen zu können, kann deren Entstehung in einem bestimmten Bereich, hier dem tiefenpsychologischen, aufschlußreich sein. Daher möchte ich Faktoren benennen – soweit sie mir zum gegenwärtigen Zeitpunkt erkennbar sind –, die meine feministische Forschung hervorgebracht haben. Da ist zuerst so etwas wie ein Zeitgeist; in diesem Fall ist es allerdings zutreffender die Geistin des Frauenaufbruchs in den siebziger Jahren, deren neue Luft ich geatmet habe, noch ohne das damals zu wissen. Sie wehte mich auch nicht zuerst aus der Theologie an; eine Erinnerung zeigt mir andere damalige Berührungen. Bei einem Klinikaufenthalt 1977 las ich Verena Stefan: Häutungen.[36] Als eines Abends der junge Stationsarzt in mein Zimmer kam und das Buch sah, sagte er, ohne zu überlegen: „Solche Schweinereien lesen Sie!?" Ich finde heute noch, daß ich ihm, auch ohne zu überlegen, gut geantwortet habe: „Ich weiß nicht, was Sie in dem Buch gelesen haben; ich habe bis jetzt noch keine Schweinereien gefunden." Heute kommt mir das wie eine richtig feministische Antwort vor. Ich bin sicher, daß diese Lektüre, wie andere mit der Frauenbewegung einhergehende Wahrnehmungen, im seelischen Untergrund bei mir gewirkt haben. Damit das im Unbewußten sich ansammelnde, feministisch relevante Material die Schwelle des bewußten Wissens überschreiten konnte, bedurfte es weiterer, vor allem strukturierender Faktoren.

Ein für speziell meine feministische Arbeit wichtiger Faktor waren und sind meine Träume. In ihnen wurden durcheinander gemischte Erlebnisse, vage Empfindungen, schwer definierbare Gefühle, halbfertige Gedanken und Einfälle zuerst sinnvoll angeordnet und zunehmend mit religiösen und mythischen Bildern – nicht nur christlichen – angereichert. Solche in meinem Bewußtsein ankommenden Traumsymbole haben mich manchesmal blitzartig die Situation einer Frau in einem patriarchalen Lebensumfeld und darüber hinaus die große Bedeutung von Symbolen für das Hervorbringen von Lebenswirklichkeiten erkennen lassen. Was ich mir an Wissen z. B. über den kirchlichen Patriarchalismus angeeignet hatte, wurde erst durch Träume, die das Wissen auf meine als Frau gemachten Erfahrungen bezogen, zur verändernden Dynamik.

So hat mich vor Jahren ein Traum lange begleitet und, wie ich später begriffen habe, meine feministische Arbeit beeinflußt. Es war dieser Traum:

Auf einem Friedhof räumt eine Frau Kränze und Blumen von den Gräbern, wirft sie in eine Abfallgrube und verbrennt sie. Sie versucht, das möglichst heimlich zu machen, weil es gefährlich ist. So wie ich sie beobachte, kann das aber von jedem gesehen werden. Ihr Tun wird von einer Stimme erklärt, die sagt: „Sie kehrt den Dreck der Zivilisation aus."

Außer einer leichten Angst wegen der Gefährlichkeit des Vorgangs habe ich während des Traums und auch nachher keine Gefühle gehabt; und trotzdem hat er mich nicht losgelassen. Schon beim Aufwachen wußte ich, daß der Traum mit der männlichen Lebenswelt zu tun hat, konnte das aber längere Zeit nicht mit den Traumbildern zusammenbringen, bis mir das altbabylonische Gilgamesch-Epos einfiel; und da verstand ich den Traum: Die Zivilisation ist die patriarchale, die vom männlichen „Heldentum" und seiner Todestendenz geprägte – so wie der archaische Heldenkönig Gilgamesch die Symbole der Göttinreligion zerstört und damit der Todesverzweiflung Tür und Tor öffnet (im 2. Jahrtausend v. Chr. aufgeschrieben).[37] Und dann fiel mir zu meinem Traum auch das Wort Jesu von den übertünchten Gräbern ein (Matthäus 23, 27 f), das er über Pharisäer und Theologen sagte. Die Frau im Traum wagt es, die blumig verbrämte, die übertünchte tödliche Wahrheit der patriarchalen Zivilisation aufzudecken und die Verbrämungen ins reinigende Feuer zu werfen. Und da muß eine Frau wahrlich Angst haben. Das ist eine realitätsgerechte Traumeinsicht. Sie ist mir in einer knappen Geschichte präsentiert worden, hatte aber viele Wahr-Nehmungen zur Voraussetzung, ehe sie sich zu einem so dichten Symbol mit einer klar strukturierten bildhaften Aussage formen konnte. Der Traum gibt ein Beispiel dafür, wie Traumsymbole zum Thematisieren und Ausdifferenzieren meiner feministischen Perspektiven beigetragen haben. Die Frau vom Friedhof hat mitbestimmt, welche Hauptrichtung meine feministische Forschung eingeschlagen hat: zurück zu den möglichen Anfängen patriarchaler Religionen im Orient, um herauszufinden, welche religiösen Symbole der männlichen Todeszivilisation ins Christentum eingewandert sind und seinen Geist geprägt haben.

Träume haben auch dazu geholfen, frühere, mit einem kaum zu benennenden Unbehagen verbundene Erfahrungen als Frau aufzuklären – das ist ein dritter Faktor –, sie in ihrer tatsächlich sexistischen Bedeutung zu erkennen. Auf diese Weise wurden und werden eigene unbewußte Verletzungen, wie sie wohl jede Frau mit sich herumträgt, aufgedeckt und deren Ursachen erkannt. Dieser schmerzhafte Prozeß ist Anfang sowohl der feministischen Bewegung als auch feministischer Forschung. Die Schmerz- und Trauerarbeit, die für eine feministische Veränderung des Bewußtseins auf breiter gesellschaftlicher Basis notwendig ist, wird bisher überwiegend von Frauen geleistet. Dringend erforderlich wäre diese Arbeit bei den Männern, damit die Todeszivilisation sich in eine des Lebens wandeln kann. Frauen können diese Arbeit nicht für Männer tun. Aber feministische Forschung hat nicht nur die Veränderung der Frauensituation, sondern die der Zivilisation als ganzer zum Ziel.

Die Suchbewegungen meiner Träume korrelierten immer mit einem weiteren Faktor, dem der tiefenpsychologischen Arbeit; sie vor allem hat ein feministisches Bewußtsein bei mir wachsen lassen. Den größten Erkenntnisgewinn erbrachten dabei Imaginationsübungen mit religiösen, vor allem mit biblischen Symbolen. Sehr bald stellte sich heraus, daß die produzierten inneren Bilder weit über den christlichen Bildkanon hinausgingen, bzw. diesen oft gar nicht zum Zuge brachten – das bei Christen und Christinnen sowie in einer Kultur, die zweitausend Jahre lang von einer christlichen Bildwelt geprägt wurde. Symbolstrukturen archaischer Religionen tauchten auf, etwa mathematische wie der Würfel, das Prisma, das Dreieck, der Punkt u. a., die im Verständnis der Imaginierenden deutlich eine religiöse Bedeutung hatten. Tiere zeigten sich als religiöse Bedeutungsträger; besonders die Schlange erschien oft in positiver Bewertung, das heißt in einer Umwertung ihrer v. a. negativen christlichen Bedeutung. Ähnliches ereignete sich mit dem Kreuz, das in der Regel nicht als Symbol der (christlichen) Erlösung imaginiert wurde, sondern einerseits als Zeichen der Zerstörung von manchmal geradezu masochistischer Bedeutung und andererseits als Erlebnisträger für eine kosmische Einheit und Lebenserfüllung. Natur und Erde standen bei den Imaginationen viel mehr im Vordergrund, als deren Stellenwert in der christlichen Symbolik hätte erwarten lassen. Und besonders das Bild der

Frau spielte eine zentralere Rolle als im Christentum denkbar. Von Frauen, auch von älteren, wurde oft eine Muttergestalt imaginiert – ein Vorgang, der die religiöse Nicht-Existenz der Mutter-Tochter-Beziehung im Christentum als Unterdrückung brandmarkt. Die imaginierten „Mütter" hatten zwar meist mit der persönlichen Mutter zu tun, ließen oft aber viel umfassendere, einer objektiven Größe nahe Dimensionen erkennen, als weise Helferin oder Ratgeberin z. B.[38]

Meine parallel zur praktischen tiefenpsychologischen Arbeit betriebene Erforschung der Symbolik alter Göttinreligionen ließ mich erkennen, daß hier ein psychisch tief vergrabenes Wissen und ein Erfahrungspotential auftauchten, aus denen Menschen schon vor Tausenden von Jahren in Kulturen mit einem weiblichen Gottesbild bewußt gelebt hatten. Mir fiel auf, daß besonders Frauen zu diesen seelischen Mustern weiblicher Religionen leicht Zugang finden und daß viele auf diese Weise zu sich selbst und zu ihrem Leben unter den Bedingungen einer patriarchalen Welt in eine neue, eine positive Beziehung gelangen. So gehört der weibliche Körper mit seiner natürlichen Fähigkeit, Leben hervorzubringen, mit seiner Produktivität also, in den imaginierten Bildern zu den Symbolen der archaischen Göttin für ihre sowohl materielle als auch psychisch-geistige Produktivität. Die tiefenpsychische Erinnerung an diese religiösen Symbole wirkt bei Frauen ungemein befreiend; ich habe dabei gelernt, daß Frauen auf diesem Wege eine eigene, nicht mehr aus männlichen Vorstellungen gemachte Identität aufbauen können. Nach vielen Jahren dieser tiefenpsychologischen Arbeit bin ich davon überzeugt, daß erst das psychische Ausgraben solcher kollektiven Erinnerungen zu einer durchgreifenden Wandlung von Frauen hin zu einer genuinen menschlichen Identität führen wird.[39]

Ein Beispiel dafür, wie aus der tiefenpsychologischen Arbeit mit (Frauen-)Gruppen allmählich eine Veränderung männlich geprägter religiöser Symbole hervorgehen kann, gibt der Text II, 10. Wie sich auf der denkerischen und in gewisser Weise auf der meditativen Ebene ein solcher Prozeß feministischer Wandlung religiöser Vorstellungen vollzieht, läßt sich an den Texten II, 9.11. 4.

und 12. sehen. Das zweite Kapitel möchte verstehen lassen, daß und wie aus der tiefenpsychologischen Betrachtungsweise eine feministische hervorgeht und was diese Methodenkombination im Blick auf die religiöse Symbolik leisten kann.

Ich möchte damit auch versuchen, ein Vorurteil abzubauen, das in der politisch und befreiungstheologisch orientierten feministischen Theologie vorhanden ist und das sich meines Wissens auf zwei Gründe stützt: als erstes auf die sexistisch durchsetzten Ausführungen C. G. Jungs zur Tiefenpsychologie der Frau. Hier liegt bei Feministinnen ein Kurzschluß vor. Das von Jung entwikkelte tiefenpsychologische Instrumentarium, speziell die Archetypenlehre, läßt sich durchaus reinigen von den patriarchalen Beimengungen und dann für feministische Forschung wirkungsvoll anwenden. Auch die Befreiungstheologie und die politische Theologie zielen nicht aus sich heraus die Befreiung von Frauen aus deren spezifischen Unterdrückungen an. Diese Theologien sind ebenso wie die Tiefenpsychologie aus männlichem Bewußtsein entstanden und daher unbewußten Voreinstellungen gegenüber Frauen und ihren Problemen verhaftet. Unbewußtes aber läßt sich nur mit Methoden aufklären, welche diese psychischen Inhalte auch erreichen; und das sind tiefenpsychologische. Die tiefenpsychologische Aufklärung hat insofern bei allen patriarchal infizierten Sichtweisen eine Aufgabe zu erfüllen.

Als zweiter Grund für die feministische Skepsis gegenüber der Tiefenpsychologie wird die Gefahr des Rückzugs auf bloße Innerlichkeit beschworen. Abgesehen davon, daß keine Methode vor Mißbrauch geschützt ist, beruht diese Befürchtung auf Unkenntnis der Tiefenpsychologie und hat daher weniger den Charakter eines Arguments als vielmehr den einer Beschwörung zwecks Abwehr. In Wirklichkeit ist es umgekehrt als geargwöhnt: Bei den richtig angewandten Regeln sowohl der tiefenpsychologischen Praxis als auch der Forschung werden psychische Kräfte, die durch Verdrängung, Abwehr u. ä. gebunden sind, frei und können einer bewußten Gestaltung zugeführt werden, z. B. der Durchsetzung politischer feministischer Strategien, und zwar weniger mit der Tendenz, daß die Aktion in Aktionismus zerfleddert, sich im

Dauerprotest erschöpft oder sich in Resignation auflöst. Tiefenpsychologische Erinnerungs- und Veränderungsarbeit kann der gesellschaftlichen Befreiung der Frauen menschliche Substanz sowie die spirituelle Kraft zur fortdauernden Erneuerung geben.

Feministische Vorurteile gegenüber der Tiefenpsychologie nehmen sich für eine mit Tiefenpsychologie Vertraute aus wie tiefenpsychologische Vorurteile gegenüber feministischer Arbeit.[40] Beide Richtungen sind durch mangelnde Sachkenntnis charakterisiert; und bei beiden sind am Ursprung Ängste vor tiefgreifenden Veränderungen zu vermuten, die sich nach außen als Abwehrverhalten präsentieren. Hier hilft nur Kennenlernen. Die in diesem Kapitel zusammengestellten Überlegungen möchten dem insofern dienen, als sie in verschiedenen literarischen Formen – Textinterpretationen, Predigt, Text-Neudichtung, Zeitungsartikel – die Variabilität feministischer Erkenntnissuche auf der Basis tiefenpsychologischer Einsichten zu demonstrieren versuchen. Für die feministische Beurteilung einer durch langen Gebrauch festgewordenen religiösen Symbolik wie der christlichen ist eine vielseitige Annäherung unerläßlich, um deren tatsächlicher Aussage auf den Grund zu kommen.

8. Jesus wird von einer Frau bekehrt. Begegnung mit der Kanaanäerin (Matthäus 15,21–28)[41]

Die Überlieferung von Jesus, auf die sich das Christentum gründet, besteht weitgehend aus Geschichten. In ihnen wird erzählt, nicht abstrakt erörtert, was Menschen im ersten christlichen Jahrhundert von Jesus in Erinnerung behalten und weitergesagt haben. In den Jesusgeschichten wird mitgeteilt, was durch den Menschen Jesus von Nazareth als Gottesbegegnung erfahren worden ist. Weil es Geschichten sind, zeigen sie stets einen Ausschnitt aus dem konkreten Leben von Menschen, die mit Jesus in Berührung gekommen sind. Bei der späteren Auslegung der in den Evangelien gesammelten Jesusgeschichten ist dieses menschliche

Umfeld allerdings oft vernachlässigt worden; es diente häufig nur als Hintergrundfolie, vor der die göttliche Hoheit Jesu besonders gut hervorgehoben werden konnte. Daß in den Geschichten Jesus selbst in das menschliche Umfeld fest eingebunden ist, geriet dabei leicht aus dem Blick. Das ausschließlich theologische Interesse an den Jesusgeschichten – das heißt ihre Betrachtung unter dem Gesichtspunkt einer Gottesmitteilung – hat dann der Jesusgestalt das ganz gewöhnlich Menschliche, das auch in späteren Zeiten Menschen noch anrührt, genommen. Dunkle Seiten an Jesus wurden so gar nicht mehr wahrgenommen.

Hier hat die feministische Betrachtungsweise manches geändert, indem die Jesusgeschichten, vor allem solche, die von Frauen handeln, aus einer anderen, einer ungewohnten Perspektive angeschaut werden. Die Erzählung von der Begegnung Jesu mit der kanaanäischen Frau ist dafür ein gutes Beispiel. Wenn Jesus hier, verwachsen mit dem Umfeld, in dem die Geschichte sich ereignet, gesehen wird, kommen erstaunliche Seiten an seiner Gestalt zum Vorschein.

21 Von dort zog sich Jesus in das Gebiet von Tyrus und Sidon zurück.
22 Da kam eine kanaanäische Frau aus jener Gegend zu ihm und rief: Hab
Erbarmen mit mir, Herr, du Sohn Davids! Meine Tochter wird von einem
Dämon gequält. 23 Jesus aber gab ihr keine Antwort. Da traten seine Jün-
ger zu ihm und baten: Befrei sie (oder: Schick sie weg), denn sie schreit
hinter uns her. 24 Er antwortete: Ich bin nur zu den verlorenen Schafen
des Hauses Israel gesandt. 25 Doch die Frau kam, fiel vor ihm nieder und
sagte: Herr, hilf mir! 26 Er erwiderte: Es ist nicht recht, das Brot den Kin-
dern wegzunehmen und den Hunden vorzuwerfen. 27 Da entgegnete sie:
Ja, du hast recht, Herr! Aber selbst die Hunde bekommen von den Brotre-
sten, die vom Tisch ihrer Herren fallen. 28 Darauf antwortete ihr Jesus:
Frau, dein Glaube ist groß. Was (oder: Wie) du willst, soll geschehen. Und
von dieser Stunde an war ihre Tochter geheilt.

Der Text zeigt ungeschönt Schattenseiten an der Gestalt Jesu und kann deshalb in seinem Grundbestand für historisch und psychologisch zutreffend gelten. Denn solche Züge an Jesus hätte die spätere Gemeinde wohl kaum überliefert, wären sie nicht tatsächlich vorhanden gewesen. Auch sind sie in der älteren Fassung des

Markus bereits angelegt. Werden Menschen nicht von vornherein auf ein idealisiertes Jesusbild ausgerichtet, so springen ihnen beim Interpretieren meistens als erstes diese negativen Züge an der Jesusgestalt ins Auge. So sagte eine Frau: „Beim ersten Lesen hatte ich eine Mordswut über Jesus und seine Abgrenzung gegenüber der Frau." Und ein Mann stellte fest: „Jesus ist festgefahren in seinen Vorurteilen."

Tiefenpsychologisch läßt sich dieser Text auf zwei Ich-Figuren hin auslegen,[42] denn es werden hier zwei miteinander verschränkte Selbstwerdungsprozesse dargestellt: von der Kanaanäerin und von Jesus. Ich wähle zunächst die Interpretation auf Jesus hin. Die Geschichte handelt von Jesus und seinen dunklen Seiten. Die tiefenpsychologische Schattenproblematik enthält mehrere miteinander verquickte Vorurteile, mit denen Jesus an kollektiven Vorurteilen seiner Zeit teilhat. Mit den Worten von den verlorenen Schafen des Hauses Israel (V. 24) und dem von den heidnischen Hunden (V. 26) spricht Jesus ein national-religiöses Vorurteil aus, das dem Erwählungsglauben seines Volkes entspringt. Der religiöse Heilsbund des Gottes Jahwe mit seinem Volk hat seine Grenze an der nationalen Zugehörigkeit zu Israel. Diese Grenzziehung wird auf Gott zurückgeführt. Und aus dieser leitet sich die Annahme ab, daß die Heiden am Heil nicht teilhaben (können), es sei denn, sie nähmen den Weg über das Israel des Jahwebundes. Jesus sagt somit, das Brot Gottes steht den Kindern Israels zu, und es darf ihnen nicht zugunsten der Heiden-Hunde weggenommen werden. Auch wenn Matthäus die Verkleinerungsform „Hündchen" verwendet, hat der Ausdruck den Charakter eines Schimpfworts. Tiefenpsychologisch besagt die religiös-nationale Abgrenzung gegenüber den Nicht-Erwählten, daß eigenes Unerlöstsein auf die „draußen" projiziert wird. Die reale Möglichkeit, selbst im Heil zu scheitern, wird auf die seelische Schattenseite verdrängt, wo sie nicht wahrgenommen werden muß. Und dieser Schatten wird dann denen jenseits der Grenze angehängt.

Zum religiös-nationalen gesellt sich in dieser Geschichte der weibliche Schattenaspekt, der auf alle Frauen, in- und außerhalb des eigenen Volkes, projiziert werden konnte. Die kanaanäische Frau nimmt unter den heidnischen „Hunden" die allerunterste Stelle ein, zumal sie mit der besessenen Tochter auch noch das Stigma des Sündigseins hat. All diese Vorurteile stehen im Hintergrund des Verhaltens Jesu bei seiner Begegnung mit der Frau.

Die Geschichte zeigt aber auch, daß Jesus sich in seinen Vorurteilen nicht verhärtet hat. Die tiefenpsychologische Interpretation entdeckt hier einen Prozeß des Ganzwerdens bei Jesus. Die Frau verkörpert zugleich Jesu Einstellung zu seinen eigenen unterdrückten weiblichen Möglichkeiten. Schon am Anfang erscheint Jesus sehr hart, besonders darin, daß er die Frau einfach übersieht (V. 23), indem er nicht auf sie reagiert. Ich möchte es geradezu ein männliches Standardverhalten Frauen gegenüber in patriarchalen Religionen und Gesellschaften nennen. So erscheint Jesus hier zunächst als einer, der den kollektiven männlichen Schatten verinnerlicht hat und ihn auf die Frau projiziert. Daß er die Frau so demütigt, läßt darauf schließen, daß er weibliche Lebensmöglichkeiten innerlich von sich fernhält, sie nicht zuläßt oder annimmt, sie vielmehr abwertet. Das ist aber offenbar ein ganz unbewußtes Verhalten, denn in dem Text wird nirgendwo angedeutet, daß Jesus die Diskrepanz seines Verhaltens zu dem, was er verkündet, erkennt – über die Annahme der Armen und Unterdrückten im Reich Gottes und über die Liebe. Die Jünger mit ihrer rüden Bemerkung, Jesus möge die Frau wegschicken oder sie befreien, damit sie nicht hinter ihnen herschreit (V. 23), erscheinen im Vergleich zu Jesu Verhalten fast menschlich. Das Wort von den hündischen Heiden, die keine Heilsnahrung zu erwarten haben, hat sogar etwas ausgesprochen aggressiv Abwehrendes. Offenbar versucht Jesus, das, was diese verzweifelte und erbarmungswürdige Frau von seinem eigenen Inneren anrührt, gewaltsam von sich wegzuschieben. Seinem Verhalten nach erlebt er diesen Teil von sich selbst als minderwertig. So scheint es, daß die reale Frau gar keine Chance bei ihm hat, weil sie ihm geballt seine religiös-national-weibliche Schattenseite zeigt. Aber dies wäre gerade die Geschichte eines „gewöhnlichen" Zeitgenossen Jesu.

Jesus selbst erfährt dagegen eine Wandlung, und zwar dadurch, daß die Frau ihm durch ihr Verhalten seine innere Schattenseite gleichsam im Spiegel entgegenhält. Bei einer Übung mit dem Text wurde das so beschrieben: „Die Frau nimmt den Hund an und ‚schlägt' Jesus mit ihm; d. h., sie geht auf seine Argumentation ein und konfrontiert ihn mit seinem eigenen Vorurteil."

Die Geschichte stellt die Wandlung in Jesu Verhalten als einen plötzlichen Umschlag dar. Tiefenpsychologisch gesehen erfolgt ein solcher Umbruch dann, wenn etwas psychisch Eigenes gewissermaßen gewaltsam unter Verschluß gehalten worden ist und nur des richtigen Auslösers bedarf, um ans Licht des Bewußtseins zu gelangen. Das bedeutet, daß die seinen Vorurteilen entgegengesetzte Einstellung Jesus unbewußt zu eigen war, allerdings abgeschirmt von seinem bewußten Verhalten durch eben die gängigen Vorurteile. In der gerade auf diese Vorurteile zugespitzten Begegnung mit der heidnischen Frau bricht diese Abwehrmauer zusammen, und Jesus kann *die* Seite an sich, die der Frau wie den Heiden zugewandt ist, gewahren und sein Handeln davon bestimmen lassen.

Was die Erzählung mit dem sich wandelnden Verhalten Jesu zu der Frau andeutet, setzt einen seelischen Integrationsvorgang voraus, ohne den ein solcher Umbruch im Verhalten nicht glaubwürdig wäre. Teilnehmende an tiefenpsychologischer Bibelarbeit nannten diesen Vorgang unabhängig voneinander: „Jesus bekehrt sich" bzw. „Jesus kehrt um in dieser Geschichte". In tiefenpsychologischer Sicht besteht diese Umkehr – die in der Verkündigung Jesu ja den zentralen theologischen Platz einnimmt – darin, daß die unansehnliche Schattenseite, dem Licht zugekehrt, durch Wahrnehmen und Annehmen einen Schritt zu seelischem Ganzwerden ermöglicht. So wächst Jesus über die Vorurteile und Projektionen seiner Zeit hinaus. Die Frau macht es Jesus möglich, seinen Schatten anzusehen und ihn in eine positive Kraft zu verwandeln. In diesem inneren Prozeß sehe ich die Quelle entspringen für die Offenheit Jesu Frauen gegenüber, von der die Evangelien an manchen anderen Stellen erzählen und die für einen Zeitgenossen Jesu so nicht denkbar war. Seine Selbstwerdung hat ihn offensichtlich dazu befähigt, eine aus dem zeitgenössischen Rahmen herausfallende, schöpferisch neue Beziehung zu Frauen und zu weiblichen Werten herzustellen. Ohne eine Versöhnung der seelischen Gegensätze männlich-weiblich in Jesus ist diese nicht vorstellbar. Die Geschichte beschreibt diesen Prozeß nicht in ausführlicher Form. Sie verdichtet vielmehr seelische Abläufe, die über einen längeren Zeitraum vor sich gehen, in einen (arche-)typischen Punkt. Insofern bedient sich diese Überlieferung – wie alle religiösen Traditionen – einer symbolischen Ausdrucksweise und Sprache. Das hier angewandte tiefenpsychologische Verfahren kann zeigen, daß auf diese Weise das volle Menschsein Jesu, das ein Menschwerden ist, sichtbar wird.

Wenn ich nun die Geschichte auf die Frau hin auslege, dann kommen andere Aussagen zum Vorschein. Auf diese, von der üblichen Exegese meistens nicht erreichte Aussageschicht bin ich in der praktischen tiefenpsychologischen Arbeit mit Gruppen gestoßen, z. B. bei dramatischen Interaktionen mit dem Text.[43] Dabei wurde von den Teilnehmenden jedesmal zu meinem Erstaunen auch der Dämon, der die Tochter quält, als mithandelnde Person in die Dramatisierung eingeführt. Und beim Agieren kam die dämonisierte Beziehung von Mutter und Tochter in den Blick. So sagte eine Frau zum Mutter-Tochter-Verhältnis: „Ich habe mich über die Frau geärgert; sie gibt der Tochter die Schuld an der Krankheit mit dem Dämon. Mir schien sie ihre Tochter zu dominieren." Und einer anderen fiel auf: „Die Frau bittet für sich selbst um Hilfe (VV. 22 und 25), nicht für ihre Tochter; sie braucht also ebenso Heilung wie die Tochter." Eine junge Frau, welche die Rolle der Tochter übernommen hatte, teilte das Erlebte so mit: „Ich hab' das so empfunden, dieses Umklammern; und ich brauchte teilweise echt körperliche Kraft, um mich dann auch zu befreien. Ich mußte mich richtig anstrengen, also, ich selber zu bleiben und nicht davon … festgehalten, da so sitzen zu bleiben … Und da hab' ich auch gemerkt: ich fühlte mich ja gar nicht krank … Und dann dacht' ich: … die Mutter sieht dich ganz falsch als Tochter. Du bist hier selbständig, und du weißt, was du willst. Und die Mutter, die will das eben nicht, die sieht das ganz anders; und jetzt sagt sie: Du bist besessen." Stets wurde in den

Übungen die Besessenheit der Tochter als ein Beziehungskonflikt zwischen Mutter und Tochter erlebt. Darin ist diese Mutter-Tochter-Geschichte der Vater-Sohn-Geschichte von der Heilung des besessenen Jungen (vgl. I, 3) sehr ähnlich.

Nie zuvor ist mir so verständlich geworden wie bei solchen Erfahrungsübungen, daß das Dämonische in dieser Geschichte, wie auch an anderen Stellen in den Evangelien, nicht etwas außerhalb von Menschen ist, daß es vielmehr in und zwischen den Menschen entsteht und daß es eine zerstörerische Eigendynamik gewinnen kann, die aus eigener Kraft oft nicht mehr anzuhalten ist. Bei der kanaanäischen Frau ist dies der Fall, sonst wäre es kaum glaubwürdig, daß sie sich in so extremer Weise vor einem jüdischen Mann erniedrigt und sich von ihm so tief demütigen läßt, wie die Geschichte es erzählt. Sie selbst, nicht ihre Tochter, die in der Geschichte gar nicht auftritt, wird somit in äußerster Hilfsbedürftigkeit gezeigt. Diese Lage, und besonders noch das provozierende Verhalten Jesu ihr gegenüber, scheinen Kräfte in ihr zu mobilisieren, die nicht nur ihre eigene Chance sind, sondern die auch Jesus zur Umkehr bewegen. Es wird hier ein Prozeß gegenseitig bewirkter Wandlung entfaltet: Die Frau veranlaßt Jesus, seine Haltung zu ändern, und er vermag ihr dann zur Wahrnehmung und zur Realisierung ihrer eigenen Heilungsfähigkeit zu verhelfen; ihren Glauben (V. 28) nennt Jesus das. Nachdem Jesus sich durch die Hartnäckigkeit der Frau gewandelt hat, erfährt sie durch ihn Bestätigung und Unterstützung ihrer vorhandenen, aber bislang – dämonisch? – gebundenen Fähigkeiten. Das Wort Jesu: „Es geschehe dir, wie (bzw. was) du willst" (V. 28), verweist die Frau an ihre eigenen Möglichkeiten, die sie für die Gesundung ihrer Tochter einsetzen kann. Denn die Besessenheit der Tochter ist das Symptom der kranken Beziehung zwischen Mutter und Tochter. Und so kann die Tochter gesund werden, da die Mutter zu sich selbst, zu ihren verschütteten Kräften gefunden hat und ihre nicht gelebten Möglichkeiten nicht mehr in der krankmachenden Beziehung zur Tochter unbewußt ausleben muß. Für die Frau ist auch Jesus zum Spiegel geworden – wie sie für ihn –, in dem sie ihr eigenes, als Hilflosigkeit erlebtes, unterdrücktes Vermögen erkennt, so daß sie ihr Leben, und dadurch auch das ihrer Tochter, zu ändern vermag.

Was in der Geschichte als „Wunder" überliefert ist, hat nichts mit einer mirakelhaften Manipulation zu tun, mit der Jesus von außen auf die Frau einwirken würde. Es ist vielmehr die Geschichte von der Begegnung zweier Menschen, einer Frau mit einem Mann, die beide einer humanisierenden Menschwerdung bedürftig sind, doch in entgegengesetzter Weise – und das ist charakteristisch für die Situation von Mann und Frau im Patriarchat: der Mann Jesus wird durch die Frau „von diesem Dünkel" geheilt, wie eine Frau das formuliert hat; oder in der Formulierung eines Mannes: „Dem Jesus, dem möchte ich am liebsten an den Kragen, weil er das Ganze so elitär darstellt." Die Frau kann sich, mitsamt ihrer Tochter, aus ihrer Unterlegenheit, aus ihrer Ohnmachtserfahrung, ganz einfach: aus ihrem Hundedasein befreien. Und in diesen Heilungs- und Befreiungsprozessen liegt das Wunder(-bare) der Begegnung von Jesus und der kanaanäischen Frau. Denn das Sprengen seelischer Fesseln und das Wachsen von Menschen in ihr gottebenbildliches, in ihr größeres Selbst hinein ist ein Wunder und wird in anderen Jesusgeschichten als Gottes Tat verstanden (z. B. Markus 2, 12; Matthäus 9, 8; 15, 31; Lukas 5, 25 f; 7, 16; 9, 43; 18, 43). Auch Jesus hat dieses Wunder durch die „heidnische" Frau erleben dürfen.

9. Schwesterlichkeit. Über die Frauen am Grab Jesu (Lukas 23, 55–56; 24, 1–12)[44]

23, 55 Die Frauen, die mit Jesus aus Galiläa gekommen waren, gaben ihm
das Geleit und sahen zu, wie der Leichnam in das Grab gelegt wurde.
56 Dann kehrten sie heim und bereiteten wohlriechende Öle und Salben
zu. Am Sabbat aber hielten sie die vom Gesetz vorgeschriebene Ruhe ein.
24, 1 Am ersten Tag der Woche gingen die Frauen mit den wohlriechenden Salben, die sie zubereitet hatten, in aller Frühe zum Grab. 2 Da sahen
sie, daß der Stein vom Grab weggewälzt war; 3 sie gingen hinein, aber den
Leichnam Jesu, des Herrn, fanden sie nicht. 4 Während sie ratlos dastan-

den, traten zwei Männer in leuchtenden Gewändern zu ihnen. 5 Die Frauen erschraken und blickten zu Boden. Die Männer aber sagten zu ihnen: Was sucht ihr den Lebenden bei den Toten? 6 Er ist nicht hier, sondern er ist auferstanden. Erinnert euch an das, was er euch gesagt hat, als er noch in Galiläa war: 7 Der Menschensohn muß den Sündern ausgeliefert und gekreuzigt werden und am dritten Tag auferstehen. 8 Da erinnerten sie sich an seine Worte. 9 Und sie kehrten vom Grab in die Stadt zurück und berichteten alles den Elf und den anderen Jüngern. 10 Es waren Maria Magdalene, Johanna und Maria, die Mutter des Jakobus; auch die übrigen Frauen, die bei ihnen waren, erzählten es den Aposteln. 11 Doch die Apostel hielten das alles für Geschwätz und glaubten ihnen nicht. 12 Petrus aber stand auf und lief zum Grab. Er beugte sich vor, sah aber nur die Leinenbinden (dort liegen). Dann ging er nach Hause, voll Verwunderung über das, was geschehen war.

Die christliche Botschaft lebt von großen Symbolen, aus denen die Kraft zur Veränderung der Welt kommt oder doch kommen sollte. Eines davon ist aus Jesu eigenem Leben, aus seinem Verhalten und seinem Reden hervorgegangen: das Symbol der Brüderlichkeit. Jesus hat dieses Symbol ganzheitlich realisiert. Mit seinen Freunden hat er wie mit Brüdern gelebt, während er zu den Brüdern seiner leiblichen Familie, die ihn vereinnahmen wollten, eher in Distanz gegangen ist. Das wissen wir aus der Begebenheit, als seine Familie ihn nach Hause holen will, weil sie ihn für verrückt hält (vgl. Markus 3,20–21.31–35). Aus derselben Geschichte erfahren wir auch, daß Jesus das Brudersein anderer zu ihm nicht an die Übernahme seiner eigenen Lebensweise gebunden, also nicht auf seine Jünger eingeschränkt hat. Vielmehr waren Brüder und Schwestern – die Schwestern werden an dieser Stelle bei Markus ausdrücklich von Jesus genannt – Brüder und Schwestern waren für ihn alle, die sich seiner neuen Gottesverkündigung öffneten. Und dazu gehörten manche, die sich seine Zeitgenossen, wohl auch seine Jünger, als Brüder und Schwestern schlicht verbeten hätten: z. B. die verachteten Zöllner, die Leute mit anrüchigen Krankheiten, und vor allem Frauen – hier auch die am übelsten beleumdeten: die Prostituierten –, dann die, die Jesus und seinen Weg am besten verstanden haben: Maria Magdalena, Marta und Maria, die Frau, die ihn in Betanien auf sein Begräbnis hin gesalbt hat, und manche andere.

Was ist nun aus diesem geschwisterlichen Verhalten Jesu in der Geschichte der Kirche geworden? Da hat eine auffallende Veränderung stattgefunden: Aus der für alle, die es wollen, offenen Geschwisterlichkeit ist eine abspaltende und ausgrenzende Brüderlichkeit geworden. Aufschlußreich ist z.B. das Phänomen, daß vor allem die Amtsträger sich „Brüder" oder „Mitbrüder" nennen und aufgrund ihrer gemeinsamen Ausbildung auch gewisse Formen von kameradschaftlicher Brüderlichkeit pflegen, die jedoch auf ihre Gruppe begrenzt ist. Andere Männer, oder gar Frauen, gehören nicht dazu. Und hören wir gottesdienstliche Gebete und Lieder ohne moderne Ergänzungen und Veränderungen, so scheint es, als bestünde die Kirche nur aus Brüdern, also nur aus *einem* menschlichen Geschlecht. Nun sollen wir Frauen bei den Brüdern miteingeschlossen sein, so wie das wohl schon Paulus in seinen Gemeindebriefen gemeint hat, wenn er nur Brüder anredete. Doch macht diese sprachliche Gewohnheit darauf aufmerksam, daß Brüderlichkeit in der Kirche zu einer Rede und Praxis geworden ist, die Menschen ausgrenzt, und zwar mehr als die Hälfte derer, die zur Gemeinde Jesu Christi gehören. Denn daß Frauen sich bis heute bei der Brüderlichkeit eingeschlossen fühlen sollen, ist ja von Männern so geregelt worden; es beruht nicht auf einer eigenständigen Entscheidung der Frauen. Die umfassende und offene Geschwisterlichkeit Jesu ist in der kirchlich praktizierten Brüderlichkeit sehr eingeengt worden; das christliche Symbol von der Gleichheit und dem Zusammengehören aller Menschen ist darin degeneriert.

In diesem Evangelium, dem Evangelium der Osternacht, stehen Frauen im Mittelpunkt, *das* Geschlecht also, das bei der kirchlichen Brüderlichkeit sowohl ausgeblendet wie vereinnahmt wird. In dieser Osterüberlieferung leuchtet ein anderes großes Symbol auf, das in der männlich bestimmten Kirche nie richtig in den Blick gekommen ist und deshalb manche fremdartig anmuten wird: das Symbol der Schwesterlichkeit. Obwohl alle vier Evangelisten die Geschichte von den Frauen am leeren Grab für mitteilenswert gehalten haben, ist ihre volle Bedeutung für die Kirche des Anfangs, wie für die Kirche heute, erst jetzt von Frauen, von feministischen Theologinnen entdeckt worden. Ich will nun nicht die historischen Begebenheiten am Ostermorgen rekonstruieren. Ich möchte vielmehr alle einladen, mit mir die Geschichte einmal von innen heraus zu betrachten. Da erschließt sich uns nämlich die Schwesterlichkeit, wie sie von den Frauen gelebt worden ist.

Zunächst einmal handeln die Frauen gemeinschaftlich. Und obwohl Maria Magdalena nach den Frauentexten der Evangelien offensichtlich eine bevorzugte Stelle unter ihnen eingenommen hat, hören wir nichts davon, daß Frauen ihr diese Stelle streitig gemacht hätten. Das wird aber von Männern in der Gemeinde ihr gegenüber berichtet, und zwar weit über das Neue Testament hinaus. Ebenso gab es heftige Konkurrenz der Jünger untereinander. Den Frauen war wohl anderes wichtig in ihrer Beziehung zueinander. So hat Schwesterlichkeit bei den Jüngerinnen Jesu als erstes darin bestanden, sich gegenseitig gelten zu lassen, so wie jede Frau selbst als die, die sie war, gelten durfte in der Nähe Jesu.

Dann haben die Frauen, die als erste die Auferstehung Jesu erfahren, unter dem Kreuz beim sterbenden Jesus ausgehalten; sie haben an seinem Begräbnis teilgenommen, und sie sind zum frühestmöglichen Zeitpunkt zum Grab gegangen. Dies Verhalten wird von den männlichen Jüngern nicht berichtet; es war offenbar für die Frauen um Jesus kennzeichnend. Ich möchte es die Jesus erwiesene Schwesterlichkeit nennen. Nun suche ich die Geschichte von Frauen am Grab nicht nur auf historische Fakten ab; das ist in der Theologie schon vielmals getan worden; sondern ich versuche, die Bilder der Geschichte zu verstehen, die nachzeichnen, was die Frauen innerlich durchgemacht haben. Das sind die Bilder vom Geleitgeben, vom weggewälzten Stein, von der Ratlosigkeit und von der Aufforderung, sich zu erinnern.

Als erstes: Die Frauen ziehen keine scharfe Trennungslinie zwischen dem lebenden und dem toten Jesus. Sie schreiben den Toten nicht ab, weil er ihre Hoffnung auf Befreiung jetzt nicht mehr erfüllen kann. Sie geben ihm vielmehr schwesterliches Geleit über den Tod hinaus und bewahren schon dadurch etwas wie eine den Tod überwindende Kraft und Kontinuität.

Dann ist da der Stein, über den sich die Frauen in der Version der Geschichte bei Markus Sorgen machen. Mir fällt zu dieser Stelle immer ein Gedicht von Reiner Kunze ein mit dem Titel „Auch eine Hoffnung", das vom Grab handelt und so endet:

> „(Grabplatte keine
> Nicht noch im Tod
> scheitern an Stein)".

Gewiß wird kein Mensch an einem realen Grabstein scheitern. Dennoch hätte Jesus an seinem Stein scheitern können, nämlich an dem Stein in den Seelen der Menschen. Von den Jüngern wird solche innere Versteinerung durch den Tod Jesu überliefert; so wie Menschen, die ihre Trauer über einen verlorenen Menschen nicht ganz durchleben, versteinern können. Mit den Frauen am Grab Jesu ist es wohl anders gewesen. Der auf wunderbare Weise weggewälzte Grabstein steht hier nicht für ein Mirakel. Er verweist auf einen Prozeß, der sich in den Frauen vollzieht. Matthäus sagt, ein Engel habe den Stein weggerollt. Engel sind geistig-seelische Kräfte, die Menschen zuteil werden. Und die Frauen haben sich innerlich nicht zugemacht vor dem Schmerz über den toten Jesus, sondern sich diesem Schmerz ausgesetzt: unter dem Kreuz, am Grab. Und so konnten sie, durch ihre schwesterliche Nähe zum sterbenden und toten Jesus, den Stein in sich beiseiteschaffen.

Ich glaube, gerade deswegen sind die Frauen dann angesichts des fehlenden Leichnams ratlos. Denn als sie sich nicht mehr an den Toten klammern, entschwindet ihnen der gewesene Jesus, ohne daß sie wissen können, was darauf folgt. Ich stelle mir vor, daß der Abschied der Frauen vom toten Jesus eine Leere in ihnen hervorgerufen hat, die sie selbst nicht füllen konnten, die sie aber durchlitten haben. Darin sehe ich auch den inneren Sinn der mehrfachen Überlieferung vom *leeren* Grab. Die Leere erweist sich dann für die Frauen als Voraussetzung für ihre neue Erfahrung des lebendigen Christus, der Fülle des Lebens. Um diese Erfahrung machen zu können, müssen sie sich aber zuerst erinnern. Wörtlich heißt das: alles, was gewesen ist, im Innern gegenwärtig halten; denn dies bleibt die Ausgangsbasis für das Neue. Nur indem sie sich erinnern, können die Frauen ihr Leben mit Jesus in einer neuen Perspektive sehen. Das Sich-Erinnern, das gewiß sehr weh tat, befreite sie davon, Jesus weiterhin im Grab, bei den Toten zu suchen – was die Boten auch getadelt haben: „Was sucht ihr den Lebenden bei den Toten? Hier ist er nicht." Die Frauen erinnern sich, und daraufhin verlassen sie das Grab.

Jetzt beginnt für sie das Neue, das sie auch sogleich tun, indem sie den Jüngern vom auferstandenen, vom lebendigen Jesus berichten. Ihr schwesterliches Verhalten zum toten Jesus war die Chance der Frauen, für eine ganz neue Geschichte mit ihm bereit zu werden. Dieselbe Chance geben sie weiter an ihre Brüder. Sie berichten ihnen „alles", heißt es im Text; „alles" umfaßt die Erfahrung ihrer eigenen inneren Wandlung und die neue Botschaft, die sie daraufhin zu glauben vermögen. Darin sehe ich die dritte Seite ihrer Schwesterlichkeit, daß sie sich auch von der Skepsis und Hartherzigkeit der Mitjünger nicht entmutigen lassen. Diese behandeln die Frauen ja sehr abschätzig – „Weibergeschwätz", sagen sie; und Petrus, der sich lieber selbst vom leeren Grab überzeugt, reagiert daraufhin mit skeptischer Verwunderung. Die Frauen sind offensichtlich trotzdem bei ihrer unerhörten Nachricht geblieben und haben auch den männlichen Jüngern die Tür zu dem neuen Leben mit dem Auferstandenen offengehalten.

Vielleicht wäre die Geschichte des Christentums anders, Jesusgemäßer, menschlicher verlaufen, wenn die Kirchen, statt einer ausschließenden Brüderlichkeit, die mitmenschliche Schwesterlichkeit der Frauen um Jesus zu ihrem Leitsymbol gemacht hätten. Doch ist die Chance ja nicht für immer vertan. Ich meine, wir haben sie gerade jetzt, wo immer mehr christliche Frauen sich zurückbesinnen auf ihre ursprüngliche Kraft der Schwesterlichkeit. Die Schwesterlichkeit könnte sehr wohl in der Zukunft an die Stelle einer Brüderlichkeit treten, die die Hälfte der Christen ungefragt und ungewollt vereinnahmt. Warum sollten wir es nicht versuchen mit der Schwesterlichkeit der Frauen am Ostermorgen, die untereinander nicht konkurrierten und die den Brüdern die Chance gaben, den Stein von ihrer Seele zu wälzen?

Vielleicht denken manche, was das alles zu tun haben soll mit dem Alltag. Im Alltag des Studiums geht es um Studieren und Forschen, um Wissen-Aneignen, Scheine-Machen, Gute-Noten-Bekommen und vielleicht: das Examen bestehen. Für uns Lehrende geht es darum, einen neuen Zipfel der Wahrheit zu entdecken, diese in passende Gedanken und Worte zu kleiden und unter die Leute zu bringen. So wichtig und notwendig all diese Arbeit ist, sie führt oft und schnell zu schärferer gegenseitiger Ausgrenzung. Sie läßt oft den Stein in uns größer und härter werden, und dann begräbt er bald unsere Menschlichkeit und unser Christsein unter sich. Zwar lassen sich auch mit dem Stein auf der Seele enorme Kenntnisse anhäufen. Doch dienen diese *so* dem Leben? Machen sie uns fähig, Auferstehung zu erfahren? Vielleicht verlangt gerade der Wissenschaftsbereich danach, daß wir die Versteinerung in uns beiseiteräumen. Denn das vermag die Versteinerung auch in anderen und in unseren Lebensverhältnissen aufzuweichen. Weder steinerne Gleichgültigkeit noch steinharte Konkurrenz gegen andere, die sich vielleicht zu den vermeintlich Ersten aufschwingen könnten, wird uns fähig werden lassen, die zentrale Erfahrung von Auferstehung zu machen, wie sie von den Frauen am leeren Grab Jesu überliefert ist. Das macht nur der weggewälzte Stein möglich. Ohne den Stein kann auch unsere Fähigkeit zu mitmenschlicher Schwesterlichkeit ans Licht gelangen: Schwesterlichkeit, die nicht ausgrenzt oder vereinnahmt, sondern andere, und zwar alle, die es aus eigener Initiative wollen, an ihr teilhaben läßt. Es mit dieser Schwesterlichkeit doch zu versuchen, möchte ich uns alle einladen: Frauen und Männer, Brüder und Schwestern.

10. Wer vergräbt sein/ihr Talent? Das Gleichnis nach Matthäus (25,14–30) feministisch neu erzählt[45]

14 Es ist wie mit einem Mann, der auf Reisen ging: Er rief seine Diener
und vertraute ihnen sein Vermögen an. 15 Dem einen gab er fünf Ta-
lente Silbergeld, einem anderen zwei, wieder einem anderen eines, jedem
nach seinen Fähigkeiten. Dann reiste er ab. 16 Sofort begann der Diener,
der fünf Talente erhalten hatte, mit ihnen zu wirtschaften, und er ge-
wann noch fünf dazu. 17 Ebenso gewann der, der zwei erhalten hatte,
noch zwei dazu. 18 Der aber, der das eine Talent erhalten hatte, ging
und grub ein Loch in die Erde und versteckte das Geld seines Herrn.
19 Nach langer Zeit kehrte der Herr zurück, um von den Dienern Re-
chenschaft zu verlangen. 20 Da kam der, der fünf Talente erhalten
hatte, brachte fünf weitere und sagte: Herr, fünf Talente hast du mir ge-
geben; sieh her, ich habe noch fünf dazugewonnen. 21 Sein Herr sagte
zu ihm: Sehr gut, du bist ein tüchtiger und treuer Diener. Du bist im
Kleinen ein treuer Verwalter gewesen, ich will dir eine große Aufgabe
übertragen. Komm, nimm teil an der Freude deines Herrn! 22 Dann kam
der Diener, der zwei Talente erhalten hatte, und sagte: Herr, du hast mir
zwei Talente gegeben; sieh her, ich habe noch zwei dazugewonnen.
23 Sein Herr sagte zu ihm: Sehr gut, du bist ein tüchtiger und treuer Die-
ner. Du bist im Kleinen ein treuer Verwalter gewesen, ich will dir eine
große Aufgabe übertragen. Komm, nimm teil an der Freude deines
Herrn! 24 Zuletzt kam auch der Diener, der das eine Talent erhalten
hatte, und sagte: Herr, ich wußte, daß du ein strenger Mann bist; du ern-
test, wo du nicht gesät hast, und sammelst, wo du nicht ausgestreut
hast; 25 weil ich Angst hatte, habe ich dein Geld in der Erde versteckt.
Hier hast du es wieder. 26 Sein Herr antwortete ihm: Du bist ein
schlechter und fauler Diener! Du hast doch gewußt, daß ich ernte, wo
ich nicht gesät habe, und sammle, wo ich nicht ausgestreut habe.
27 Hättest du mein Geld wenigstens auf die Bank gebracht, dann hätte
ich es bei meiner Rückkehr mit Zinsen zurückerhalten. 28 darum
nehmt ihm das Talent weg und gebt es dem, der die zehn Talente hat!
29 Denn wer hat, dem wird gegeben, und er wird im Überfluß haben;
wer aber nicht hat, dem wird auch noch weggenommen, was er hat.
30 Werft den nichtsnutzigen Diener hinaus in die äußerste Finsternis!
Dort wird er heulen und mit den Zähnen knirschen.

Seit ich feministisch zu fühlen und zu denken gelernt habe, macht mir das Gleichnis von den Talenten Schwierigkeiten, und zwar wegen der Bilder, die einer kapitalistischen Wirtschaftsordnung entnommen zu sein scheinen. Bei der Transaktion vom Herrn zu den Knechten geht es um riesige Summen: Ein Talent waren 6000 Drachmen oder Denare; der Tageslohn eines Arbeiters betrug einen Denar – s. das Gleichnis von den Arbeitern im Weinberg (Matthäus 20, 1–16); ein Arbeiter mußte für ein Talent ungefähr 17 Jahre arbeiten; im Jahre 4 n. Chr. betrug das gesamte Jahresaufkommen an Steuern in allen orientalischen römischen Provinzen zusammengenommen 200 Talente. Die Diener, auch der mit nur einem Talent, werden somit zu reichen Leuten gemacht. Und das Gleichnis erweckt den Eindruck: egal, auf welche Weise die drei ihr Geld vermehren, Hauptsache, es vermehrt sich. Ist das nicht das Hauptbestreben des Kapitalismus?

Mir gefiel das nicht mehr, daß in solchen Bildern über das Reich Gottes gesprochen wird. Und außerdem beschreiben diese Bilder eine ganz und gar männliche Welt; denn wieviele Frauen mag es im damaligen Palästina, und selbst im römischen Reich, gegeben haben, die über solche Summen verfügen konnten? Einige vielleicht schon. Und ist es heute auf dem Globus so viel besser bestellt um die Verteilung des Geldbesitzes zwischen Männern und Frauen? Wohl kaum. Die Sprache des Gleichnisses geht an der Lebenswirklichkeit der meisten Frauen vorbei. Was also soll ich als Frau und bei der Arbeit mit Frauen mit solch einem Gleichnis voll männlich-kapitalistischer Vorstellungen anfangen?

Ich wollte es am liebsten beiseitelegen, aber das ging auch nicht. Dagegen sprach zum einen die im Laufe der Jahrhunderte eingetretene Bedeutungsverschiebung für das Wort „Talente", das im heutigen Verständnis nicht das Vermögen in einer bestimmten Geldwährung ausdrückt, sondern Anlagen, Fähigkeiten u. ä., die entwickelt werden wollen. Da hatte sich ja, gewissermaßen unbewußt, schon eine tiefenpsychologische Auslegung des Gleichnisses durchgesetzt; die mußte jetzt eigentlich nur bewußt gemacht und thematisiert werden. Und hatte bei diesem Verständnis das Gleichnis nicht gerade für Frauen viel zu sagen, für Frauen mit oft vielen verschütteten, ja vergrabenen Talenten? Bei einer tiefenpsychologischen Perspektive spricht sogar das schreckliche Urteil des Herrn über den ängstlichen Knecht durchaus eine anthropologische Wahrheit aus, daß nämlich ein Mensch, der sich in seiner Entwicklung zur Ruhe setzt – sein Talent vergräbt –, gerade nicht das bleibt, was er ist, vielmehr in seiner inneren Substanz weniger wird, vorhandenes Vermögen verliert. Der Herr ist dann keine äußere Macht, die willkürlich richtet, sondern die Selbst-Instanz, welche die innere Wahrheit kennt.

Zum anderen gibt es zwei Stellen im Gleichnis – jeweils der Schluß der Verse 21 und 23 –, an denen der Erzähler aus dem geschlossenen kapitalistischen Systemdenken aussteigt; denn der wirkliche „Lohn" für die zwei tüchtigen Diener ist nicht noch mehr Geldvermögen, um weiter damit zu spekulieren, sondern eine große Aufgabe und die Teilhabe an der (Lebens-) Freude dessen, dem sie ihr Vermögen verdanken. Vielleicht besteht die große Aufgabe sogar darin, an dieser Freude teilzunehmen. Diese Stellen machen deutlich, daß die ominösen kapitalistischen Bilder auf eine andere Lebenswirklichkeit hinweisen als die kapitalistische. Und da reizte es mich wiederum, mit Frauen zusammen herauszufinden, ob diese angezielte andere Lebenswirklichkeit auch mit uns als Frauen etwas zu tun haben könnte.

Problematisch blieb für mich jedoch der Schluß des Gleichnisses, auch wenn ich von den Versen 29 und 30 absah, die schweifende Logien sind, also auch an anderen Stellen vorkommen und hier nicht ursprünglich gestanden haben müssen.[46] Denn daß einem, der aus Angst sein Vermögen vergräbt, dieses schließlich weggenommen und dem noch obendrauf gegeben wird, der schon das meiste hat, ist schwer akzeptabel. Hat der arme Teufel nicht sogar besonders gewissenhaft gehandelt? Er ist ja kein Risiko eingegangen, um das, was er besaß, dem ungeschmälert zurückgeben zu können, der es ihm anvertraut hatte. Dennoch geht gerade er am Ende ganz leer aus, und zwar endgültig, ohne die geringste Hoffnung, den Fehler auch nur ein wenig berichtigen zu können.

Da das Gleichnis, wie erwähnt, über eine andere, wie ich meine, über Gottes Wirklichkeit spricht, berührt das aussichtslose Scheitern des dritten Knechtes die Frage nach dem Gottesbild. Auch wenn ich das abschreckende Beispiel dieses Mannes, auf welches das Gleichnis ja hinausläuft, als eine Art erhobenen

Zeigefinger verstehe, der sagt: „Sieh zu, daß es dir nicht so ergeht wie diesem Knecht", so bleibt doch die von Gott, im Gleichnis: von dem Herrn, verhängte Auswegslosigkeit bestehen. Ein Unbehagen bleibt für mich als Frau; denn der Schluß des Gleichnisses weckt den Verdacht, mit der kapitalistischen Bildwahl werde doch etwas vom kapitalistisch-männlichen Geist in die Vorstellung von Gott projiziert, in dem Sinn etwa: Leiste, was du kannst, denn das Reich, die Freude Gottes erlangen nur die, die etwas, ja die eine ganze Menge vorzuweisen haben. Und widerspricht das nicht dem grundlegenden Tenor der Botschaft Jesu, daß das Reich Gottes gerade den Armen, den Unbedarften geschenkt wird?

Schließlich wollte ich doch ausprobieren, welche Erfahrung Frauen mit diesem Gleichnis machen könnten. Ich hatte die Idee, in der Auseinandersetzung mit diesem Text könnten Frauen herausfinden, welche eigenen Talente sie wo vergraben und also noch nicht genutzt haben. Ein erstes Mal versuchte ich das in einem längerfristig angelegten Kurs mit Frauen als Einstieg, in der Hoffnung, die mit Hilfe des Gleichnisses gemachten Entdeckungen könnten zur Ausgangsbasis für das werden, was wir in dem Kurs an neuen Möglichkeiten und Fähigkeiten entwickeln wollten. Es gab in diesem wie auch in späteren Kursen lange und intensive Gespräche über das Gleichnis. In mehreren Gruppen wurde in einer dramatischen Interaktion[47] sogar der ganze kapitalistische Aufbau des Gleichnisses bis zum Exzeß durchgespielt – die Versuche, aus dem Vermögen möglichst viel zu machen, führten teilweise zu völliger Vereinzelung der Beteiligten sowie zu Kommunikationsstrukturen von Unterdrückung auf der einen, der Seite des Herrn, zu Angst und gegenseitigem Sich-Ausspielen auf der anderen Seite. Die Gottesvorstellung des Gleichnisses, vor allem die des Schlusses, wurde zum eigentlichen Punkt des Ärgernisses. In einer Gruppe wurde an mehreren Stellen des Textes eine Umformulierung versucht gemäß den eigenen Erfahrungen. Durch die in dieser Frauengruppe entwickelten Ideen wurde ich dann angeregt, eine neue Fassung des Gleichnisses für Frauen zu schreiben.

Eine angesehene, vermögende Königin hatte drei Töchter. Bevor sie sich auf Reisen begab, beteiligte sie ihre Töchter an ihrem Besitz, damit dieser während ihrer Abwesenheit nicht verkomme.

Der Ältesten gab sie fünf Talente und sagte zu ihr: „Mehre sie nach deinem Können!" Der Zweiten gab sie drei Talente und sagte zu ihr: „Mehre sie, wie du kannst!" Der Jüngsten gab sie ein Talent und sagte zu ihr: „Mehre es, wie du es vermagst!" Dann blieben die Töchter allein.

Die Älteste machte sich sogleich voll Lust an die Arbeit und erwirtschaftete fünf weitere Talente. Der Widerstand ihrer Brüder spornte sie um so mehr an. Fehlschläge entmutigten sie nicht.

Auch die Mittlere begann zuversichtlich ihr Werk, und sie gewann drei weitere Talente hinzu. Der Kampf ihrer Brüder gegen sie machte ihr Angst, und manchmal war sie mutlos. Doch hielt sie stand. Das Vertrauen der Mutter in ihr Vermögen gab ihr große Kraft.

Die Jüngste sah den Erfolg und mehr noch die Mühsal der Schwestern. Die mächtigen Brüder verängstigten sie. So nahm sie ihr Talent und verschloß es, um es zu bewahren.

Nach langer Zeit sehnte sich die Königin nach ihren Töchtern. Sie rief sie zu sich in ihr neues Reich. Alle drei berichteten der Mutter von ihrem Tun. Die Älteste sprach: „Ich habe mit Lust gearbeitet und noch einmal so viel Vermögen erworben, wie du mir geschenkt hast. Ich mußte viele Kämpfe mit den Brüdern und mit mir selbst bestehen. Doch nun bin ich glücklich." Die Königin erwiderte: „Du hast das Reich der Frauen gefunden. Lebe nun hier mit mir."

Die Mittlere sagte: „Meine Arbeit war mühselig und voller Leiden. Daß du mir Kraft gegeben hast, habe ich oft vergessen. Doch ich habe nicht aufgegeben vor meiner Angst. Und nun gehören mir drei weitere Talente. Es ist eine große Freude für mich." Die Königin sprach zu ihr: „Du hast meinen Platz gut ausgefüllt. Genieße nun bei mir die Früchte deiner überwundenen Not."

Die Jüngste nun, klein und schmächtig, sagte mit dünner

Stimme: „Ich war so glücklich über dein Geschenk. Aber die Brüder waren zu mächtig und drohend. Ich fürchtete, mein Talent zu verlieren, darum habe ich es versteckt. Hier ist es, nimm es zurück." Die Mutter entgegnete ihr: „Zurücknehmen kann ich es nicht, es gehört dir für immer. Doch es ist tot. Geh zurück an deinen Platz und fang noch einmal an, auf daß dein Talent lebendig werde und sich mehre. Du wirst als starke und große Frau in das Reich deiner Mutter heimkehren."

Die Tochter machte sich auf den Weg, und sie ging aufrecht und festen Schrittes.

Als der Text fertig war, wußte ich, daß es nur eine vorläufige Fassung war, die sich noch ziemlich eng an das vorgegebene Muster hielt – bis auf den Schluß. Die mit dem Gleichnis gemachten Erfahrungen und mein inzwischen erworbenes Wissen um weit vergangene Stadien einer religiösen Frauengeschichte arbeiteten in mir weiter an einer „schöpferischen Aktualisierung"[48] des Gleichnisses; und nach einigen Wochen hatte sich dann die zweite Fassung herausgearbeitet.

Zweite feministische Version

Eine reiche Königin wurde von ihren Söhnen arg bedrängt. Sie versuchten, den Besitz ihrer Mutter in ihre Gewalt zu bringen, und sie hatten viel Streit.

Da rief die Königin ihre drei Töchter zu sich und übergab ihnen einen großen Teil ihres Vermögens. Ihre Söhne wußten davon nichts. Der ältesten Tochter gab sie fünf Talente, der mittleren drei und der jüngsten ein Talent, jeder nach ihrem Vermögen. Sie sagte zu ihnen: „Mehret eure Talente, wie ihr es vermögt!" Bald darauf wurde die Königin von ihren Söhnen aus dem Lande vertrieben.

Die Töchter fühlten sich sehr einsam und fürchteten sich vor dem Neid ihrer Brüder. Sie wagten es nicht, ihre Talente offen zu zeigen. So blieben diese verborgen. Doch nach einiger Zeit raffte sich die Älteste auf und besprach sich mit ihren Schwestern. Sie taten sich zusammen und wollten ihre Angst vor den Brüdern gemeinsam durchstehen. Sie erwarben ein Haus und wohnten darin; und jede begann, mit ihren Talenten zu arbeiten. Tagaus, tagein mühten sie sich ab mit all ihren Kräften. Wenn eine dem Druck und dem Hohn der Brüder nicht mehr standhalten konnte, so wurde sie von den Schwestern aufgerichtet. Und alle stärkten sich durch die Erinnerung an ihre Mutter und deren Gaben. So gelang es jeder, ihre Talente zu verdoppeln.

Nach langer Zeit erhielten sie Botschaft von der Königin. Die Mutter rief sie voll Sehnsucht in ihr neues Reich. Die Töchter machten sich auf den Weg zu ihr. Und als sie angelangt waren, berichteten sie der Reihe nach von ihren Talenten. Die Königin sprach zu ihnen: „Ihr habt eure Not und Angst überwunden und seid heimgekehrt in das Reich der Frauen. So laßt uns nun mit unser aller Vermögen ein Fest feiern und unser Glück genießen!"

Sie veranstalteten ein großes Gastmahl für alle Frauen, und jede trug etwas dazu bei: die eine köstliche Speisen, die andere den Wein, die dritte Gesang und Musik. Sie saßen lange beisammen in vertrautem Gespräch. Die Türen zum Festsaal ließen sie offen und hofften, daß auch die Söhne und Brüder kommen und ihre Freude teilen möchten.

Beide Versionen haben die Situation von Frauen im Patriarchat im Blick. Beide beziehen sich sowohl auf mögliche Formen und Verhaltensstrukturen einzelner Frauenleben als auch auf die (religiöse) Geschichte des Frauengeschlechts. Im individuellen Bereich bewegt sich die erste Version – den Schluß ausgenommen – in einem emanzipatorischen Rahmen; das meint: die zwei ersten Töchter arbeiten für ihre Gleichberechtigung mit patriarchalen Methoden: Leistung, Kampf, Rückschläge, Erfolg; die dritte Tochter verkörpert den Typ der patriarchal domestizierten Frau, die aus Angst und Minderwertigkeitsgefühlen unter dem Niveau ihrer Fähigkeiten und Möglichkeiten lebt. Allerdings scheitert sie daran nicht wie der dritte Diener im biblischen Gleichnis; die zweite Chance, die sie erhält, weckt zugleich ihre Kraft, diese erfolgreich wahrzunehmen.

In der zweiten feministischen Version tritt die emanzipative Intention zurück hinter die schöpferische Umgestaltung der den Töchtern vorgegebenen patriarchalen Lebenssituation. Damit verlassen sie ihre Vereinzelung, und infolgedessen erscheint das Scheitern der dritten Tochter nicht mehr als negative Möglichkeit. Die drei Schwestern sind auch nicht mehr nur auf die Anstrengung ihrer eigenen Befreiung konzentriert, sondern verhalten sich offen einladend zu denen, die ihnen das Leben so schwer gemacht haben.

Die beiden Versionen von individuellen Befreiungsbestrebungen der Frauen stehen für mich nicht im Verhältnis von Konkurrenz oder gar Auf- bzw. Abwertung zueinander. Beide Formen des Befreiungshandelns wollen vielmehr als wichtig, ja unter den immer noch herrschenden patriarchalen Lebensbedingungen auch als notwendig verstanden werden.

Die im eigentlichen Sinn religiöse Zielaussage der Gleichnisversionen liegt auf der Ebene der Religions- und Weltgeschichte. Beide gehen aus von Zeiten der Frauen-Autonomie – in patriarchaler Sicht als *Vor*geschichte, also als noch nicht zur richtigen Geschichte gehörend, deklariert –, führen über die Unterdrükkung der Frauen und ihre Befreiungskämpfe bis zur Vision von einem neuen, humanen Zusammenleben. Hintereinander gelesen, können die beiden Versionen als aufeinanderfolgende Phasen in dieser Frauengeschichte aufgefaßt werden. Dabei hat die zweite Version für mich etwas utopisch Prophetisches bzw. Eschatologisches, bietet als solches aber ein Gegenbild zum Eschatologischen des biblischen Gleichnisses.

Der religiöse Duktus der feministischen Fassungen ist am deutlichsten in der Königin präsent. Sie vertritt das weibliche Gottesbild, für das es im Christentum keinen Anhalt mehr gibt, das aber in archaischen Kulturen und Religionen des vorderen und mittleren Orients, in den Zeiten der sogenannten Vorgeschichte, überall verbreitet war, das Werte und religiöse Symbole von Frauen und Männern und für beide Geschlechter repräsentierte. Der Königin sind daher im Gleichnis die Talente der Frauen zu verdanken – und das besonders in der beim biblischen Gleichnis beschriebenen tiefenpsychologischen Bedeutung. Die zweite feministische Version insbesondere setzt ein mit dem männlichen Kampf gegen das weibliche Gottesbild. Da die in diesem Bild symbolisierte Lebenswirklichkeit und Kraft von Frauen gegenwärtig wiederersteht, ist das Verschwinden des weiblichen Gottesbildes nicht als dessen Zerstörung, sondern als Reise bzw. als Vertreibung der Königin aufgefaßt.

Im mittlerweile häufigen Besprechen der feministischen Gleichnis-Versionen hat bei Frauen am meisten Zustimmung das veränderte Schicksal der dritten Tochter gefunden. Das ausweglose Scheitern, gar Verdammen von Menschen scheint in den Vorstellungen von Frauen nicht beheimatet zu sein. Ich selbst vermute, daß dies mit der noch weithin unbewußten, aber mehr und mehr bewußt werdenden Erinnerung an die Vermögen schenkende Königin, an die Leben gewährende Göttin zusammenhängt.

11. Weihnachten – Herausforderung durch die Frau[49]

In Westfalen/Deutschland besuchen noch 3,5 Prozent evangelische, in der (alten) Bundesrepublik nur noch 20 Prozent katholische Christen und Christinnen regelmäßig den Gottesdienst. Einmal im Jahr aber sind die Kirchen voll: an Weihnachten. Da strömen Menschen hinein, die vielleicht nur dieses eine Mal im Jahr religiös sind. Gewiß mag da der „holde Knabe im lockigen Haar", die Hoffnung auf ein Neuwerden des Lebens, die mit jedem neugeborenen Kind aufscheint, Menschen anziehen. Oder es mag eine nostalgische Sehnsucht nach der eigenen Kindheit der Motor sein. Doch so wenig der Rausch des Schenkens den „Frieden auf Erden", oder auch nur in den Familien, schaffen kann, so wenig kann das Christ-Kind unabgegoltenes Kindheitsglück ersetzen. Die Geburt des göttlichen Kindes wird in den Kirchen zwar stimmungsvoll gefeiert, und unbestimmte Sehnsüchte können dabei für den Augenblick befriedet werden. Doch wird das nicht lange vorhalten und führt „alle Jahre wieder" an denselben Punkt.

Die an die Geburt des Kindes geknüpften göttlichen Verheißungen lassen vielleicht auch übersehen, daß die Geschichten, die von ihm und seinem Leben im Evangelium überliefert werden, eher eine Herausforderung als eine Beruhigung sind, für die einzelnen Menschen wie für die Völker der Welt. Daß da ein Kind sein Leben als Randexistenz der Gesellschaft beginnt, daß es sogleich politischen Widerspruch erregt, daß sein Leben nur durch die Flucht vor dem Zugriff des Machthabers Herodes gerettet werden kann und daß dieses Kind als Erwachsener durch Gewalt um sein Leben gebracht wird, ist keine Idylle. Diese Weihnachtsgeschichte muß dazu herausfordern, solche Kinder- und Menschenschicksale, in der Weltgeschichte immer wieder hergestellt, zu verhindern.

Es gibt auch verschüttete seelische Bedürfnisse, die nicht mehr recht benannt und durch vage Gefühle nicht gestillt werden können, die eines herausfordernden Anrufs bedürfen, um zu ihrem Ziel gelangen zu können. Weihnachten enthält noch eine Herausforderung, von der ich sprechen will; es ist die der Mutter des Kindes. Es gibt kein anderes Christusfest, bei dem Maria so im Mittelpunkt steht wie Weihnachten. Es ist das Fest der Frau, ohne die es nicht das Fest des Kindes wäre. In den Kirchen wird die Mutter meist hinter das Kind zurückgestellt, auch wenn sie als Muttergottes gepriesen und in der katholischen Kirche als jungfräuliche Mutter über alle Frauen erhoben wird. Doch daß sie als Jungfrau und Mutter zugleich gilt und dies als biologische Tatsache verkündet wird, dürfte am Ende des 20. Jahrhunderts eher belächelt werden.

Auch ist es heikel, davon zu sprechen; denn reformatorische Christinnen und Christen weisen dies vielleicht als Zumutung zurück. Und mit dem Vorbild Maria ist, zusammen mit dem Gegenbild der Verführerin Eva, christlichen Frauen viel Schlimmes zugefügt worden: sie sind auf die Mutterschaft und den Lebenskreis der Familie eingeengt worden; mit der reglementierten und abgewerteten weiblichen Sexualität wurden in Frauen jahrhundertelang tiefe Schuldgefühle erzeugt u. a. m. Um so erstaunlicher ist es, daß Maria seit einigen Jahren von Frauen wiederentdeckt wird, zumal von evangelischen. So ist es an der Zeit, neben dem göttlichen Kind die Frau, die Weihnachten ermöglicht hat, einmal genauer anzuschauen.

Es ist nämlich eine andere Maria, die von Frauen wiedergefunden wird, eine in den Kirchen übersehene, aber im Evangelium seit 2000 Jahren anwesende. In der biblischen Weihnachtsüberlieferung – besonders den ersten zwei Kapiteln im Lukasevangelium – wird gerade die Jungfrau als die gezeigt, die in eigener Verantwortung über ihr Leben entscheidet und die handelt, ohne eine Autorität zu fragen, wie es für eine junge Frau zur Zeit des Lukas selbstverständlich gewesen wäre. Keine Angst vor einem von den geltenden Normen abweichenden Leben befällt sie bei der Engelsbotschaft, die ihre innerste Erfahrung ausspricht, das Kind in ihrem Leib werde Gott in dieser Welt anwesend machen. Auch wenn die Erzählungen nicht einfach ein historisch nachzuweisendes Geschehen wiedergeben, so zeigen sie doch in einem bewegenden Symbol eine Frau, die, ihrer selbst mächtig und ihres Erfülltseins mit göttlichem Geist bewußt, es wagt, durch diese seelische Erfahrung auch ihr äußeres Leben von Grund auf umkehren zu lassen.

Ja mehr noch, ihr wird die Kühnheit zugeschrieben, eine Vision vom göttlichen Frieden in der Welt zu entwerfen. Der Evangelist läßt die Jungfrau einen Befreiungsgesang anstimmen, als sie Elisabeth, die andere Frau in Hoffnung, besucht. Das Magnifikat, zwar zusammengefügt aus bekannten Worten des Alten Testaments, verkündet doch Unerhörtes: die Entmachtung der Reichen und Mächtigen und die Befreiung der Armen und Geknechteten. Daß solch ein Traum keine Spinnerei ist, sondern sogar unverhofft zu einer politisch befreienden Kraft werden kann, haben wir bei den östlichen Nachbarstaaten miterlebt. Wer hätte es für möglich gehalten, daß Freiheit und Menschenwürde durch eine friedliche Umwälzung für ganze Völker gewonnen werden kann! Angesichts dieser Erfahrung sollte auch gefragt werden, was es bedeutet, daß an der Schwelle des Christentums eine große Freiheits- und Friedensvision einer Frau zugeschrieben wurde.

In der Bibel jedenfalls wird deutlich, daß die Jungfrau Maria nicht als die bescheidene Magd verstanden ist, als die sie so oft hingestellt wurde. Vielmehr stellt das Evangelium sie in ihrer Eigenständigkeit und Stärke als Partnerin Gottes dar, die Gottes Interessen in der Welt vertritt. Und als erste Befreite, als eine aus den Zwängen einer patriarchalen Gesellschaft und Religion befreite Frau – von dieser singt ein großer Teil des Magnifikat – beginnt sie, mit ihrer Gotteserfahrung Geschichte zu machen. Zwar vielfach durch die Jahrhunderte als jungfräuliche Gottesmutter in Menschen- und Weltenferne gerückt, ist sie immer wieder als die Befreite aufgetaucht, die Kraft zur Befreiung gibt, auch zu politischer: so wird sie in Lateinamerika, so auch in Polen gesehen, von Frauen und von Männern. So wird sie zur Hoffnung für christliche Frauen heute, daß sie in ihrem eigenen Gesicht das Ebenbild Gottes finden, das nicht mehr durch männliche Bilder von der Frau entstellt ist.

Kurt Marti, ein Mann und evangelischer Pfarrer, hat das Anwesendsein Marias in der Geschichte als Symbol der Befreiung in einem Gedicht besungen, es endet: „und sie war und sie ist / vielleibig vielstimmig / die subversive hoffnung / ihres gesangs“ . In der Kunst ist Maria oft dargestellt worden als aufrechte Frau, die ihr Kind mehr den Schauenden zeigt als es an sich drückt. In ihr ist die starke und selbstbewußte Jungfrau zu erkennen, die sich aus freien Stücken der Verwirklichung des Friedens zur Verfügung gestellt hat. In dieser Jungfrau schimmert ein uraltes Menschheitssymbol durch, das in den vorchristlichen Religionen von der jungfräulichen Göttin verkörpert wurde. So alt und so dauerhaft wie es ist, läßt es auf eine tiefe menschliche Sehnsucht schließen. Vielleicht läßt sich am Fest von Gottes Friedenswillen unter dem Schutt von Sentimentalitäten diese echte Sehnsucht wieder ausgraben. Es kann sich lohnen, die in der Frau erscheinende Herausforderung von Weihnachten anzunehmen.

12. Maria Magdalena – Phantasie und Wirklichkeit[50]

Wenn ich versuche, mich Maria Magdalena zu nähern, so muß ich mir zuerst klar darüber werden, welches Bild von ihr in Köpfen und Herzen aufgehängt (worden) ist. Und dann muß ich ihr Bild im Neuen Testament von dem Firnis befreien, der von männlichen Autoren und Überlieferern aufgetragen worden ist, damit ihr wahres biblisches Bild hervortreten kann. Und dann will ich suchen, ob nicht in tieferen Schichten der Überlieferung Züge der Maria Magdalena erhalten sind, die der männlichen Umgestaltung entgangen sind. Um solche aufspüren zu können, wende ich die tiefenpsychologische Betrachtung an, durch die das, was im Überlieferungsprozeß ins Dunkel des Unbewußten abgedrängt worden ist, wieder sichtbar gemacht werden kann. Zuerst also: Welches Bild stellt sich zum Namen Maria Magdalena ein?

Die phantasierte Maria Magdalena

Bei Umfragen, die ich gemacht habe, was zu dem Namen spontan einfällt, erhielt ich von Theologie-Student/innen bis zu kirchlich distanzierten Menschen nahezu die gleichen Antworten: Sie ist die Sünderin und Büßerin, und bei letzterer wurde oft hinzugefügt: die Jesus die Füße salbt. So ist Maria Magdalena auch aus vielen Darstellungen in der Kunst bis in die Neuzeit hinein bekannt; dabei erscheint sie oft auch als attraktive, verführerische Frau. Vom biblischen Befund aus betrachtet, ist die Sünderin und Büßerin jedoch eine Verfälschung, wahrscheinlich keine bewußte, deshalb aber eine um so signifikantere. Oberflächlich betrachtet liegen die Gründe dafür in der Bibel selbst. Die Sünderin ist zusammengeflossen aus drei verschiedenen biblischen Frauen:

- der namenlosen Sünderin, die Jesus die Füße salbt (*nur* bei Lukas 7,36–50); auf diese Geschichte folgt unmittelbar die von der Heilung der Maria durch Jesus;
- der ebenfalls namenlosen Frau, die Jesus in Betanien vor seinem Leiden das Haupt salbt, Markus 14,3–9 und Matthäus 26,6–13;

– Maria aus Betanien, Schwester von Marta und Lazarus, die Jesus die Füße salbt, aber nicht Sünderin genannt wird, Johannes 12, 1–8.

Die Sünderin dürfte aus der Mitteilung entstanden sein, Jesus habe Maria von sieben Dämonen, das heißt von einer starken Besessenheit befreit (Lukas 8, 2). Und da die gerade vorher erwähnte Sünderin wohl von Anfang an als Prostituierte verstanden worden ist, konnten in die befremdliche psychische Erkrankung Marias leicht erotisch-sexuelle Phantasien projiziert und ihre Krankheit als sexuelle Besessenheit aufgefaßt werden. Aus der Auffassung von Maria Magdalena als Büßerin ist zu erschließen, daß ihre Heilung durch Jesus eher als Sündenvergebung verstanden wurde, was ebenfalls nur auf Lukas 7 zurückgehen kann, aber keinen Anhalt bei der biblischen Gestalt der Maria hat. Es ist ein erstaunliches Phänomen, das in der Theologie so gut wie gar nicht aufgefallen ist, daß in der Christentumsgeschichte und auch außerhalb davon die reale biblische Maria im Untergrund verschwunden ist und sich stattdessen die phantasierte Maria Magdalena im Bewußtsein durchgesetzt hat. Wie läßt sich das erklären?

Das Phänomen ist aus sich heraus tiefenpsychologisch relevant, denn es zeigt eine völlige Verdrängung, ein Unsichtbarmachen sowohl von weiblichen Werten als auch einer realen Frau in der Kirche an. Da (schriftliche) Abfassung wie Auslegung der christlichen Botschaft auf Männer zurückzuführen sind, die bereits in der zweiten Hälfte des ersten Jahrhunderts zur Kirchenherrschaft gelangt waren, kann das Bild von der Sünderin und Büßerin Maria Magdalena auch nur aus den Phantasien von Männern entstanden sein. Wie ist dieser Vorgang aus tiefenpsychologischer Sicht zu verstehen?

In der zur Sünderin und Büßerin abgewerteten Frau zeigt sich die Abwehr des (mit)bestimmenden Einflusses dieser von Jesus bevorzugten Frau. Da die Jünger die von Maria verkörperten und von Jesus offensichtlich geschätzten weiblichen Werte bei sich selbst nicht entwickelt und sie aus den anfänglichen kirchlichen

Strukturen schon bald wieder verdrängt hatten, wurden diese, gewissermaßen durch die psychologische Hintertür, als etwas Negatives in die Gestalt der Maria Magdalena hineinphantasiert. Dieser Vorgang folgte dem tiefenpsychologischen Gesetz, daß alles, was entwickelt und gestaltet werden müßte, stattdessen aber verdrängt und abgespalten wird, sich in entstellter Form durchsetzt. Für die männliche Psyche heißt das, daß die bestimmenden Männer in der frühen Kirche, die nicht bereit waren, Weibliches in sich selbst zu gestalten, wie sie es an Jesus hätten lernen können, dieses unbewußt auf die realen Frauen projizierten und insbesondere auf die, denen Jesus sich zugewandt hatte, und unter diesen wiederum besonders auf Maria Magdalena. Die so phantasierte menschliche Abwertung der Maria und anderer einflußreicher Frauen in den Gemeinden mußte im Lauf der Zeit immer mehr für die Realität dieser und anderer Frauen gehalten werden; und daraus wiederum konnten Kirchenmänner das Recht ableiten, Frauen auf ihrem minderwertigen Platz festzuhalten.

So hat der an der Gestalt der Maria Magdalena offenbar werdende Prozeß der Verdrängung des Weiblichen bei den führenden Männern der frühen Kirche zur Folge gehabt, daß das Christentum eine männliche Religion geworden ist. Wenn nun Frauen heute versuchen, die wirkliche Maria Magdalena wiederzuentdekken, so stellt das die heutigen Kirchen vor die Frage, ob sie mit ihrer männlichen Dominanz, psychisch und gesellschaftlich, nicht von dem abgewichen sind, was für das Leben und die Verkündigung Jesu wesentlich war und deshalb nicht hätte aufgegeben werden dürfen.

So will ich jetzt versuchen, das wahre biblisch überlieferte Bild der Maria Magdalena kurz nachzuzeichnen.

Die wirkliche Maria von Magdala

Schon mit dieser Benennung, Maria von Magdala, die ihre Herkunft aus einem Städtchen am See Gennesaret in Galiläa bezeichnet, verliert diese Gestalt das Zwielichtige der Phantasie von der

Sünderin und Büßerin. Schauen wir in die Evangelien, so wird zwar nicht viel, aber Wichtiges von ihr überliefert. Maria nimmt unter allen Frauen, von denen in den Evangelien die Rede ist, eine hervorgehobene Stellung ein. Sie gehört der Gruppe von Frauen an, die, wie die männlichen Jünger, als Jüngerinnen mit Jesus durchs Land gezogen sind. In allen Texten, in denen Jüngerinnen genannt werden, steht Maria von Magdala an erster Stelle:

- bei der Kreuzigung: Markus 15,40–41 und Matthäus 27,55–56 und Lukas 23,49 und Johannes 19,25–27. Nur bei Johannes sind, offenbar nachträglich, die Mutter Jesu und deren Schwester vor Maria von Magdala gestellt worden;
- bei der Grablegung Jesu: Markus 15,47 und Matthäus 27,61; bei Lukas 23,55–56 werden die Frauen als Gruppe, ohne Namen genannt;
- am Ostermorgen: Markus 16,1–8 und Matthäus 28,1–8 und Lukas 24,1–11; Johannes 20,1.11–18.

Daß die besondere Stellung Marias in der Jünger- und Jüngerinnengruppe etwas mit Macht und hierarchischen Formen zu tun gehabt hätte, dafür gibt es keine Anhaltspunkte. Vielmehr hat ihre Heilung ihre besondere Nähe zu Jesus begründet. In dem Bericht von ihrer Heilung, der als Berufungsgeschichte verstanden werden kann, Lukas 8,1–3, heißt es von ihr sehr konkret, Jesus habe sie von sieben Dämonen befreit, während von den anderen Frauen, die Jesus begleiten, an dieser Stelle nur gesagt wird, sie seien von Krankheiten und Dämonen geheilt worden. Marias Besessenheit war offenbar eine schwere seelische Krankheit, und durch deren Heilung ist sie Jüngerin Jesu geworden. Wenn wir bedenken, daß Maria durch ihre Heilung aus einer doppelten Isolation befreit wurde – aus der normalen einer Frau in einer patriarchalen Gesellschaft und der zusätzlichen, durch die schwere seelische Störung bewirkten –, dann wird nachvollziehbar, daß Jesus ihr mit der Heilung ein volles menschliches Leben ermöglicht, ihr ihre Menschenwürde zurückgegeben hat. Die Erfahrung, sowohl aus der seelischen Zerrissenheit wie aus der sozialen Ausgrenzung befreit zu sein, muß eine ihr Leben von

Grund auf verändernde Erfahrung gewesen sein. Diese Veränderung hat sie offenbar auch dazu befähigt, eine Lebensform zu wählen, die für eine Frau in ihrer Gesellschaft nur als anstößig gelten konnte. Indem sie mit Jesus und der Jünger/innen/gruppe umherzog und ihr Vermögen für das gemeinsame Anliegen ausgab, löste sie sich aus dem familiären Bereich, dem einzigen, der einer jüdischen Frau menschliche und soziale Sicherheit geben konnte. Sie löste sich damit aber auch aus den engen Einschränkungen, denen sie als Frau unterworfen war. Und Jüngerin zu sein, hieß zudem nicht nur, Anteil zu haben an dem von Jesus verkündigten Heil, sondern am kommenden Heil selbst mitzuwirken.

Im Vergleich zur Berufung der männlichen Jünger zeigt sich bei der Marias ein bemerkenswerter Unterschied. Die Jünger holte Jesus sich von der Arbeit weg, vom Fischen oder von der Zollstelle; oder sie wurden durch Brüder und Freunde, die sich Jesus schon angeschlossen hatten, angezogen. Es wird nicht überliefert, daß ein Mann aufgrund einer Heilung Jünger Jesu geworden sei. Für die Jünger war der Anschluß an Jesus eine Art Berufswechsel. Für Maria bedeutete er die Möglichkeit einer vollen Menschwerdung durch die Beziehung zu einem geliebten Menschen. So ist nicht vorstellbar, daß Marias Jüngerinsein auf religiösem Tatendrang beruhte oder auf dem Wunsch nach Umsturz der Verhältnisse oder auf einem Sendungsbewußtsein – alles Impulse, die von männlichen Jüngern überliefert sind. Ihre persönliche Nähe zu Jesus, die aus der Szene ihrer Begegnung mit dem Auferstandenen (Johannes 20) aus dem geradezu zärtlichen Fluidum erschlossen werden kann, stellt auch die Grundlage für ihre hervorgehobene Stellung in der frühen Kirche dar.

Marias besondere Beziehung zu Jesus spiegeln insbesondere die Auferstehungstexte wider. Auffallend ist schon, daß sie in beiden Formen von Osterüberlieferungen in den Evangelien vorkommt: in den Geschichten vom Auffinden des leeren Grabes und in Erscheinungserzählungen. Das ist von keiner andern überlieferten Person in dieser Breite der Fall. Der biblische Befund ergibt, daß Maria von Magdala im Osterzeugnis stärker verankert ist als die andern Zeugen. In allen Erzählungen vom leeren Grab kommt sie vor, während die Frauen, die bei ihr sind, bei den verschiedenen Evangelisten unterschiedlich überliefert werden. In drei Texten von Erscheinungen des Auferstandenen bei drei Evangelisten – Markus, Matthäus und Johannes – wird berichtet, daß Maria als erste den auferstandenen Jesus gesehen hat, daß sie von ihm den Auftrag erhielt, dies den Jüngern zu verkünden, und daß sie dies getan hat. Dieser Befund hätte in der entstehenden Kirche eigentlich Folgen haben müssen; denn „Zeuge der Auferstehung (Jesu) zu sein", ist sowohl nach Paulus (1 Korinther 15) als auch nach Lukas (Apostelgeschichte 1) ein wichtiges Merkmal des Apostels. Maria von Magdalena ist aber nicht zur Apostolin geworden, bzw. wahrscheinlich ist sie es anfänglich gewesen, aber in dieser Stellung bekämpft und schließlich aus ihr verdrängt worden. Als Erstzeuge hat sich, entgegen dem Ablauf der Osterereignisse, Petrus durchgesetzt.

Die Erfahrungen Marias und die weiblichen Werte, die sie verkörpert, sind aber in den Evangelien nicht ganz verloren gegangen; sie sind nur in den Untergrund abgesunken, aus dem sie mit einer tiefenpsychologischen Betrachtung hervorgeholt werden können. Dazu eignet sich die Ostergeschichte bei Johannes.

Die Auferstehung der Maria von Magdala
Johannes 20,1–18,21

1 Am ersten Tag der Woche kam Maria von Magdala frühmorgens, als es
noch dunkel war, zum Grab und sah, daß der Stein vom Grab weggenom-
men war. 11 Maria aber stand draußen vor dem Grab und weinte. Wäh-
rend sie weinte, beugte sie sich in die Grabkammer hinein. 12 Da sah sie
zwei Engel in weißen Gewändern sitzen, den einen dort, wo der Kopf, den
anderen dort, wo die Füße des Leichnams Jesu gelegen hatten. 13 Die En-
gel sagten zu ihr: Frau, warum weinst du? Sie antwortete ihnen: Man hat
meinen Herrn weggenommen, und ich weiß nicht, wohin man ihn gelegt
hat. 14 Als sie das gesagt hatte, wandte sie sich um und sah Jesus daste-
hen, wußte aber nicht, daß es Jesus war. 15 Jesus sagte zu ihr: Frau, warum
weinst du? Wen suchst du? Sie meinte, es sei der Gärtner, und sagte zu
ihm: Herr, wenn du ihn weggebracht hast, sag mir, wohin du ihn gelegt

hast. Dann will ich ihn holen. 16 Jesus sagte zu ihr: Maria! Da wandte sie
sich ihm zu und sagte auf hebräisch zu ihm: Rabbuni!, das heißt: Meister.
17 Jesus sagte zu ihr: Halte mich nicht fest; denn ich bin noch nicht zum
Vater hinaufgegangen. Geh aber zu meinen Brüdern und sag ihnen: Ich
gehe hinauf zu meinem Vater und zu eurem Vater, zu meinem Gott und
zu eurem Gott. 18 Maria von Magdala ging zu den Jüngern und verkün-
dete ihnen: Ich habe den Herrn gesehen. Und sie richtete aus, was er ihr
gesagt hatte.

2 Da lief sie schnell zu Simon Petrus und dem Jünger, den Jesus liebte,
und sagte zu ihnen: Man hat den Herrn aus dem Grab weggenommen,
und wir wissen nicht, wohin man ihn gelegt hat. 3 Da gingen Petrus und
der andere Jünger hinaus und kamen zum Grab; 4 sie liefen beide zusam-
men dorthin, aber weil der andere Jünger schneller war als Petrus, kam er
als erster ans Grab. 5 Er beugte sich vor und sah die Leinenbinden liegen,
ging aber nicht hinein. 6 Da kam auch Simon Petrus, der ihm gefolgt war,
und ging in das Grab hinein. Er sah die Leinenbinden liegen 7 und das
Schweißtuch, das auf dem Kopf Jesu gelegen hatte; es lag aber nicht bei
den Leinenbinden, sondern zusammengebunden daneben an einer beson-
deren Stelle. 8 Da ging auch der andere Jünger, der zuerst an das Grab ge-
kommen war, hinein; er sah und glaubte. 9 Denn sie wußten noch nicht
aus der Schrift, daß er von den Toten auferstehen mußte. 10 Dann kehr-
ten die Jünger wieder nach Hause zurück.

Die Verse 2–10 sind ein späterer Einschub in die Geschichte der Maria von Magdala am Grab Jesu; das Zwischenstück kann, ohne daß es einen Bruch gibt, herausgenommen werden; es wird bei dieser Auslegung nur am Rande berücksichtigt.

Das Auffinden des leeren Grabes und die Begegnung Marias mit dem Auferstandenen sind in dieser Erzählung eng miteinander verbunden. Zudem wird sie ganz aus der Perspektive Marias, nicht aus der des Auferstandenen erzählt. Daraus läßt sich schließen, daß die Überlieferer nicht objektive Mitteilungen machen über das, was mit dem toten Jesus über seinen Tod hinaus geschehen ist. Es geht offenbar vielmehr darum, was die Zurückgebliebenen jenseits des Todes Jesu an eigener Veränderung erfahren haben, wie ihre Geschichte mit dem gekreuzigten Jesus auf eine andere Art neu begonnen hat. Insofern kann hier von einer Auferstehungsgeschichte der Maria von Magdala gesprochen werden. Die Geschichte stellt verschiedene Phasen eines Prozesses dar, die durchlaufen werden müssen, wenn ein so schwerer Verlust, wie Maria ihn mit dem Tod ihres Freundes Jesus erlitten hat, verarbeitet werden soll. Solch ein Prozeß erstreckt sich stets über längere Zeit; die Geschichte erzählt ihn jedoch in ein Ereignis zusammengedrängt, verdichtet. Und das ist eine symbolische Darstellungsweise. Wenn wir heute noch Zugang finden wollen zu dieser Anfangserfahrung des Glaubens, wie sie von Maria von Magdala überliefert ist, müssen wir den seelischen Prozeß aus der Verdichtung auseinanderfalten; dies versucht die tiefenpsychologische Auslegung.

Maria macht in dieser Erzählung einen Trauerprozeß durch, der damit beginnt, daß sie zum Grab geht und die Verbindung mit dem toten Jesus aufrechtzuerhalten versucht. Das bedeutet, daß sie, obwohl sie das Sterben Jesu real gesehen hat, ihn noch nicht hat sterben lassen können. Erst wenn sie sich nicht mehr an das vergangene Leben mit Jesus klammert, erst wenn sie nicht mehr im Leichnam die vermeintliche Nähe Jesu sucht, sondern das Wissen um seinen Tod bis in die tiefsten seelischen Schichten gedrungen ist, kann jenseits des Todes ein neues Leben mit Jesus beginnen. Maria setzt sich diesem Prozeß aus; weder verdrängt sie das Leiden um den toten Jesus, noch resigniert sie. Der seelische Vorgang, der sich in ihr abspielt, wird in der Geschichte als äußeres Geschehen dargeboten; das psychische Geschehen schafft sich einen Ausdruck auf der Ebene der äußeren Realität. Mit dieser symbolischen Sprechweise setzt die Erzählung sogleich ein, indem sie Maria zum Grab gehen läßt, „als es noch dunkel war" (V. 1) – dunkel in Maria selbst. Die Grabesgeschichten bei Markus und Matthäus haben bereits das aufgehende Licht im Blick und spiegeln damit einen späteren Schritt im Trauerprozeß der Frauen.

Im Vergleich aller Osterüberlieferungen fällt dann auf, daß nur von Maria von Magdala (bei Johannes) erzählt wird, daß sie am Grab weint; und zwar wird es gleich viermal erwähnt: zweimal feststellend (V. 11) und zweimal als Frage an sie (VV. 13.15). Im Weinen äußert sich die Todesfinsternis, in die der Tod Jesu sie gestürzt hat. Bei den andern Frauen kann deren Trauer erschlossen werden aus ihrem Verhalten, vom Kreuz bis zum leeren Grab. Bei den Männern wird Trauer nur von den Emmausjüngern (Lukas 24) überliefert. Und in dem Einschub bei Johannes (20, 2–10), in dem Petrus und der andere Jünger zum Grab laufen, ist nicht einmal ein Anflug von Trauer zu erkennen; hier steht das Konkurrenzverhalten im Vordergrund der Geschichte. Von Maria allein wird überliefert, daß sie die Trauer um den toten Jesus ganz durchlebt, daß sie sich dem Schmerz voll aussetzt. Von beidem wissen wir, daß es die Voraussetzung ist, um Schmerz und Trauer über den Verlust eines geliebten Menschen schließlich zu verwandeln in eine neuartige Beziehung zu diesem Menschen jenseits des Grabes. Das mit einem Menschen gelebte Leben, das durch den Tod beendet wird, muß auch seelisch untergehen im Trauerschmerz, damit Auferstehung möglich wird zu einem neuen, einem anderen Leben mit ihm.

Ein weiterer Schritt auf diesem Weg sind die Gespräche, die Maria führt: auf der äußeren Realitätsebene mit den Boten im Grab, mit dem vermeintlichen Gärtner, mit Jesus selbst. Die Frauen in den anderen Grabesgeschichten hören nur, was ihnen verkündet wird; und Petrus und der andere Jünger sehen im Grab nicht einmal einen Boten, sie sehen nur die Tücher. Marias Gespräche sind in Wirklichkeit ein innerer Dialog; sie spricht gewissermaßen mit ihren inneren Boten. Und dieses Sprechen zeigt, daß sie im Leiden nicht seelisch erstarrt ist, wie das wohl von den meisten männlichen Jüngern angenommen werden muß, von denen vor allem Resignation, Rückzug, Angst, Türen-Zumachen berichtet wird. Marias Schmerz ist geradezu ihre seelische Lebendigkeit, die sie das Grab Jesu anders sehen läßt als Petrus und den anderen Jünger. Von außen betrachtet ist die an Maria gestellte Frage: „Frau, warum weinst du?" eigentlich unsinnig; denn es ist ja klar, warum sie an einem frischen Grab weint. Die Fragen haben nur Sinn als Ausdruck seelischer Wandlung. In dem inneren Dialog traut sich Maria gewissermaßen immer mehr, ihren Verlust genau anzuschauen; und in ihren Antworten benennt sie den Grund ihrer Trauer: der geliebte Herr ist nicht mehr da. Dieser Teil der Geschichte ist treffend wie ein Stück therapeutischer Arbeit beschrieben, bei der Schritt für Schritt das Erleben von Sterben und Tod ins Bewußtsein aufgenommen und so als eigene Wirklichkeit angenommen wird. Daß Maria dies tut, bedeutet ihre Chance, den Tod ins Leben hinein zu verwandeln, auch wenn sie im Gespräch selbst noch keinen Blick über den Tod Jesu hinaus schafft: auf die Fragen antwortet sie beide Male, daß sie nicht wisse, wo ihr Herr sei; sie gesteht sich ihre völlige Hilflosigkeit ein.

Doch indem sie dem allmählichen Innewerden des Todes Jesu nicht ausweicht, enthüllt sich das wahre Gesicht ihres seelischen Gegenübers, mit dem sie schon die ganze Zeit spricht, ohne es noch zu wissen. Durch das Gespräch schreitet ihre innere Wandlung fort, so daß sie das seelische Gegenüber als die Gegenwart Jesu erkennt; und sogleich verschwindet die Täuschung, sie spreche mit dem Gärtner. Es ist auch denkbar, daß sie realiter mit dem Gärtner spricht und daß sie durch dessen Anhören ihrer Klage der Gegenwart Jesu inne wird. In diesem Moment stellt sie sich der vollen Wahrheit, daß Jesus tot ist. Offenbar hatte Maria mit den männlichen Jüngern zunächst die Vorstellung geteilt, daß der Tod Jesu endgültig sei und deshalb auch ihre an Jesus geknüpften Hoffnungen begraben seien. Aber Maria gelingt es als Erster, aus der Täuschung, der Tod sei das Ende, herauszukommen. Das ist ihr wohl deswegen möglich geworden, weil Jesus ihr innerlich gegenwärtig geblieben ist, anders als die skeptischen Jünger, die nach der Überlieferung den toten Jesus offenbar abgeschrieben hatten. Maria dagegen hat ihre lebendige liebevolle Beziehung zu Jesus durch den Tod durchgetragen, wie ihre tiefe Trauer zeigt.

Die Verwandlung ihrer Trauer gipfelt dann in dem als gegenseitig überlieferten Erkennen beider mit der zärtlich klingenden Anrede „Maria" – „Rabbuni". Damit gelangt Marias Beziehung zu Jesus in eine neue Dimension. Das Wort Jesu, sie möge ihn nicht festhalten, bezeichnet dabei Marias innere Erfahrung, daß es keinen Sinn hat, Jesus weiter bei den Toten zu suchen. Es ist ein Wort der seelischen Ablösung vom toten Jesus, mit dem der psychische Abschied von ihrem früheren Leben mit Jesus ausgesprochen wird. Dies gelingt ihr offenbar deshalb, weil ihr aufgegangen ist, daß der Tod Jesus mit Gott verbunden hat. „Ich bin noch nicht zum Vater gegangen", sagt Jesus, das heißt, daß er dorthin geht. Die Verwandlung des irdischen Jesus in den Auferstandenen, in den in Gott Lebenden, ist zugleich die Verwandlung von Marias Beziehung zu Jesus. Jesus ist für sie nun zum inneren, zum seelischen Gefährten geworden und damit zu einer schöpferischen Kraft, die Welt zu verändern. Diese drückt sich auch sogleich greifbar aus, indem sie die Botschaft ihres inneren Gefährten verwirklicht, indem sie den anderen Jüngern verkündet, was sie selbst erfahren hat. Nachdem sie ihre Trauer durchlebt und den Toten als göttlich lebendig erfahren hat, kann sie aufbrechen zu einem neuen Anfang und kann andere in diesen Anfang, in die Auferstehung mit hineinnehmen.

Im Blick auf die aus den Ostererfahrungen entstandene Kirche läßt sich nach diesem Durchgang durch die Geschichte der Maria von Magdala einiges fragen, vor allem dies: Welche Art von christlicher Religion und Institution Kirche hätte aus der Erfahrung der Maria von Magdala hervorgehen können, wenn sie, und andere Frauen aus dem Jüngerinnenkreis, zusammen mit Petrus und Paulus in die bestimmenden Positionen der Anfangskirche gekommen wären? Wie hätte sich Kirche entwickelt, wenn in ihren Institutionen nicht das hierarchische Machtdenken von Männern zum Zuge gekommen wäre, sondern wenn sie sich genährt hätte von der schöpferischen und andere stark machenden Kraft der Maria von Magdala, die aus durchlebtem und in eigene Auferstehung verwandeltem Schmerz geboren wurde? Was bedeutet es für Frauen heute, daß nur von einer Frau ein solcher Wandlungsprozeß im Zusammenhang mit der Auferstehungsbotschaft überliefert ist?

Die Fragen lassen sich nicht glatt beantworten;. denn die Geschichte der Kirche und die psychische Entwicklung ist anders gelaufen und anders gemacht worden. Dennoch scheint es mir wichtig zu sein, solche Fragen zu stellen. Sie könnten für die Zukunft Imaginationen bewirken, damit die wahre Maria-Magdalena-Dimension in den christlichen Glauben eingebracht werden kann.

Drittes Kapitel

Versuch, die tiefenpsychologische und die feministische Perspektive zu integrieren: Eine neue Hermeneutik für Religion

Zur Einführung

Hermeneutik, die Lehre über die Verstehensbedingungen von Überlieferungen - ist das notwendig in einem Buch, das davon handelt, wie überlieferte religiöse Erfahrungen heute gemacht werden können? Für die Erfahrungen selbst sicher nicht. Doch schon für das Finden von Methoden, die zu den Erfahrungen führen können, bedarf es der systematischen Reflexion, besonders für die, die mit solchen Methoden zu arbeiten gedenken. Wenn ich z.B. bei der praktischen tiefenpsychologischen Arbeit mit einer Frauengruppe nicht weiß, daß durch diesen Zugang – durch Imaginationen etwa – zu den bekannten religiösen Symbolen ein bisheriges patriarchal angepaßtes Identitätsbewußtsein sich auflösen kann, dann vermag ich dem in Gang gesetzten Prozeß nicht in angemessener Weise gerecht zu werden und kann eventuell die entsprechenden Hilfen zur Suche nach einer neuen, eigenständigen Identität nicht anbieten. Tiefenpsychologische sowie feministische Arbeit mit religiösen Symbolen sollte zwar stets damit beginnen, diese Symbole zu erleben. Unter diesem Gesichtspunkt haben von Frauen entworfene neue Rituale bzw. Gottesdienstformen eine wichtige Bedeutung, weil sie das unmittelbare Erleben von Symbolen anzielen. Doch schon eine Antwort auf die Frage, was für eine Art von Erleben denn bei solchen rituellen Vollzügen stattfinde, verlangt nach einer argumentierenden Reflexion. Ein Erlebnis, das Gefühle, vielleicht tief vergrabene, aufweckt, wird nur dann zu einer verändernden Erfahrung, wenn es auch denkend verarbeitet und verstanden wird. Bloßes Aufrühren von Gefühlen, die wieder versinken und erneut aufgerührt werden, ist aus tiefenpsychologischer Sicht eher bedenklich; es führt leicht dazu, die psychische Weiterentwicklung zu unterbinden.

Verstehen, was bei der Erfahrung mit religiösen Symbolen erlebt wird, vollzieht sich stets in einem geistigen Bezugsrahmen. Kein Mensch kann aus dem unmittelbaren Erleben heraus Bezugspunkte (er-) schaffen, mit deren Hilfe das Erlebte verstanden werden kann. Um das Erleben religiöser Symbole begreifen zu können, bedarf es eines Verstehensrasters; und solche Raster sind zeitgeschichtlich und kulturell eingefärbt, sonst wären sie nicht brauchbar. So verstehen z. B. Christen und Christinnen eine imaginierte Lichtgestalt als Christus, weil die christliche Tradition ihr Bezugsrahmen ist; dasselbe imaginierte Bild kann bei einem anderen Verstehenshorizont aber auch anders verstanden werden, sogar von Christinnen und Christen. Die tiefenpsychologische wie die feministische Symbolarbeit bezieht sich auf Verstehensraster, die nicht wie die herkömmlich theologischen institutionell etabliert sind. Der tiefenpsychologische wie der feministische Bezugsrahmen ist noch im Stadium des Entstehens; es kann daher nicht auf eine bekannte Hermeneutik zurückgegriffen werden.

Ein neues theologisches Denkmodell wie das tiefenpsychologisch-feministische bedarf einer hermeneutischen Grundlegung auch dazu, daß es im Gegenüber zu anderen theologischen Hermeneutiken – wie etwa der befreiungstheologischen, der historisch-kritischen oder der traditionell dogmatischen – sein Spezifikum verdeutlichen kann. Hierbei darf jedoch nicht übersehen werden, daß für eine tiefenpsychologisch-feministische Hermeneutik die Rückbindung an die *Erfahrung* religiöser Symbole unerläßlich ist. Würde sie diese verlieren oder auch nur außer acht lassen, so müßte sie zu abstrakter Dürre verkümmern und den Bezug zu den Lebenswirklichkeiten einbüßen. Da dies der viel beklagte Zustand gängiger Theologien ist, bedarf es eines weiteren abstrakten theologischen Denkmodells nicht. Ihre Rechtfertigung gewinnt eine tiefenpsychologisch-feministische Hermeneutik aus der Konvergenz der von ihr reflektierten religiösen Erfahrung mit den Lebensvollzügen von Menschen in der jeweiligen Gegenwart.

Um Auskunft darüber geben zu können, auf welche Verstehensbedingungen tiefenpsychologische und feministische Symbolarbeit sich bezieht, werden im dritten Kapitel Bausteine einer zugehörigen Hermeneutik vorgestellt. Schon im zweiten Kapitel zeigte sich, daß die tiefenpsychologische und die feministische Perspektive nicht einfach nebeneinander herlaufen, sich vielmehr miteinander verbinden. Die Integration beider Sichtweisen ist das Ziel der hermeneutischen Überlegungen dieses Kapitels. Es kann hier noch keine abgerundete Hermeneutik geboten, wohl aber können Fragen bedacht werden wie die nach einer unbewußten geschlechtsspezifischen Prägung von religiösen Symbolen oder die nach dem auffallenden Phänomen, daß im Christentum sowohl ein weibliches Gottesbild als auch der Traum als Medium göttlicher Offenbarung fehlen. Wie diese und ähnliche Fragen sich im Verbund von tiefenpsychologischem und feministischem Zugang zu religiösen Symbolen ausnehmen, wird in diesem Kapitel untersucht. Da es sich um die Klärung von Verstehensvoraussetzungen handelt, stehen dabei theoretische Überlegungen mehr als in den beiden andern Kapiteln im Vordergrund.

13. Traum und Offenbarung[51]

Wie können Traum und Offenbarung miteinander verbunden werden? Wird da nicht etwas Illusionäres, etwas allzu luftig Unreales, wie das Sprichwort „Träume sind Schäume" es nahelegt, völlig unangemessen mit dem Ernst göttlichen Sprechens zusammengebracht? Zum Eingang in dieses Jahrhundert hat Sigmund Freud neu entdeckt, daß „jeder Traum sich als ein sinnvolles psychisches Gebilde herausstellt".[52] Doch will ich mich hier nicht Freuds Traumdeutung anschließen, denn für ihn hatte der Traum mit Offenbarung nichts zu tun. Um den Zusammenhang von Traum und Offenbarung zu erhellen, schaue ich vielmehr sehr weit in die Tiefe der Zeit zurück, in Religionen, die vornehmlich in Träumen Kunde vom Göttlichen erhalten haben. Und ich schaue in die gewissermaßen räumliche Tiefe der menschlichen

Seele, in der immer noch göttliche Offenbarungen zu empfangen sind. Darüber habe ich das meiste aus eigenen und fremden Träumen sowie aus meiner imaginativen Arbeit mit religiösen Symbolen gelernt.

Auf einen Abriß der Geschichte des religiös relevanten Traums will ich hier verzichten und stattdessen eine Analyse seiner gegenwärtigen Situation versuchen. Es geht dabei um eine wechselseitige Erhellung der Sprachstrukturen von Träumen und von überlieferter Offenbarung. Das ist ein hermeneutischer Zirkel, der nach tiefenpsychologischen Untersuchungsmethoden verlangt, die ich aus den von Carl Gustav Jung erarbeiteten Grundlagen ableite.

Was heißt Traum, was Offenbarung?

Der Traum ist ein Gebilde aus Bildern, das sich nur der nach innen gerichteten Blickrichtung zeigt, und seine Sprache ist eine Bildsprache; sie kann Worte evozieren, besteht aber nicht aus Worten. Aufgrund dieser Bausubstanz verstehe ich unter Traum folgende Formen:

- den Nacht- oder Schlaftraum, der sich in jeder Nacht unabhängig von willentlicher Beeinflussung einstellt;
- die Imagination. Jung nennt sie aktive Imagination. Sie ist ein bewußtes Hervorrufen seelischer Bilder im wachen Zustand, ein Tagtraum, der in gewissen Grenzen steuerbar – ist nicht zu verwechseln mit ziellosem Tagträumen. Imagination kann auch als eine Form von tiefenpsychischer Meditation verstanden werden;
- Die Vision. Sie erfolgt meist im Wachzustand, drängt sich spontan auf und ist dem Bewußtsein gegenüber autonom; ein biblisches Beispiel dafür ist Apostelgeschichte 10,9–16: Die Vision des *Petrus* in Joppe von den unreinen Tieren.

Ich verwende „Traum" somit als Oberbegriff für Erfahrungen des bewußten Ich aus dem Unbewußten. Es kommt dabei in erster Linie nicht auf die unterschiedlichen Inhalte, sondern auf die gemeinsame Struktur und Funktion dieser Erfahrungen an. „Traum" verwende ich als einen Strukturbegriff für nicht diskursiv-rational, sondern intuitiv gewonnene Einsichten.

Offenbarung bedeutet in tiefenpsychologischer Sicht nicht einfach den kirchlich legitimierten Kanon von Offenbarungs-Wahrheiten. Vielmehr fasse ich darunter einen stets neu möglichen Prozeß des Offenbarwerdens einer Dimension, die für die psychische Entwicklung notwendig ist und in Religionen Gott oder göttlich genannt wird. Erfahrungen, welche in diese Dimension führen, öffnen eine psychische Transzendenz über die Grenzen hinaus, die das Bewußtsein dem menschlichen Ich zieht. Die Öffnung der psychischen Ich-Grenzen ist Vorbedingung, um das, was theologisch Gotteserfahrung heißt, machen zu können, um Gottes offenbarendes Wort empfangen zu können. Zugang zu solchen Erfahrungen sind jedem Menschen möglich, nicht nur Glaubensexperten.

Dieses erweiterte Verständnis von Offenbarung nenne ich vereinfacht religiöse Erfahrung. Auf ihr basiert auch die theologisch definierte Offenbarung. Deren kirchliche Legitimation und Abgrenzung ist dann Ergebnis eines Traditionsprozesses.

Im folgenden will ich in zwei Abschnitten die Beziehung von Traum und Offenbarung untersuchen.

Sprachstruktur des Traums

Dieser will ich mich nähern mit der „Geschichte von dem Schläfer, der plötzlich erwacht":

Im Rahmen der weit geöffneten Tür bemerkt er einen Unbekannten, der ihn fragt: „Hast du Angst?" – „Ja, ich habe Angst." – „Vor mir? Hast du Angst vor mir?" – „Ja, vor dir." – „Willst du, daß ich weggehe?" – „Ja, ich möchte es." – „Wirst du dann keine Angst mehr haben?" – „Nein, wenn du mich allein läßt, werde ich mich nicht mehr fürchten." – „Bist du sicher?" – „Ganz und gar." – „Ich nicht", sagt der Besucher, während er zurückweicht. Der Schläfer fühlt, wie Panik ihn erfaßt. Es wird ihm klar, daß er soeben zum erstenmal dem Fremden begegnet ist, der immer schon in ihm war.[53]

An dieser Geschichte, die der jüdische Schriftsteller Elie Wiesel erzählt, läßt sich

Die Basisgrammatik des Traums

ablesen. Ihre wichtigsten Elemente sind:

1. Das emotionsgeladene Bild: Angst und Panik erfassen den Träumer; es geschieht etwas, das ihn „unbedingt angeht"[54];
2. Die Fremdheit des im Traumbild Erscheinenden: dem Schläfer geht erst mit der Rückkehr ins Bewußtsein etwas von dem auf, was im Traum mit ihm geschieht. Den meisten Menschen in unserer Kultur ist aber nicht einmal dieses Verstehen möglich; die Sprache des Unbewußten ist dem Bewußtsein fremd (geworden);
3. Das Bauprinzip der Verdichtung. Im Traum werden die Bildeinheiten auf eine a-logische – nicht unlogische – Weise zusammengefügt. Das betrifft vor allem:

- die Zeitenabfolge: Vergangenheit, Gegenwart und Zukunft fallen im Traum in eins,
- getrennte Räume: im Traum können wir an verschiedenen Orten zugleich sein,
- paradoxe Phänomene: im Bewußtsein unvereinbare Phänomene werden im Traum verbunden. Das Ich ist z. B. Traumgestalt und Beobachter in einem, Kind und Erwachsener zugleich; Angst und Glück, Wissen und Nichtwissen können zusammenfallen. In der Geschichte von Elie Wiesel ist der Schläfer das bewußte Ich und der unbekannte Fremde in ihm zugleich; die unbewußte Figur weiß über das bewußte Ich mehr als dieses selbst, nämlich daß es nach ihrem Verschwinden noch mehr Angst haben wird.

Durch die Verdichtung entsteht das symbolische Geschehen des Traumes. Die im Traum erschlossene Dimension der Transzendenz kann nur im Symbol erfahren und ausgesagt werden.

4. Unendliche Variationen mit den Symbolbausteinen. Die Bild-

einheiten können im Traum über lange Zeit hin immer wiederkehren, z. B. der Fremde in Wiesels Geschichte; sie können entflochten und ganz anders wieder zusammengefügt werden. Diese „Technik" ist sinngerichtet, auch wenn sie der bewußten Wahrnehmung als unsinnig erscheint.

Die Basisgrammatik des Traums bringt die Traumstrukturen hervor, die durch verschiedenstes Bildmaterial hindurch immer wieder erkennbar sind und bestimmte Funktionen ausüben. Auf diese ist nun einzugehen.

Funktionen der Traum-Bildsprache

Wo die symbolische Sprache der Träume nicht (mehr) verstanden wird, werden Träume oft in der Weise einer Projektion interpretiert oder gar ausagiert, das heißt sie werden als Aussagen über äußere Lebensereignisse genommen oder in solche umzusetzen versucht. Ein biblisches Beispiel dafür die ist Auslegung, die der alttestamentliche Joseph im ägyptischen Gefängnis den Träumen des Mundschenks und des Hofbäckers gibt. An beiden wird dann realiter diese Auslegung vollzogen: der eine wird wieder in sein Amt eingesetzt, der andere wird hingerichtet (Genesis 40, 9–13.20–21; 40, 16–19.20.22). Sowohl das positiv wie das negativ projizierende Traumverständnis ist unangebracht. Träume können zwar bevorstehende Ereignisse ankündigen, wenn ein Geschehen schon im Gange, aber als bewußte Erkenntnis noch nicht sicher ist, z. B. Krankheit, Tod, Trennung oder sogar einen Unfall, für den eine psychische Bereitschaft besteht. Das Unbewußte hat dafür eine höhere Sensibilität als das Bewußtsein. Doch eindeutig zu verstehen sind Traumvorhersagen erst im nachhinein. Das gilt auch für prophetische Visionen, wie z. B. die des Jeremia von der Zerstörung des Tempels (Jeremia 7), oder die Ankündigung des Jesaja von der Verwüstung des Landes (Jesaja 6). Ein konsequent angewandtes projektives Traumverständnis würde zum Fatalismus führen. In Wirklichkeit verweisen Träume uns an unsere menschliche Verantwortung. Das wird an den tiefenpsychischen Traumfunktionen deutlich.

Appellative Funktion
Träume als ein seelischer Entwicklungsmotor zielen darauf, daß wir, die Träumenden, uns verändern. Von diesem Grundsatz gehen alle Therapien mit Traumarbeit aus. Träume öffnen das Tor zu den schöpferischen Kräften des Unbewußten, z. B. zu tief verschütteten oder noch nie gelebten Gefühlsenergien, und fordern uns auf, aus diesen Kräften das Leben neu, anders zu gestalten. Die Vision des Petrus in Joppe (Apostelgeschichte 10), in der ihm unreine Tiere erschienen sind, enthält diesen Anrufcharakter sogar wörtlich als Imperativ. Eine Stimme ruft: „Steh auf, ... schlachte und iß!" – unreine Tiere! Der Traum fordert hier, wie oft, zum Möglichmachen des als unmöglich Gedachten auf: zur universalen Öffnung der judenchristlichen Kirche. Der Traum drängt Menschen, Grenzen zu überschreiten in umfassendere Entwicklungen hinein. Apostelgeschichte 10 setzt voraus, daß eine solche Entwicklung erst beim Führer der judenchristlichen Gemeinde erfolgen mußte, bevor sie auf gemeindlicher Basis möglich wurde.

Spiegelfunktion des Traums
Die Spiegelfunktion des Traumes ist auch die diagnostische Funktion. Sie wird leicht als Selbst-Bespiegelung mißverstanden. In Wirklichkeit werden dem Ich durch den Traum sowohl seine Begrenztheit als auch seine noch zu realisierenden Möglichkeiten gezeigt. An dem antiken Apollo-Tempel in Delphi, zu dem die Menschen pilgerten, um eine Offenbarung des Gottes im Orakel zu erfahren, stand der Satz: „Erkenne dich selbst!", für das christliche Bewußtsein wohl ein eigenartiges Wort am Eingang zu dem Ort, an dem eine göttliche Botschaft erwartet wird. Im Christentum erscheint das uralte Wissen, daß es ohne Selbsterkenntnis keine Gotteserkenntnis gibt, in einer eher deformierten Weise, als Forderung, daß der Glaube einen bestimmten moralischen Standard verlangt; das ist nicht falsch, aber sehr verkürzt. Tiefenpsychologisch ist die Selbsterkenntnis, ohne die es keinen Zugang zu religiöser Erfahrung gibt, umfassender als die nur ethische; sie be-

zieht sich auf den Seinsstandard des Menschen. Sie bezieht sich auf die Frage, ob er oder sie die Möglichkeiten realisiert (hat), für die aus dem Reservoir des Unbewußten stets neue Kräfte angeboten werden, z. B. durch Träume. Es geht um die Frage, ob das enge Ich sich tiefer zentriert als nur im Bewußtsein und so psychisch umfänglicher wird, ob es sich zu einem ganzheitlichen Selbst entwickelt. Den jeweiligen Iststand in solch einem Prozeß, samt seiner Genese, spiegeln die Träume. Diese Wahrheit des eigenen Ich immer wieder konkret anzunehmen, ist schmerzhaft und beschämend und wird oft verweigert; denn jeder Mensch bleibt hinter seinen bzw. ihren Möglichkeiten zurück. Doch genau diese Einsichtsfähigkeit und -bereitschaft fordern die Träume, wenn wir dem *großen* Ganzen, Gott, genannt, nahekommen wollen. Erst wenn die Spiegelung der eigenen psychischen Wahrheit ausgehalten wird, stellt sich die Chance ein, göttliche Wahrheit aufleuchten zu sehen.

Der Schläfer in Elie Wiesels Geschichte erkennt sich selbst durch den Traum wirklich umfassender als je zuvor. Wenn die Geschichte weiterginge, hätte er möglicherweise noch im nachhinein in dem Fremden Gott erkannt – vgl. Genesis 32: Jakobs Kampf am Jabbok. Daß Tiefen-Selbsterfahrung, wie Träume sie ermöglichen, und Gotteserfahrung zusammengehen, ist auch in christlicher Tradition bekannt, wird aber weithin nicht mehr erkannt. Ein eindrucksvolles Beispiel bietet die Bekehrung des Paulus. Sie wird in der Apostelgeschichte (9, 3–9 und 26, 13–18) als Vision beschrieben und spiegelt dem Paulus, nach seiner eigenen Aussage in Galater 1, seine ihn unbedingt angehende Wahrheit des gewalttätigen Verfolgers. Und genau diese Erfahrung nennt er eine „Offenbarung Jesu Christi" (Galater 1, 12.15–16: „Gott ... mir seinen Sohn offenbarte"). Diese Traumerfahrung von religiöser Relevanz versteht Paulus als die Geburtsstunde seiner Christus-Verkündigung.

Damit ist die dritte Funktion der Traumsprache in den Blick gekommen.

Prospektive Funktion
Träume ermöglichen uns auch den Blick in die Zukunft, aber nicht als Hellseherei, sondern indem sie Möglichkeiten der Veränderung entwerfen und durchspielen; hier wird das Bauprinzip der Verdichtung relevant. An einem Traum von mir sei das erläutert. Ich träume:

> „Ein Einbrecher mit einer Augenklappe will in meine Wohnung. Ich habe panische Angst und halte mit letzter Kraft die Tür zu. Ich weiß, daß es der Tod ist."

Es ist ein emotionsgeladenes Traumbild, das mich unbedingt angeht, noch jetzt nach mehreren Jahren. Ich hätte den Traum projizierend verstehen können als Ankündigung meines realen Todes; obwohl diese Gefühlslage gleich nach dem Traum vorhanden war, kann ich darüber nicht wirklich etwas wissen. Höre ich die Traumbotschaft gemäß ihrer Symbolsprache, so wird mir als erstes mitgeteilt, daß etwas in meinem Leben abgeschlossen ist und sterben muß, daß ich es loslassen muß; der Inhalt ist nur aus meiner Psychographie zu erheben. Gefühlsmäßig wußte ich aber auch sogleich, daß in die persönliche Botschaft noch eine allgemeingültige verwoben ist, nämlich die Aufforderung, mich mit dem Tod, mit der Sterblichkeit und dem Endlichsein anzufreunden. Der Traum stellt mir dies als Aufgabe für die neue Lebensphase. Sehr bald nach dem Traum wurde mir klar, daß ich diesen Einbrecher, sollte er wiederkommen, auf jeden Fall hereinlassen müßte. Für mich hat dieser Traum noch immer den Charakter einer religiösen Erfahrung, obwohl er keinerlei religiös vertrautes Bildmaterial enthält. Zusammen mit einer persönlichen Grenzerfahrung hat er mich die Grenze in eine überpersönliche Transzendenz überschreiten lassen und mir einen neuen Horizont sichtbar gemacht.

Ein biblisches Beispiel kann an vertraut gewordenen Bildern denselben Vorgang nochmals verdeutlichen. Matthäus beginnt sein Evangelium mit einer von Träumen bestimmten Vorgeschichte. In Matthäus 1,18–21.24 läßt er Josef träumen, er solle Maria nicht entlassen, sondern sich trotz ihrer Schwangerschaft mit ihr verbinden, weil das zu erwartende Kind göttlich ist. Das

Vorhaben der Entlassung wird als „gerecht" bezeichnet; ich möchte es patriarchal gerecht nennen; denn mit seiner Überlegung, Maria heimlich zu entlassen, denkt und verhält Josef sich im Rahmen damaliger männlicher Normen; allerdings schon in gemilderter Form: denn er will seine Braut nicht der öffentlichen Schande preisgeben. Da ist eine Offenheit bei ihm, an die der Traum appelliert. Indem Josef sich darauf einläßt, muß er sein eigenes patriarchales Wertgefüge fundamental ändern: er stellt den Gehorsam gegenüber der Traumbotschaft höher als die religiös-gesellschaftliche Norm und damit höher als seine männliche Ehre. Mit diesem Psychogramm des Josef leitet Matthäus die neue große Offenbarung Gottes in dem Kind Marias ein, das heißt er läßt mit einem Traum die neue Heilszeit beginnen. Hier ist an einer der wenigen Stellen im Neuen Testament noch das Bewußtsein vorhanden, daß Träume eine große Zukunft eröffnen, wenn erkannt wird, daß in ihnen Gott zur Sprache kommen kann. So läßt sich sagen: Träume wollen die einseitigen Zielsetzungen des bewußten Ich erweitern, indem sie das Ich als psychisches Fragment mit dem psychisch Ganzen, dessen größter Teil unbewußt ist, in Beziehung bringen. Träume sind der Weg zum seelischen Ganzwerden und dadurch die Möglichkeit, göttliche Transzendenz psychisch immanent werden zu lassen. Daraus ergibt sich auch, daß Träume nicht zu einem Egotrip verleiten (wollen), daß sie vielmehr ein kommunikativer Prozeß sind.

Wie die heilmachende Kraft der Träume sich in religiöser Überlieferung darstellt, ist Thema des zweiten Abschnitts.

Offenbarungsort: Unterwelt

Träume und Unterwelt

Im Christentum hat der Traum seine religiöse Bedeutung verloren. Als Medium der Gotteserfahrung ist er offiziell verpönt und zugunsten der Offenbarung im Wort verdrängt worden – in den reformatorischen Kirchen stärker als in der katholischen. Die Sprache der Träume wird infolgedessen nicht mehr verstanden.

Das Sprichwort „Träume sind Schäume" signalisiert eine kulturelle Verödung, die bedeutet:

- daß Menschen in der westlichen Zivilisation kaum noch Kenntnis vom psychischen Innenraum menschlichen Lebens haben, daher von den Quellen der Kreativität und der religiösen Erfahrung abgeschnitten sind, und
- daß die Unfähigkeit zunimmt, individuelle und gesellschaftliche Ereignisse und Entwicklungen seelisch zu verarbeiten.

Was dieser Verlust für die religiöse Tradition und den Glauben bedeutet, kann nur aus dem Vergleich mit Überlieferungen erschlossen werden, in denen der Traum hohe offenbarende Relevanz besitzt. Aufgrund heute zugänglicher mythischer Zeugnisse läßt sich feststellen, daß der Traum vor allem in weiblich orientierten Kulturen und in Religionen mit weiblichen Gottesbildern das Medium göttlicher Offenbarung war. Aufschlußreich dafür sind die Unterwelts-Mythen. Diese gibt es überall in den morgen- und abendländischen Kulturen; und die Unterwelt ist stets von numinoser Qualität. Die Unterwelt ist der urbildhafte Ausdruck für *das* seelisch Unbewußte, das alle Menschen miteinander verbindet. Träume (ent-) führen uns in diese göttliche (Unter-) Welt. Und die Toten sind in ihr; in den Träumen können wir zu ihnen hinuntersteigen. Das Menschheitsunbewußte – Jung sagt: kollektives Unbewußtes – ist gewissermaßen der Uterus, aus dem das menschliche Bewußtsein in der Evolution geboren wurde und an das jedes individuelle Bewußtsein zurückgebunden bleibt – Religion heißt Rückbindung. Die Unterweltsmythen sind zu verstehen als archaisch-antike Psychologie; sie erzählen Träume von allgemein menschlicher Bedeutung. Eine Religion, in der Träume keine Bedeutung mehr haben, kennt daher auch keine Unterwelt mehr, oder sie projiziert in diese höllische Phantasien – wie im Christentum. Je weiter wir zurückgehen in die Anfänge patriarchaler Religionen, und noch davor, um so mehr gelangen wir zu einer weiblichen Unterwelt, in der nicht ein männlicher Gott regiert, wie Hades in der griechischen Unterwelt, sondern wo eine Göttin wohnt. Als Basis für einen Vergleich mit christlicher Überlieferung kann die Analyse eines solchen weiblichen Unterwelt-Mythos dienen.

Weiblich-mythische Unterwelt-Symbolik

Ich wähle den sumerisch-altbabylonischen Mythos von *„Inannas/Ischtars Gang in die Unterwelt“*.[55]

Das Erzählgerüst des Mythos:

Die Göttin von Himmel und Erde, die das Lebensprinzip ist, „Inanna verließ den Himmel, verließ die Erde, in die Unterwelt stieg sie hinab“. Ihr Gang ist ein Leidensweg voller Demütigungen; es werden ihr ihre göttlichen Hoheitszeichen, ihr Schmuck und ihre Kleider abgenommen. Die Todesgöttin Ereshkigal, Herrin der Unterwelt und ältere Schwester der Inanna, sagt zu ihr: „Tief gebeugt und nackt kommt der Mensch zu mir.“ Inanna stirbt am unterweltlichen Todesblick (sum.) bzw. an mehreren Krankheiten (akk.). Ihr Leichnam wird an einem Pfahl aufgehängt. Während ihres Todes erstirbt auf der Oberwelt alles Leben (akk.), und die Todesgöttin, „die gebärende Mutter, Ereshkigal“, schreit in Wehen. Die Bitte um Hilfe für Inanna bei den männlichen Göttern findet, außer bei Enki, dem Gott der Weisheit, kein Gehör. Nach drei Tagen wird Inanna durch die Speise und das Wasser des Lebens auferweckt, und es heißt: „Inanna stand auf“, und: „Inanna will aus der Unterwelt emporsteigen“. Es muß jedoch ein Stellvertreter für sie in die Unterwelt. Dumuzi/Tammuz, der Hirte, muß ihren Platz in der Unterwelt einnehmen, weil er der Göttin des Lebens nicht dient, sondern sich auf einen hohen Thron setzt, als die auferstandene Inanna durch die Städte des Landes zieht. Dumuzi aber will sich entziehen. Doch ein Traum, von seiner Schwester Geshtinanna gedeutet, weiht ihn in seinen Tod ein. Die Schwester versteckt Dumuzi vor den Unterwelt-Dämonen, aber ein Freund verrät ihn. Später entscheidet Inanna, daß Dumuzi und seine Schwester Geshtinanna je ein halbes Jahr in der Unterwelt verbringen.[56]

Der Unterwelt-Mythos von Inanna kann als ein kollektiver

Traum von der Wandlung und Erneuerung des Lebens und des Bewußtseins im Unbewußten verstanden werden. Die ältere Ereshkigal, die Göttin der Unterwelt, symbolisiert das psychische Dunkel, aus dem die schöpferischen Kräfte zur Geburt ins bewußte, ins oberirdische Leben drängen. Die jüngere Inanna verkörpert die helle, sichtbare Seite des Lebens und Bewußtseins und kann dies nur, weil sie in den dunklen Bereich ihrer Todesschwester, in den älteren psychischen Ort hinuntertaucht, um sich zu re-generieren. Beide göttlichen Schwestern stellen somit das Ganze dar. In Opposition zur Unterwelt tritt allein das in Dumuzi verkörperte männliche Prinzip oder Bewußtsein. Es wird aber in *dieser* religionsgeschichtlichen Phase durch die Mächtigkeit des in der Göttin verkörperten weiblichen Prinzips oder Bewußtseins noch in das Ganze integriert.

Der Mythos zeigt die Notwendigkeit, daß sowohl das weibliche als auch das männliche Bewußtsein der Re-Generation am Traumort Unterwelt bedürfen, und daß von dieser Wieder-Geburt der zuträgliche Fortgang der Welt- und Naturgeschichte abhängt. Tiefenpsychologisch aufschlußreich ist es nun, daß die Symbolik des weiblichen Mythos in der christlichen Passionstheologie und -frömmigkeit wiederkehrt. Das soll ein Vergleich verdeutlichen.

Die verborgene weibliche Symbolik im Christentum

(S. die Synopse zur Inanna-Symbolik in der christlichen Passionsüberlieferung, S. 146f).

Der Vergleich erlaubt drei Schlußfolgerungen:

1. Die Wiederkehr der Inanna-Symbolik im Christentum zeigt an, daß der Traum-Offenbarungsort Unterwelt Ausdruck ist für eine unbewußte anthropologische Konstante in der psychischen Menschheitsentwicklung; der Verlust dieses seelischen Ortes aus dem Bewußtsein muß schwerwiegende Folgen haben.

2. Für die gravierendste Folge halte ich die Verdrängung des weiblichen Lebensprinzips aus der Gottheit, die mit dem Verlust der weiblich-göttlichen Unterwelt und der Abwertung der religiö-

sen Bedeutung des Traums einhergeht; und diese bewirken wiederum das Hinausdrängen der Frauen aus den christlichen Überlieferungsprozessen mit. Es fällt auf, daß aus der Inanna-Dumuzi-Symbolik die spezifisch weiblichen Aspekte in der Christusdeutung fehlen.

3. Ein christlicher Lichtblick ist das Fehlen der Weigerung des männlichen Prinzips (Dumuzi), in die Unterwelt zu gehen. Diese Weigerung wird durch das freiwillige Leiden und Sterben Jesu religionsgeschichtlich und entwicklungspsychologisch gewissermaßen aufgehoben. Damit ist die Jesusgestalt *die* Macht im Christentum, die das Tor zur seelischen Unterwelt, und das heißt zum Traumort der Offenbarung, wieder öffnen kann.

Ausblick: Weibliche Traumsymbolik und Christentum

Die Unterwelt, die das seelisch Unbewußte der Menschheit symbolisiert, ist, wie gerade der Inanna-Mythos zeigt, der bevorzugte Ort göttlichen Geschehens, an dem Menschen dadurch teilhaben, daß sie vom Traum dorthin geführt werden. Gelangt ein menschliches Ich an diesen Traum-Ort, so erfährt es sich dort als einem viel Größeren, dem Ganzen zugehörig. Dies ist immer ein Vorgang, der tief ergreift und einen Menschen unbedingt angeht. Wird eine solche Erfahrung im Rahmen eines religiösen Verstehenskonzepts gemacht, so wird sie als Gottesbegegnung oder Gottesoffenbarung verstanden. Erst eine solche Erfahrung befreit aus dem Gefühl der Belanglosigkeit religiöser Vollzüge und Traditionen. Und an diesem Traum-Ort findet primär die Konvergenz von Glauben und Leben statt. Wo die psychische Unterwelt geschlossen wurde, besteht die Gefahr, daß lebendige Überlieferung in dogmatischen Sätzen erstarrt und daß das menschliche Leben nicht mehr mit religiöser Erfahrung konvergieren kann. Offenbarung reduziert sich dann auf Sätze oder Inhalte, die bloß gewußt werden. Mir scheint, daß für das westliche Christentum und seine Theologien dieser Zustand weithin eingetreten ist.

Diese Lage kann aus tiefenpsychologischer Sicht auf zwei Wegen, die einander vielfach kreuzen, verändert werden. Der eine führt direkt in unsere eigene seelische Unterwelt. In ihr finden wir nach wie vor die archaische Symbolik, die religiöse Erfahrung bewirkt, das ist tiefenpsychologisch die emotional ergreifende Erfahrung des psychischen Gegenwärtigseins des Ganzen in uns. Der andere Weg besteht darin, die Urbild-Sprache religiöser Überlieferung wieder zu lernen; denn die wirklich offenbarungshaltigen Überlieferungen, z.B. in der Bibel, sind von derselben sprachlichen Struktur wie Träume. An einem Beispiel aus meiner Arbeit mit Imaginationen will ich das abschließend nochmals verdeutlichen.

Eine 44jährige Frau, Christin, erzählt nach einer Imaginationsübung zum Thema „Spiegel" (nach 1 Korinther 13,12):

„Ein frisch aufgeschütteter Grabhügel wölbt sich aus der Erde. Der Duft eines gepflügten Ackers strömt mir zu. Im Winde wiegt sich ein grüner Grashalm ... Der Halm wandelt sich in eine grüne Schlange, die mit anmutigen Bewegungen tanzt. Sie bedroht mich nicht, sondern strahlt Güte und Heiterkeit aus. Da taucht ein Kreuz aus kräftigen Hölzern auf. Die Schlange schlingt ihren Hals darum und läßt sich aufrichten. Ein männliches Gesicht taucht im Kopf der Schlange auf. Ich bitte um eine Mitteilung und höre: ‚Atme tief in das Geheimnis hinein.' Es folgt eine zärtliche Umarmung und eine tiefe Vereinigung voller Licht, Wärme und Glücksgefühlen."

Die imaginierten Symbole sind alle in religiösen Überlieferungen der Menschheit zu finden. In den religiösen Bereich weist auch der Satz vom Atmen in das Geheimnis hinein. Der Traum stellt mit den Symbolen eine Art von religiösem Synkretismus her: Da ist das Grab, oft als Tor zur Unterwelt aufgefaßt, das fruchtbare Land, die Schlange, die das älteste bekannte Symbol der Lebenserneuerung ist und in allen Kulturen vorkommt; die tanzende Schlange erinnert an die griechische Göttin des Anfangs, Eurynome, die, auf dem Urmeer tanzend, sich mit Ophion, der großen Schlange, paart[57]; die Schlange, die sich aufrichten läßt, erinnert an die von Mose beim Wüstenzug aufgestellte metallene Schlange, ein Kultbild, dessen Anblick von den giftigen Schlangenbissen heilte (Numeri 21,4–9). Da ist auch das offenbar christliche Kreuz, mit der Schlange, und diese mit dem männlichen Gesicht – dem Christusgesicht? –, alles wie in einer Symbiose verbunden; dieses Bild des Einswerdens wiederholt und vertieft sich in der zärtlichen Umarmung der Frau wahrscheinlich mit dem Gekreuzigten – das erinnert an den Ritus der „Heiligen Hochzeit" in Religionen mit weiblichem Gottesbild und an das alttestamentliche Hohelied.

Es ist auffallend, daß die meisten Imaginationen, in denen religiöse Urbilder erscheinen, sich nicht an das Symbol-Repertoire der Religion der betreffenden Person halten, sondern institutionalisierte religiöse Grenzziehungen überschreiten. Mir scheint das ein Hinweis darauf zu sein, daß in der seelischen Unterwelt von Christinnen und Christen der Schatz an religiösen Symbolen der ganzen Menschheit reaktiviert werden kann und somit an diesem Traum-Ort die Ökumene der Religionen existiert. Um so notwendiger erscheint es, daß im Christentum der Traum als Medium religiöser Erfahrung saniert und mit ihm zusammen die weiblich-religiöse Symbolik, welche die Jesustradition unbewußt mitgestaltet hat, aktiviert und in die Glaubensvollzüge bewußt eingebracht wird.

Motiv-Vergleich

Inanna-Mythos	Passion und Auferstehung Jesu
Wiederkehrende Symbole	
– Verzicht auf die göttliche Herrschaft („Sie verließ ihre heilige Herrschaft")	– Phil 2,6–8: Er entäußerte sich seines Gott-Gleichseins, erniedrigte sich, ward gehorsam bis zum Tod
– Gang in die Unterwelt	– „hinabgestiegen in das Reich des Todes" (apostolisches Glaubensbekenntnis)
– Demütigender Leidensweg, 7 Tore als Stationen	– 14 (= 2x7) Kreuzwegstationen
– Wegnahme der Kleider und Nacktheit	Verteilung von Jesu Kleidern (Mk 15,24 parr)
– Am Pfahl aufgehängt	– ans Kreuz gehängt

– Keine Hilfe von den Göttern (außer von Enki, dem Gott der Weisheit)	– Gottverlassenheit Jesu am Kreuz (Mk 15,34 = Mt 27,46 = Ps 22)
– Drei Tage und Nächt im Tod	– Jonazeichen (Mt 12,40); Auferstehung am 3. Tage (1 Kor 15,4; Lk 24,21)
– Parallelität von Auferweckung und Auferstehung	– Parallelität von Auferweckung und Auferstehung
– Speise und Wasser des Lebens	– eucharistische Speise und Trank (z.B. Joh 6,33.35; 7,37–38)
– Aufstieg aus der Unterwelt mit neu beginnendem Leben auf der Erde	– Oster-Ikonographie bis ins Mittelalter: Aufstieg Christi aus der Unterwelt mit den atl. Gerechten
– Gedanke der Stellvertretung	– dasselbe
– Dumuzi, vom Freund verraten	– Jesus, von einem Freund verraten (Judas: Mk 14,44–46 parr), von einem anderen verleugnet (Petrus: Mk 14,66–72 parr)

Fehlende Symbole in der Jesus-Tradition

Inanna-Mythos	Passion und Auferstehung Jesu
– Lebenserneuerung durch die weibliche Gottheit und durch Geburt (gebärende Todesgöttin)	– Relikt im NT: Apg 2,24, Petruspredigt an Pfingsten „Ihn hat Gott auferstehen lassen, indem er die Wehen des Todes (der Todin) löste" (= beendete)
– Die positive Sicht des Todes als Verwandlerin zum Leben	– im NT das Gegenteil davon, z.B. 1 Kor 15,26: „Der letzte Feind, der entmachtet wird, ist der Tod"
– Weigerung des männlichen Prinzips zum stellvertretenden Sterben (Dumuzi)	– Jesus geht freiwillig in den Tod
– Die Bedeutung des Traums: Dumuzi wird durch ihn in seinen Tod eingeweiht	– Nur noch: Mt 27,19: Traum der Frau des Pilatus über Jesu Unschuld, bleibt ohne jede Wirkung
– Die Treue und Sorge der Schwester (ein Unterwelts-Dämon sagt: „Wer hat seit Anfang der Zeiten je eine Schwester gekannt, die das Versteck ihres Bruders verraten hätte?")	– Ntl. evtl. in: Frauen unter dem Kreuz, beim Begräbnis und am leeren Grab Jesu

– Das Garantieren der bleibenden Verbindung zur Unterwelt durch Göttin und Gott (Inanna/Gestinanna und Dumuzi)	– Auferstehung und Unterweltgesang Jesu sind einmalig
– Das Unterwelts-Symbol als eine zentrale religiöse Kategorie	– Fast völliges Verschwinden des Unterwelts-Symbols schon im NT

14. Gott – männlich oder/und weiblich?[58]

Ausgangsbedingungen

Die Gottesfrage in feministisch-tiefenpsychologischer Sicht läßt sich angemessen nur behandeln im Rahmen von hermeneutischen Überlegungen, das heißt im Zusammenhang mit den Verstehensvoraussetzungen, die eine Rede von Gott – das ist Theologie – bestimmen. An dieser Stelle setze ich einen Schwerpunkt bei den feministischen Verstehensbedingungen:

Ich wähle ein konkretes Beispiel:

„... die Christen entdecken in der Theorie- und Praxisgeschichte ihres religiösen Glaubens das Vorherrschen von männlich gefärbten Gottesvorstellungen, von männlich bestimmten Amtsstrukturen und teilweise männlich orientierten Verhaltensmustern – bis hin zum Mangel an institutionalisiertem Einfluß von Frauen in allen kirchenrelevanten Räumen – eingeschlossen die kirchlich-theologische Lehrverkündigung. Dementsprechend spiegelt auch der allgemein kirchliche und theologische Sprachgebrauch diese Einseitigkeiten wider; selbstverständlich zeigen die Religionsbücher einen ähnlichen Sprachgebrauch. Meines Erachtens ist dieses Sprachverhalten so offenkundig (bis in die religiöse Metaphorik hinein), daß es keiner ... aufwendigen Untersuchung bedarf, um etwas zu belegen, das niemand bestreitet und für jeden offenkundig ist; mehrere Seminararbeiten ... können den gesuchten Nachweis schneller und ohne sonderlichen Aufwand erbringen."[59]

Welche Einsichten ergeben sich aus der Analyse einer solchen Argumentation, die einem wissenschaftlichen Gutachten entstammt, für die Situation der feministischen Theologie?

1. Bis zur Bemerkung des vorletzten Satzes „daß es keiner aufwendigen Untersuchung bedarf", könnte diese Beschreibung in einer feministischen Argumentation stehen: es wird ein lange unterdrückter, auf Frauen und weibliche Werte bezogener Sachverhalt richtig, gut informiert und verständnisvoll dargestellt und als objektiv konstatiert.

2. Durch das angestrebte Ziel jedoch, mit dieser Tatsachenfeststellung das Forschungsprojekt abzulehnen, werden aus dem objektiv richtigen Befund Schlußfolgerungen gezogen – keine aufwendige Untersuchung notwendig, Seminararbeiten genügen –, durch welche die Fakten verharmlost, ja fast bedeutungslos gemacht werden. Zwischen dem Gewicht der genannten Fakten und ihrem Belanglosmachen klafft ein Widerspruch, der dem männlichen Wissenschaftler womöglich selbst nicht aufgefallen ist. Die hier angewandte Hermeneutik ist charakterisiert durch männliche Voreinstellungen, um nicht zu sagen: Voreingenommenheit. Da sie anscheinend unbewußt einfließt und deshalb unaufgeklärt bleibt, rückt sie auch die objektive Beschreibung der Situation ins Zwielicht.

3. Weiterhin wird die Frauenproblematik in Kirche und Theologie ausschließlich aus der Sicht der männlichen Wissenschaft definiert und bewertet, das heißt, sie wird als Objekt behandelt, wobei die Selbstaussagen von Frauen – in diesem Fall zumal der Antragstellerin – zum Problembereich nicht zur Kenntnis genommen werden. Ein anderer Gutachter bezeichnet die Methodik, die bei dem Forschungsprojekt angewandt werden und die Frauenperspektive einbeziehen sollte, als „Anti-Strategie", ein Wort, das einem Frauen-Forschungsvorhaben die wissenschaftlichen Qualifikation absprechen soll.

4. Um die ausschließlich männliche Perspektive aufrechtzuerhalten, wird sogar die Grundregel des *geltenden* Wissenschafts-Paradigmas in ihr Gegenteil verkehrt, die Regel, die besagt: ein Problem, das als solches erkannt worden ist, muß gründlich erforscht werden. Der wissenschaftliche Gutachter zieht für das feministisch-theologische Forschungsprojekt den entgegengesetzten Schluß. Ein analoger Fall wäre es, wenn z. B. die offenkundige

Problematik der Krankheit Aids, eben weil diese so offenkundig ist, nicht mehr erforscht zu werden brauchte.

5. Schließlich bietet der Gutachter in einem Postscriptum der theologischen Frauenforschung – wiederum anscheinend objektiv und aufgeschlossen – einen Ausweg an:

„Um so dringlicher ist die Erforschung der Ätiologien: welche geistes- und kulturgeschichtlichen, welche religions- und theologiegeschichtlichen Ströme haben die heutige Situation entstehen lassen?“ [60]

Die zugestandenen historischen Untersuchungen bedeuten im Gesamtkontext, daß durch sie eine feministisch-theologische Forschung an gegenwärtigen Mißständen – wie die Untersuchung der Sprache von Religionsbüchern das wäre – verhindert werden soll, vielleicht auch eine mögliche Konsequenz für die lukrative Schulbuchproduktion. Stattdessen wird der Frauenforschung eine historische Spielwiese zugestanden.

Es ist leicht zu erkennen, daß eine solche gutachterliche Argumentation eine sogenannte ist und als ein Machtmittel des männlich beherrschten, auch des theologischen Wissenschaftsbetriebs eingesetzt wird. Insofern wirft der analysierte Text ein Schlaglicht auf die noch immer gegebenen Ursprungssituationen der feministischen Theologie.

Ursprungssituationen und Ziel feministischer Theologie

Feministische Theologie geht nicht aus einem reinen Denkprozeß hervor, sondern aus der Biographie und unmittelbaren Erfahrung von Frauen, die sie in und mit Kirchen und Theologie gemacht haben und machen. Die theologische Reflexion dieser Frauenerfahrungen ist erst der zweite Akt des feministisch-theologischen Prozesses. Diese feministische Reflexion muß vor allem das männliche Ausschlußverhalten Frauen und Werten des weiblichen Lebenszusammenhangs gegenüber bedenken; dafür ist das Beispiel vom Anfang eine vorläufige Anschauung.

Daß das kirchlich-theologische Ausschlußverhalten vielen Frauen und auch immer mehr Männern bewußt wird, bedeutet noch keineswegs, daß es geändert wird – auch das zeigt das anfangs zitierte Fachgutachten. Im Gegenteil, es ist sogar mit einer Verschärfung dieser Ursprungssituation zu rechnen, indem nämlich das Ausgeschlossensein der Frauen selbst bestritten wird. So hat es der Vorsitzende der deutschen Bischofskonferenz in der Fernsehsendung „Votum" am 8. Oktober 1987 getan. Die im Grunde bescheidene Frage einer Zuhörerin nach der Benachteiligung der Frauen in der Kirche konterte der Bischof mit der Gegenfrage: „Wo wird sie (d. h. die Frau, M. K.) eigentlich benachteiligt?"

Besonders schmerzlich ist die Erfahrung von Frauen, wenn sie sich selbst ansehen und feststellen, daß sie durch die jahrhundertelange Sozialisierung und Erziehung ihres Geschlechts nach männlichen Vorstellungen von der Frau ihre eigene Abwertung und ihr Ausgeschlossensein tief verinnerlicht haben, daß sie deshalb keine Chance hatten zu einer authentischen Identitätsbildung als Frauen, ja, daß sie sogar selbst das androzentrische System mit aufrechterhalten und an die nächste Generation weitergeben. Dieser Sachverhalt prägt nicht nur die äußere Biographie von Frauen, sondern die Psychographie, also die seelische Entwicklungsgeschichte des ganzen Geschlechts der Frauen. In diesem Punkt müssen Frauen sich selbst sehr kritisch anschauen. Die von Frauen öfter zu hörende Äußerung: sie seien oder sie fühlten sich nicht unterdrückt, bestätigt das allgemeine Ausmaß von Frauenunterdrückung eher, als daß es dies widerlegt. Auch wenn solche Äußerungen der Selbstwahrnehmung von Frauen wirklich entsprechen, also subjektiv echt sind, muß doch gefragt werden, ob die Identifizierung mit dem Unterdrücktsein des eigenen Geschlechts nicht so tief reicht, daß sie nicht mehr gefühlt wird, ja nicht mehr gefühlt werden kann. Aus tiefenpsychologischer Sicht ist es bei lange währender Selbstentfremdung notwendig, ein Minimum an Identität, an Selbstwertgefühl zu bewahren, um seelisch überleben zu können; und das geschieht in der Regel durch Solidarisierung – gerade nicht mit den Mit-

Unterdrückten, sondern mit der unterdrückenden Macht, wozu neben Personen auch einschränkende Rollenmuster gehören. Die Aussage, nicht unterdrückt zu sein, kann u.U. nur bedeuten, sich der eigenen entfremdenden Lebenssituation nicht bewußt zu sein. Bewußtwerden ereignet sich in erster Linie aber im gefühlsmäßigen Bereich. Und wenn Unterdrücktsein sich bewußt machen will, wird dies über Gefühle des Schmerzes, der Trauer, der Wut, der Einsamkeit gehen. Sich solchen Gefühlen auszusetzen, statt sie abzuwehren, ist auch für Frauen schwer; wie es auf der anderen Seite für Männer schwer ist zu fühlen, daß sie, ob sie es wollen oder nicht, dem Frauen unterdrückenden Geschlecht angehören.

Dies ist gemeint mit der Biographie und der Erfahrung von Frauen als Ursprungssituation für feministische Theologie. Wo Frauen sich der Situation des weiblichen Geschlechts in patriarchalen Gesellschaften, zu denen auch die Kirchen gehören, bewußt werden, erfahren sie, daß Frauen so gut wie in jeder Hinsicht Objekt männlicher Fremdbestimmung sind.

Feministische Theologie setzt nun damit ein, daß Frauen sich aus der Geschichte ihrer Unterdrückung zu befreien trachten. Darin gleichen sich die feministischen Befreiungsbewegungen in allen Ländern und Kontinenten, so sehr sich die Unterdrückungssituationen der Frauen auch unterscheiden. Feministische Theologie als ein Befreiungsprozeß bezieht sich sowohl auf den gesellschaftlich-kirchlichen Bereich als auch auf den religiös-spirituellen Bereich, sowie auf die theologische Theoriebildung zu den ersten beiden Bereichen. Die feministische Theologie ist so eine Befreiungstheologie, die von Frauen selbst getragen wird, und das heißt, die Frauen sind nicht mehr Objekt, sondern Subjekt dieser Theologie. Von ihrem Ursprung her ist sie nicht eine Theorie, die zu den schon vorhandenen hinzugefügt würde. Da sie einem Bewußtwerdungsprozeß entspringt, der entstanden ist aus den konkreten Lebenszusammenhängen von Frauen, kann feministische Theologie authentisch nur von Frauen betrieben werden, so sehr das Mitvollziehen des Befreiungsprozesses durch Männer erwünscht ist.

Wie wenig allerdings Frauen noch als Subjekte des theologischen Befreiungsprozesses gesehen werden, selbst in einer der feministischen so ähnlichen neuen Theologie wie der lateinamerikanischen Befreiungstheologie, macht ein Beispiel deutlich. Im Oktober 1987 fand an der Universität Münster ein Lateinamerika-Kongreß statt. Auf dem Sektor der Befreiungstheologie, von der Katholisch-Theologischen Fakultät organisiert, waren viele der berühmten Befreiungstheologen als Referenten anwesend – z.B. Leonardo Boff, G. Gutierrez, Kardinal Arns u.a.; es war aber keine einzige Referentin da. Auf meine kritische Anfrage hin wurde mir eifrig versichert, daß in den Basisgemeinden die Arbeit fast ganz von Frauen, besonders von Ordensfrauen getragen wird – was ich schon wußte. Als ich beim verantwortlichen Organisator nachhakte, erklärte er mir, diese kompetenten Frauen seien auf der pastoralen Ebene tätig, nicht auf der von den Befreiungstheologen die professionelle genannten. Dies sei eben ein akademischer Kongreß; und auf dieser, der professionellen Ebene gebe es leider keine Frauen. Die von Männern definierte Professionalität führte auch hier zum Ausschluß der Frauen und beraubt sie so ihres Subjektseins in der Befreiungstheologie.

Aus den Ursprungssituationen der feministischen Theologie ergibt sich ihr Hauptziel. Sie leistet zwar eine enorme wissenschaftlich-denkerische Arbeit, und dies sozusagen aus dem Nullstand heraus. Aber dies ist nicht ihr Ziel, sondern eher der Weg. Als Ziel strebt die feministische Theologie die Autonomie der Frauen in ihrem Menschsein und in ihrem Christinsein an. Dazu will sie Emanzipation herbeiführen in dem Sinn, daß Frauen in allen Kirchen – und in der Gesellschaft insgesamt – die ihnen zustehenden Rechte voll wahrnehmen können, und zwar in den kirchlichen Lebensräumen und Institutionen, einschließlich des Amtes und der theologischen Lehre. Emanzipation ist ein Zwischenziel, das zu erreichen auch kirchenpolitisches Handeln verlangt – das zu Beginn angeführte Beispiel vom abgelehnten feministischen Forschungsprojekt mit fadenscheinigen Gründen zeigt das. Autonomie zielt vor allem aber den Auszug der Frauen aus der männlichen Fremdbestimmung in Kirchen und Theologie an und den Gang zu einem selbstbestimmten schöpferischen Leben und Glauben. Da die bisherige Form der Glaubensüberlieferung und Glaubenspraxis dieses ganzheitliche Menschwerden von Frauen verhindert hat, strebt die feministische Theologie eine Transformation der Theologie als ganzer an. Selbstverständlich bedarf es zu diesem Wandlungsprozeß auch der Befreiung der Männer im Christentum; denn durch die patriarchale Dominanz sind gerade sie in einem ganzheitlichen Mensch- und Christsein verkümmert, vielleicht noch mehr als die Frauen.

Aus Ursprungssituationen und Ziel ergibt sich die Frage, wie die feministische Theologie die Prinzipien des Theologisierens versteht und wo die Änderung schwerpunktmäßig anzusetzen hat.

Feministisch-theologische Hermeneutik – ein anderes theologisches Paradigma

Es kann in der feministischen Theologie nicht darum gehen, nur punktuell männlich theologische Einseitigkeiten zu korrigieren oder zu ergänzen. Da sich die offizielle Kirchen- und Theologiegeschichte als männlich geprägt darbietet, genügt es nicht, vorhandene, aber verdrängte weibliche Aspekte der christlichen Überlieferung auszugraben, wie z. B. vergessene Frauengestalten im Alten und Neuen Testament sowie in der Kirchengeschichte oder weibliche Züge am Gottesbild, wenngleich dies eine wichtige Arbeit ist. Wenn nur diese Elemente beachtet würden, so könnte da nur ein mageres Ergebnis herauskommen. Und die grundsätzlich männliche Einfärbung der christlichen Tradition könnte nicht verändert werden. So geht es für die feministische Theologie darum, die Bezugspunkte der Auslegung der religiösen Tradition neu festzulegen. Das heißt, es müssen andere als die bisherigen androzentrischen Verstehensvoraussetzungen geschaffen werden.

Aus feministischer Sicht ist die bisherige männliche Perspektive auf die christliche Tradition zu vergleichen mit der Scheinwerfer-Beleuchtung einer vielfältig strukturierten Landschaft, wobei die Beleuchter den Lichtstrahl immer von derselben Stelle aus lenken. Sie halten dann den beleuchteten Ausschnitt etwa für eine große Ebene, der in Wirklichkeit ein schmales Tal ist. Solange sie den Scheinwerfer nicht auf die umgebenden Berge richten, indem sie einen anderen Beleuchtungs-Standort wählen, können sie ihren Irrtum auch nicht bemerken. Gewiß machen sie auf der vermeintlichen Ebene eine Menge zutreffender Einzelheiten aus. Aber die daraus abgeleitete Beschreibung der ganzen Landschaft trifft nicht zu, weil das Ganze ja gar nicht in den Blick gekommen ist. Auch wie Einzelheiten, die Vegetation etwa, klassifiziert werden, wird fragwürdig, da solche aus ihrer Zuordnung zur Landschaft als ganzer erst richtig gedeutet werden können. Die Frage ist nun, warum die Beleuchter sich mit der ausschnitthaften Wahrnehmung begnügen, warum sie ihren Standort nicht einmal wechseln und warum sie sich nicht eine bessere bzw. nicht so starre Lichtquelle besorgen. Offensichtlich ist dies eine Einstellungssache – jedoch weniger der Scheinwerfer als vielmehr der Beleuchter. Deren Fehlleistung könnte auch dadurch verursacht sein, daß sie nicht in der Lage oder willens sind, ihre falsche Einstellung zu erkennen bzw. zu ändern.

Was sich in der Bildgeschichte unterhaltsam anhört, stellt in Wirklichkeit das Paradigma der männlichen Theologie in Frage. Fatal wird es, wenn bisherige Beleuchter – sprich: Theologen – religiöser Überlieferungen einen, wie sie meinen, feministischen Schwenk machen und glauben, so die Frauenproblematik im Christentum lösen zu können. Ein Beispiel aus der gegenwärtigen Rezeption biblischer Frauenüberlieferungen möge das illustrieren. Da es von einem Theologen, Eugen Drewermann, stammt, der sich tiefenpsychologische Aufklärung der Theologie zum Ziel gesetzt hat, ist es besonders aufschlußreich für eine tiefenpsychologisch-feministische Hermeneutik.

„Maria von Magdala hat nichts zu tun mit der Gestalt der Dirne aus dem 7. Kapitel des Lukasevangeliums (Lk 7,36–50) dennoch hat die kirchliche Legende und Kunst immer wieder das gemeinsame Maß an Not und Traurigkeit zwischen beiden Frauen herausgespürt und beide oft miteinander identifiziert. Gleichfalls in der Thematik sexueller Ausnutzung und Dirnenhaftigkeit hat denn auch Boris Pasternak mit Bezug auf die Seligpreisungen Jesu in seinem Roman ‚Doktor Schiwago' geschildert, was es bedeuten kann, inmitten eines zerfallenen, nichtigen Lebens, wie Maria Magdalena am Grabe, wie die Frau im Lukasevangelium, von Gott her angeredet zu werden. Pasternak erzählt, wie Lara ... sich selber für gänzlich verloren und entehrt empfindet."[61]

Da das Beispiel eine tiefenpsychologische Interpretation gibt, wäre zu erwarten, daß sie die den historisch-kritischen Exegeten nicht zugänglichen Tiefenstrukturen der männlichen Exegese zu der Gestalt der Maria Magdalena aufklärt. Doch das geschieht nicht, ganz im Gegenteil: Drewermann untermauert die unbiblische Vorstellung von Maria Magdalena als einer sexuellen Sünderin und Büßerin, die durch die männliche Kirchengeschichte geistert, indem er Maria von Magdala mit der Sünderin bei Lukas und mit der Lara von Pasternak vergleicht, ja sie mit diesen beiden Frauengestalten nahezu identifiziert. Die zuerst getroffene richtige Feststellung, Maria von Magdala sei nicht die Dirne von Lukas 7, macht eine solche, sich modern und frauenzugewandt gebende Exegese doppelbödig und gibt ihr den Charakter von Falschmünzerei. Es handelt sich um eine (vor-)täuschende feministische Exegese, möglicherweise aus besten Absichten. Sie ist allerdings bei Drewermann strenger zu beurteilen, da sie sich bis in die Tiefen hinein aufgeklärt gibt, dabei aber sexistische Vorurteile, also einen alten männlichen Standort befestigt. Das Beispiel führt vor Augen, daß jeder aus männlicher Perspektive betriebene wissenschaftliche Ansatz zur Fremdbestimmung von Frauen und weiblicher religiöser Symbole ge-, bzw. mißbraucht werden kann. Deswegen ist es wichtig, die tiefenpsychologische mit der feministischen Hermeneutik zu verbinden.

Das Beispiel provoziert auch die Frage: Was kann die Aufgabe von männlichen Theologen sein, die sich den Erkenntnissen der Frauenforschung öffnen, diese aber nicht authentisch betreiben können, da Frauen ja deren Subjekt sind? Keinesfalls geht es darum, daß Männer sich jetzt schnell „Feministen" nennen und ein paar kosmetische Verschönerungen an ihrer bisherigen Theologie vornehmen. Männliche Theologen könnten vielmehr dort eine ähnliche Hermeneutik wie die feministische anwenden, wo sie selbst authentisch sind, wo ihr männlicher Lebens- und Erfahrungszusammenhang und ihre daraus resultierende Theologie berührt sind. Das bedeutet, sie könnten selbstkritisch untersuchen, welche Rolle Männer und männliche Werte in der ursprünglichen Definition der christlichen Botschaft spielten und bis heute spielen; wie solch männlich einseitige Festlegung das Wort Gottes, die Botschaft Jesu, die Praxis des Glaubens, die religiöse Ethik durchsetzt hat. Sie müßten weiter selbstkritisch ihre eigene Zugehörigkeit zu dem Geschlecht erforschen, das Frauen unterdrückt hat und nach wie vor in öffentlichen Bereichen religiöser Institutionen ausschließt. Sie müßten herauszufinden trachten, wo sie selbst, bewußt oder unbewußt, sich daran beteiligen, kirchlich-theologische Verhältnisse, die Frauen unsichtbar machen, aufrechtzuerhalten. Es kann nicht darum gehen, daß Männer, nun unter feministischem Vorzeichen, sich wieder oder immer noch vor allem Gedanken über Frauen machen; sondern es ist notwendig, daß Männer an ihrem eigenen vollständigen Menschwerden arbeiten, daß sie versuchen, eine volle menschliche Partnerschaft mit den Frauen in Kirchen und Theologie herbeizuführen, was auch bedeutet, Privilegien aufgrund ihres männlichen Geschlechts aufzugeben. Als Ziel stelle ich mir vor, daß männliche Theologen ihre Theologie in eine ganzheitliche transformieren.

Auf der anderen Seite kann sich eine feministisch-theologische Hermeneutik nicht damit begnügen, den vergessenen Teil der Frauen und ihrer Werte im Christentum dem beherrschenden männlichen Teil nur hinzuzufügen. Im Scheinwerferbild gesprochen: es genügt nicht, jetzt lediglich auch Beleuchterinnen hinter die alten Scheinwerfer in ihrer alten Position zu stellen. Vielmehr muß nach umfassenderen und schärferen Beleuchtungsmöglichkeiten gesucht werden; und es ist mit neuen Blickrichtungen auf das ganze religiöse und theologische Terrain zu arbeiten. In der feministisch-theologischen Zielperspektive geht es darum, die bislang selbstverständlichen theologischen Perspektiven als solche zu verändern.

Wie das in einer männlichen Religion festgelegte Bild von der Frau, insbesondere der Aspekt ihres Objektseins, mit dem theologischen Zentralthema, der Rede von Gott, zusammenhängt, soll im folgenden Abschnitt bedacht werden.

Die Gottesfrage als Angelpunkt feministisch-tiefenpsychologischer Theologie

Die Thema-Frage: „Ist Gott männlich und/oder weiblich?" verlangt nach einer theo-linguistischen Vorbemerkung. Wovon spricht eine Religion oder eine Theologie eigentlich, wenn sie von oder über Gott spricht? „Gott" meint in jeder Theologie, auch in der feministischen, ein Gottes*bild* oder eine Gottes*vorstellung*. Wollte eine Theologie über Gott an sich sprechen, so würde sie das Göttliche gerade verfehlen, da dieses in eine Sprache und Vorstellung gepreßt würde, die dem menschlichen Bewußtsein entspringt, daher nur Endliches, niemals das Universale als Ganzes aussagen kann. Alles Reden über Gott spiegelt daher stets die Bewußtseinsentwicklung derer, die sich auf die jeweilige Gottesaussage, auf ein Gottesbekenntnis beziehen. Von daher muß die Antwort auf die Thema-Frage lauten: Gott ist sowohl weiblich als auch männlich, und: Gott ist weder männlich noch weiblich. Beide Sätze gelten zugleich; sie heben sich nicht gegenseitig auf, sondern machen die Eigenart jeder Rede von Gott deutlich: Sie trifft zu, und sie trifft zugleich nicht zu. Das Paradoxe in der Rede von Gott ist konstitutiv; denn die eindimensionale Logik der Bewußtseinssprache ist nicht fähig, das, was mit dem Wort „Gott" angezielt ist, auch tatsächlich auszusagen. Dem komplexen Inhalt des Wortes „Gott" kommt ein Reden, Denken und Fühlen in Bildern viel näher, da in Bildern, genauer: in Symbolen komplexere Dimensionen bezeichnet werden können. Symbole aber entstehen aus dem psychisch Unbewußten (vgl. III, 13), und sie verkörpern daher Bedeutungen, die im Gebrauch eines Gottesbildes oftmals nicht mehr präsent, aber dennoch sehr wirksam sind. Ein kleines liturgisches Beispiel möge das verdeutlichen. Der Begriff

„Herrlichkeit“ spielt in Gebeten, Liedern, liturgischen Formeln usw. eine eminent wichtige Rolle. Er stammt eindeutig vom Wort „Herr“ ab; dieses wird bewußt aber wahrscheinlich kaum noch mit „Herrlichkeit“ assoziiert, weil „Herrlichkeit“ mit etwas Glanzvollem verschmolzen ist. So schließt das ökumenisch gebräuchliche Vaterunser z. B. mit dem Satz: „Denn dein ist das Reich und die Kraft und die Herrlichkeit, in Ewigkeit. Amen“. Nur wenig Nachdenken kann darauf bringen, daß in dem Gottesbild, das diesem Lobpreis zugrundeliegt, Gott von vornherein in ein hierarchisches System gestellt ist: sein Glanz ist von seinem Herrsein abgeleitet; zu diesem gehört selbstverständlich ein Reich, in dem er herrscht; und Herrsein bedingt Über- und Unterordnung. Dieses Gottesbild ist ausgesprochen männlich. Es hat mit der Lebenswelt von Frauen fast nichts zu tun; oder zutreffender: es beschreibt als Gottesbild zugleich die Rollen der Geschlechter in patriarchalen Gesellschaften. Mit dem Herrsein ist das männliche Geschlecht identifiziert, das weibliche mit der notwendig das Herrsein ergänzenden Position unten. Diese Eigenart des Gottesbildes bestätigt sich sogleich, wenn versucht wird, die „Herrlichkeit“ zu ersetzen durch ein Attribut, das eher dem weiblichen Geschlecht zugeordnet werden kann, z. B.: „Denn dein ist die Kraft und die Schönheit, oder: Lieblichkeit, in Ewigkeit, Amen.“ Über solch einen Satz mögen manche entsetzt sein. Aber belegt eine solche Reaktion nicht gerade, daß das christliche Gottesbild eindeutig männlich ist? Warum aber sollte es angemessen sein, daß männliche (Lieblings-)Vorstellungen und von Männern geschätzte Werte im Gottesbild repräsentiert sind, die Repräsentation von Werten der Lebenswirklichkeit von Frauen im Gottesbild dagegen fast als Gotteslästerung aufgefaßt wird? Sind Schönheit und Lieblichkeit es nicht wert, im Gottesdienst gefeiert zu werden? Könnten sie nicht vielleicht viel mehr zum Frieden in der Welt beitragen als die Vorstellung vom Herrsein, das als Herrlichkeit glorifiziert wird, aber ohne beherrschen, unterdrücken u. ä. nicht gedacht werden kann?

Das Gedankenspiel zeigt, daß Gottesbilder ein bestimmtes Bewußtsein ausdrücken und in der betreffenden Glaubensgemeinschaft die für die psychische Identitätsbildung geltenden Vorstellungen und Werte stabilisieren. Im Christentum gibt es nur männliche Gottesbilder. Daher wird Gott in der christlichen Überlieferung und Praxis vereinnahmt für die Identität des männlichen Geschlechts. Dieses stellt den Wert dar, der durch seine Repräsentation im Gottesbild garantiert und besonders geschützt ist. Die Identitätsbildung des weiblichen Geschlechts erscheint im Vergleich dazu eher als ein Abfallprodukt dieses Gottesbildes. Es verhindert nämlich eine authentische Identitätsbildung von Frauen. Die für Christinnen verfügbaren Identitätsmuster wie Eva und Maria und andere heilige Frauen erweisen sich ebenfalls als Entwürfe aus männlicher Psychologie (s. II, 12). Sie legen Frauen auf eingeschränkte Lebensformen wie Ehefrau, Mutter und Nonne sowie auf die den Männern untergeordneten Positionen in den Kirchen fest. Derselbe Befund gilt auch im Rahmen der Christologie; denn es gibt keine Überlieferung und Rede von der Gestalt Jesu, die nicht von einem Gotteskonzept geprägt ist. So wurde noch 1976 der Ausschluß der Frau vom Amt in der katholischen Kirche in einer offiziellen Verlautbarung des Hl. Stuhls mit dem Mannsein Jesu Christi begründet.[62] Nun ist Christus aber das letztgültige Gottesbild im Christentum. Und so stellt sich ein innerer Zusammenhang her zwischen der Situation der Frau im Christentum, den für sie gültigen weiblichen Identitätsmustern, den daraus abgeleiteten Rollen-Klischees und dem männlichen Gottesbild. Dieser Zusammenhang läßt den Verdacht zur Gewißheit werden, wie Mary Daly sie formuliert hat: „Wenn Gott männlich ist, muß das Männliche Gott sein".[63] Aus der Analyse ergibt sich, daß für ein neues Paradigma von Theologie wie das feministische die Gottesvorstellung eine Art Angelpunkt ist.

Anthropologie, die Lehre vom Menschen, und Theologie, die Lehre von Gott, hängen in Religionen eng zusammen. In der christlichen Überlieferung gibt es Ansatzpunkte, die eine Repräsentation auch des weiblichen Menschseins im Gottesbild hätten ermöglichen können. Grundlage für die christliche Anthropologie ist nämlich die Aussage von der Gottebenbildlichkeit des Menschen, und zwar beider Geschlechter, wie aus dem Schöpfungsbericht, Genesis 1,27, klar hervorgeht. Die Geschichte zeigt jedoch, daß die Gottebenbildlichkeit der Frau nie als eine ebenso unmittelbare wie die des Mannes verstanden worden ist. Frauen konnten Ebenbild Gottes sein, wenn sie dem Bild entsprachen, das der Mann für die Frau entworfen hatte; und dies war immer eine abgeleitete Ebenbildlichkeit. Wegen des grundsätzlich männlichen Gottesbildes konnte das auch nicht anders sein. So erweist es sich, von der christlichen Anthropologie aus betrachtet, noch einmal, daß der Keim zur Selbstentfremdung der Frau im Gottesbild liegt.

Für Frauen und ihre Identitätsbildung im Christentum ist der Befund verheerend. Und so soll nun gefragt werden, ob es im Blick auf das Gottesbild nicht Vorstellungen gibt und/oder gegeben hat, die Frauen eine authentische Identitätsbildung mit religiöser Begründung ermöglichen. Ich will diese Frage mit einer „Hermeneutik der Erinnerung"[64] auf drei Ebenen untersuchen. Auf der ersten, der innerchristlichen, und zwar am Beispiel der biblischen Ebene, scheint sich ein ganz günstiges Bild für die Frauen darzubieten. Die feministische Theologie hat eine Menge weiblicher Züge am Gottesbild der Bibel, vor allem im Alten Testament, wiederentdeckt.[65] Im Neuen Testament können dazu auch väterliche Züge am Gottesbild Jesu gerechnet werden, wie das Bild vom barmherzigen Vater im Gleichnis vom verlorenen Sohn, die Anrede Gottes mit „Abba", einem Wort zärtlichen Vertrauens.

Werden diese weiblichen Züge am biblischen Gottesbild jedoch im Rahmen der Religionsgeschichte kritisch analysiert, so stellt sich heraus, daß sie dem Bild Gottes im altisraelitisch-christlichen Raum nicht ursprünglich zu eigen sind, daß sie vielmehr als Relikte ehemals weiblicher Gottheiten des alten Orients, z.B. aus dem Umfeld des kanaanäischen Baalskultes, zu beurteilen sind. Diese Züge haben im Kampf der patriarchalen Religionen gegen die älteren Göttin-Religionen überlebt und sind schließlich dem männlichen Gottesbild einverleibt worden. Dieser Befund gibt zweierlei zu erkennen: zum einen eine wichtige Methode, wie weibliche religiöse Werte und damit Frauen als ihre bevorzugten Trägerinnen durch patriarchale Usurpation ausgelöscht bzw. vermännlicht worden sind. Zum anderen zeigt sich aber auch die anthropologische Stärke dieser Werte, da sie selbst über Jahrtausende hin nicht völlig ausgerottet werden konnten. Insofern drängt sich eine positive Vermutung auf, daß nämlich im Bilde der alten weiblichen Gottheiten anthropologisch unverzichtbare Werte repräsentiert sind, für Frauen und für Männer.

Damit ist die zweite Ebene der feministischen Erinnerung erreicht. Es ist die Erinnerung an ein Bewußtseinsstadium der Menschheit, in dem das Bild vom Menschen vorrangig in einem weiblichen Gottesbild aufgehoben war. Dies ist nach mythischen und archäologischen Zeugnissen ein unvergleichlich längeres Stadium gewesen, als das Stadium androzentrisch orientierter Religionen andauert. Der sogenannten Matriarchatsforschung in der feministischen Theologie[66] wird oft vorgeworfen, sie wolle an die Stelle des männlichen Gottesbildes genauso einseitig das Bild der archaischen Göttin setzen und deren Kulte wiederbeleben. Darin steckt ein tiefes Mißverständnis der sogenannten Wiederkehr der Göttin in der Forschung in und außerhalb der feministischen Theologie. Es ist hierbei genauer darauf zu sehen, welche Funktionen die feministische Rückbesinnung auf die Göttinreligion erfüllt.

Zuerst stellt die Erinnerung an die weiblichen Gottesbilder ein kritisches Korrektiv dar gegenüber den monotheistischen, einseitig männlich orientierten Religionen. Einen solchen kritischen Standort können Frauen innerhalb des Christentums nicht finden, weil sie mit ihren Werten im Gottesbild nicht vorkommen. Also müssen sie sich auf die Suche nach der ursprünglichen Bedeutung der abgesunkenen weiblichen Relikte im biblischen Gottesbild machen. Nur von einem außerchristlichen Standort aus können sie die leere Stelle in der christlichen Gotteslandschaft scharf genug beleuchten und dazu beitragen, daß diese in ihrem vollen Ausmaß wahr genommen wird.

Eine weitere Funktion der Beschäftigung mit der Göttin besteht darin, daß die Göttin-Religionen des alten Orients ein Potential an ganzmachender Religion und Spiritualität anbieten. Es ist aufschlußreich zu sehen, daß die vielfältigen Bilder der Göttin – in christlich-theologischem Mißverständnis Polytheismus genannt –

gerade keine Vervielfältigung des Göttlichen sind, sondern eine universale Einheit und Ganzheit ausdrücken. Die Göttin verkörpert unter vielen Namen und mit verschiedenen Gesichtern die *eine* Wirklichkeit: von Menschen – und zwar Frau und Mann –, von Geschichte, Natur und Kosmos, von äußerer materieller und innerer seelischer Realität als ein zusammengehörendes Ganzes. Und im rituell gefeierten Symbol von Sterben und Wiedergeborenwerden bzw. Auferstehen wird der Lebensfluß dieses Ganzen in Gang gehalten, erneuert und weiterentwickelt. Im Christentum wird zwar auch die Einheit und Ganzheit alles Geschaffenen, als von Gott herkommend und von ihm garantiert, behauptet, aber in den Symbolen, den Riten und der Glaubenspraxis weithin nicht realisiert. In diesen herrschen vielmehr Spaltung und Ausgrenzung vor, wie das männliche Gottesbild zeigt, das mehr als die Hälfte der Menschheit vom Zentrum der religiösen Symbolik ausschließt. In den Bildern der archaischen Göttin ist in erster Linie zwar das Bild der Frau und ihrer Werte aufgehoben, in Zuordnung zu diesem aber auch das des Mannes, und zwar in männlichen Göttern und männlichen Symbolen, die auf die Göttin bezogen sind. Das ist anders als bei Gottesbildern in patriarchalen Religionen, die das weibliche Prinzip eliminiert haben. Als Beispiele seien erwähnt der sumerisch-altbabylonische Mythos von der Lebensgöttin Inanna/Ischtar und Dumuzi/Tammuz (2.–3. Jahrtausend v. Chr), der ägyptische Mythos von Isis und Osiris/Horus (zeitlicher Ursprung unbekannt, aber sehr alt), der syrisch-kanaanäische Mythos von Anat und Baal (Ugarit/Ras Schamra, Mitte 2. Jahrtausend v. Chr.). Das Gotteskonzept der vorderorientalischen Göttinreligionen, von denen, z. T. über das Alte Testament, Einflüsse auf das Christentum ausgegangen sind (vgl. III, 13), könnte eine mehr ganzheitlich ausgerichtete Identitätsfindung von Frauen und Männern inspirieren und, daraus resultierend, eine humanere Beziehung der Geschlechter. Die zweite Funktion einer Beschäftigung mit der alten Göttinreligion ist auf dieser Ebene der psychisch-sozialen Entwicklung angesiedelt, nicht in einer Wiederbelebung der alten Kulte.

Wie aber kann das im Christentum verdrängte weibliche Gottesbild in der Gegenwart wieder wirksam werden? Eine bloß gedankliche Erinnerung daran wird dies nicht durchgreifend vermögen. Es bedarf dazu einer dritten Ebene der Erinnerung, die eine schöpferische Vergegenwärtigung ist. Diese Erinnerung führt nicht in die Tiefe der Historie, sondern in die Tiefe des psychisch Unbewußten in uns selbst. Dort sind auch bei modernen Menschen die archaischen, die weiblich religiösen Symbole und die Werte, die sich in ihnen ausdrücken, wiederzufinden. Sie können als kreative Energien aktiviert werden durch einen bewußten und kontinuierlichen Umgang mit Träumen, Imaginationen, gelenkten Phantasien u. ä. Es ist bemerkenswert, daß im Christentum als einer androzentrischen Religion sowohl Frauen und ihre authentischen Werte als auch göttliche Offenbarung in Träumen unterdrückt worden sind. Beides hängt miteinander zusammen, denn in den Göttinreligionen hat Offenbarung sich vorwiegend im Traum ereignet. Auf diesem Wege können Frauen und Männer heute noch an die ursprünglich weiblichen seelischen Wurzeln des Menschseins gelangen. Ich selbst arbeite daher mit einer tiefenpsychologisch-feministischen Hermeneutik, um die Patriarchalisierung der religiösen Symbole zu überwinden.

In der feministischen Theologie, vor allem in den USA, gibt es eine breite Richtung, die sich das weibliche Gottesbild wieder zugänglich zu machen versucht durch neue meditative Riten und eine neue spirituelle Praxis. Dabei wird, wie beim tiefenpsychologischen Verfahren, die Erfahrung gemacht, daß die im Bild der Göttin verkörperten Lebensmächte den Frauen innerlich selbst zu eigen sind. Frauen entdecken auf diesem Erinnerungsweg auch neu die in der männlichen Religion verbotene religiöse Bedeutung des weiblichen Körpers und seiner mit der Natur und dem Kosmos zusammenhängenden Rhythmen. Und Frauen finden dabei Zugang zu einer nicht-patriarchalen Macht; das ist eine Macht, die sich nicht in Über- und Unterordnung manifestiert, die vielmehr eine psychisch zentrierte Mächtigkeit ist, die Frauen selbst – und auch Männer – zum Vollständigwerden als Menschen inspirieren kann. Es ist eine Art von Mächtigkeit, wie sie in den Evangelien von Jesus bei seinen Heilungen berichtet wird. Die ihm zugeschriebene „Vollmacht" hat viel mit der feministischen, mit der nicht-patriarchalen Macht zu tun. Es ist eine Macht, die nicht von außen auf Menschen einwirkt und sie beherrscht, die vielmehr die eigene innere Mächtigkeit, die eigene Kompetenz freisetzt und so heilend wirkt. Offensichtlich gründet Jesu Vollmacht in seinem Bild von Gott, das dem der männlichen religiösen Elite seiner Zeit widersprach.

Und so läßt sich am Schluß die Frage stellen, auf die es in der feministischen Theologie noch keine abschließende Antwort gibt, ob die in einem weiblichen Gottesbild repräsentierte menschliche Identität von Frauen sich verbinden läßt mit dem entpatriarchalisierten Gottesbild Jesu. Die Beantwortung dieser Frage wird abhängen von der Antwort auf die andere Frage: Ob das Christentum mit seinen kirchlich-theologischen Institutionen sich versöhnen kann bzw. wird mit weiblichen religiösen Werten und ob es bereit ist, diese bewußt wieder in seine religiöse Symbolik zu integrieren. *Daß* dies geschieht, dürfte die theologische Voraussetzung dafür sein, daß Frauen ihre vollen Rechte in den Kirchen wahrnehmen können, und vor allem dafür, daß Frauen künftig sich mit ihrem noch zu findenden authentischen Menschsein und ihrer Lebenswelt in Kirchen und Theologie beheimatet zu sehen vermögen.

15. Tiefenpsychologie und feministische Theologie[67]

Einleitung

Die Verbindung von tiefenpsychologischer und feministischer Sichtweise ruft von verschiedenen Seiten Widerspruch, ja Ablehnung hervor. Daß diese von der Theologie und der kirchenamtlichen Lehre kommen, ist nicht verwunderlich, machen doch beide Ansätze gravierende Mängel des christlichen Glaubens, seiner

Überlieferungen und Institutionen offenbar und stellen damit über Jahrhunderte eingefahrene religiöse Sichtweisen in Frage.

Daß wichtige Richtungen der feministischen Theologie – wie die befreiungstheologische und politische, z. T. auch die Göttinforschung[68] – aber ein Zusammengehen mit der tiefenpsychologischen Theologie zurückweisen, ist eher Anlaß zum Verwundern, zumal die geäußerten Vorbehalte meistens nicht auf angemessener Kenntnis der Tiefenpsychologie beruhen. Mir stellt sich hierzu aus tiefenpsychologischer Sicht zunehmend die Frage, ob es sich bei diesem Widerspruch nicht, ähnlich wie bei dem in der herkömmlichen Theologie, wenn auch aus anderen Gründen, um eine unbewußte, emotional bedingte Abwehr handelt. Wäre es so, könnte diese Abwehr nicht mit rationalen Argumenten abgebaut werden, sondern nur durch tiefenpsychische Änderungen in den Einstellungen der Widersprechenden. Die Unwilligkeit zu tiefenpsychologischer Aufklärung in Kreisen der feministischen Bewegung und Forschung verhindert leider auch das durchgreifende Aufarbeiten der Verletzungen von Frauen sowie der Unterdrükkung von weiblichen religiösen Symbolen im Patriarchat, wodurch wiederum der feministisch-(theologisch)e Befreiungsprozeß behindert wird.

Widerspruch gibt es auch in der entgegengesetzten Richtung, von der tiefenpsychologischen gegen die feministische Theologie, da allerdings von männlicher Seite, nicht von Frauen. Und auch hier scheint er mir nicht nur auf wissensmäßiger Unkenntnis feministischer Anliegen zu beruhen, sondern mehr noch auf verweigerter tiefenpsychologischer Aufklärung der eigenen unbewußten Einstellungen.[69]

Die stärkeren Vorbehalte treffen auf allen Seiten im allgemeinen C. G. Jungs Konzept. Das ist wiederum weniger verwunderlich. Denn auch das entpatriarchalisierte Freudsche Konzept[70] gibt nach meiner Überzeugung für das Erschließen von Tiefenstrukturen theologischer Aussagen und religiöser Überlieferungen nicht allzu viel her. Freuds Verhältnis zur Religion – sein persönliches wie das seiner psychoanalytischen Theorie – war grundlegend negativ kritisch. Die Psychoanalyse Freuds eignet sich von daher gut dazu, durch Religion und Kirchen verursachte psychische Fehlentwicklungen aufzudecken und zu beseitigen. Sie taugt aber kaum dazu, die positiven psychischen Grundlagen von Religion und Religionen zu erhellen. Das ist anders bei der Tiefenpsychologie von Jung. Es ist gerade eines ihrer Ziele, etwas über den psychologischen, und das heißt zugleich über den anthropologischen, Sinn von Religion herauszufinden. Jungs methodisches Instrumentarium ist in Teilen auf dieses Ziel hin entwickelt, z.B. die Archetypenlehre; allerdings wird diese oft mißverstanden.

Bei meinem Versuch, theologisch die tiefenpsychologische und die feministische Perspektive miteinander zu integrieren, arbeite ich aus dem genannten Grund mit dem tiefenpsychologischen Konzept von Jung. Freilich bedarf es dabei auch der Kritik an Jungs patriarchalem Frauenbild, vor allem an seiner Animus-Theorie, die als ein Negativ-Abzug zu seinem Bild vom Mann in der Anima-Theorie betrachtet werden kann.[71] Tiefenpsychologie und feministische Theologie stehen bei richtiger Anwendung in einem Wechselverhältnis zueinander. Die Tiefenpsychologie kann vergessene und unterdrückte Werte sowie religiöse Symbole der Lebenswirklichkeit von Frauen wiederfinden. Und aus der feministischen Perspektive kann die Tiefenpsychologie entpatriarchalisiert werden. Die beiden Ansätze können sich gegenseitig kritisieren und Bereiche, die in der jeweils anderen Perspektive ausgeblendet sind, sichtbar machen.

Im folgenden will ich, so wie sich mein eigener Forschungsweg entwickelt hat, von der tiefenpsychologischen zur feministischen Theologie und dann beide integrierend fortschreiten.

Tiefenpsychologie und Religion

Zunächst die Frage, was tiefenpsychologische Theologie nicht ist. Sie kann nicht die individuelle Psychologie von Autoren, Tradenten und Interpreten christlicher Überlieferungen erheben, auch nicht von Gestalten der Überlieferung selbst. Hier könnte durchweg aufgrund der Traditionslage gar kein Gesamtbild der Personen gewonnen werden. Einzelne, durchaus zu erhebende psychologische Aspekte sind nur relevant in ihrem Bezug zum Tradierungsprozeß. Denn Gestalten in der Überlieferung – wie Abraham, Jesus – sind angereichert durch die Erfahrungen der Überliefernden, und zwar die einzelner Personen, wie z. B. des Paulus, als auch die von Gruppen wie der frühen christlichen Gemeinden. Deren Tiefenpsychologie ist in den überlieferten Personen, Vorgängen und Worten mit enthalten. So haben wir keinen Zugang mehr zum historischen Jesus in Reinform, sondern immer nur zu dem geglaubten, zu einem, zu dem die Überlieferer und Ausleger eine Beziehung hatten. Und das ist auch heute noch so im Rezeptions- und Auslegungsprozeß. Tiefenpsychologische Theologie sagt nicht, wie es bei überlieferten oder historischen Personen psychologisch hätte gewesen sein können oder möglicherweise war.

Was aber kann sie dann sagen?

Tiefenpsychologie versucht, das untergründige, weil unbewußt entstandene und unbewußt gebliebene Geflecht des Überlieferungsprozesses bewußt zu machen; das Geflecht von Erfahrungen und Motivationen, von Beziehungen und Zurückweisungen, von Annahme und Ausgrenzung religiöser Inhalte. Das ist nur möglich in einem jeweils gegenwärtigen Erfahrungsprozeß, nicht in neutraler Objektivität, wie z. B. die historisch-kritische Exegese das vorgibt. Auch sie spielt sich in einem Erfahrungsprozeß mit der ausgelegten Überlieferung ab, in den auch die Psychologie der Ausleger und ihrer Zeit einfließt; nur macht sie dies nicht wie die Tiefenpsychologie zum Thema ihrer Reflexion. Erfahrung mit religiöser Überlieferung ist Kommunikation mit dieser aus jeweils gegenwärtigen Lebenszusammenhängen heraus. Diese Kommunikation baut sich zu einem großen Teil aus unbewußten Elementen auf.

Tiefenpsychologische Theologie ist in einem ersten Schritt daher Bewußtmachen dieses heutigen Prozesses der Aneignung und Weitergabe von religiöser Überlieferung. Dabei kann die Tiefenpsychologie Mittel zur Verfügung stellen, die verhindern, daß dieser Prozeß nur das rationale Wissen tangiert, und die es darüber hinaus ermöglichen, daß eine religiöse Erfahrung mit dem Überlieferten zustandekommt, die das Leben als Ganzes berührt und es einbezieht. Das zielt z. B. die praktische Arbeit mit tiefenpsychologischen Methoden und religiösen Symbolen an. Diesen jeweiligen religiösen Gegenwartsprozeß in seiner Tiefendimension verstehbar zu machen und ihn zugleich zu ermöglichen, betrachte ich als die erste Aufgabe einer tiefenpsychologischen Theologie.

Aus dem ersten ergibt sich der nächste Schritt, nämlich die Tiefenstruktur des vergangenen Überlieferungsprozesses, insbesondere seiner biblisch dokumentierten Ursprünge, aufzudecken. Da keine religiöse Überlieferung vom Himmel fällt, auch das Wort Gottes im Christentum nicht, sondern aus menschlichen Erfahrungen hervorgeht, spiegeln religiöse Traditionen, ihre Inhalte, ihre Offenbarungen die jeweilige Bewußtseinsentwicklung derer, die sich auf eine solche Tradition beziehen. Religionen und Glaubensüberlieferungen sind, tiefenpsychologisch betrachtet, Visionen oder Imaginationen davon, wie Gegebenheiten und Prozesse der Geschichte, der Natur und des Kosmos verstanden und gestaltet werden sollen, damit sie als ein Sinnkonzept erfahren werden können. Um die Inhalte religiöser Konzepte kann gestritten werden; *daß* solche Sinnkonzepte entworfen werden, scheint, unabhängig von ihren Inhalten, eine Notwendigkeit des menschlichen Bewußtseins und Selbstbewußtseins zu sein. Aus ähnlichen psychischen Antrieben gehen wohl auch Ideologien und politische Konzepte hervor, so daß diese eine religiöse Funktion haben können.

Das menschliche Bewußtsein nun – das individuelle wie das kollektive einer Religionsgemeinschaft – bleibt stets fragmentarisch oder begrenzt. Die Erfahrung davon drängt dazu, sich auf ein größeres Ganzes zu beziehen; und hier ist die Empfänglichkeit für göttliche Offenbarungen, die das Ganze betreffen, psychisch lokalisiert. In dieser menschlichen Bewußtseinslage sind die psychischen Ursprünge von Religion zu suchen. Aus dieser Wurzel gehen religiöse Imaginationen hervor, welche die fragmentarischen Sinnerfahrungen und ihre Gegenstücke, also Sinnlosigkeitserfahrungen, in ein Ganzes einzubinden trachten. Eine tiefenpsychologische Analyse versucht nun, diese imaginativen Wurzeln religiöser Konzepte und damit ihre psychischen Ursprünge aufzudecken. Und sie vergleicht deren bewußt formulierte Ansprüche kritisch mit den unbewußt mitgelieferten Motivationen.

Die imaginativen religiösen Prozesse lassen sich nicht in eine rational-logische Sprache fassen – z. B. die Wirklichkeit des Reiches Gottes oder überhaupt die Gottesvorstellung. Dazu bedarf es vielmehr der Sprache des Symbols. Insofern besteht die tiefenpsychologische Analyse religiöser Traditionen im engeren Sinn im Erschließen von deren Symbolsprache. Diese ist nichts willkürlich Erfundenes, sondern Ergebnis der ständig in Menschen sich vollziehenden psychischen Produktivität, insbesondere der in Träumen. Tiefenpsychologische Theologie bedient sich daher der Kenntnisse über die Bildersprache der menschlichen Seele – hier kann von den Tiefenpsychologien gelernt werden. Ihr psychischer Ursprung macht die religiöse Symbolsprache der Traumsprache vergleichbar. Das läßt sich an Bibeltexten gut zeigen. Und beim Imaginieren, dem bewußten Träumen, mit biblischen Symbolen finden sich, auch bei bibelfremden imaginierten Bildern, immer wieder Strukturen von biblisch überlieferten Erfahrungen, so z. B. das Feuer, das zunächst als erschreckend und verzehrend erlebt wird, und dann doch nicht verbrennt; in modernem Bildmaterial kann das sogar eine Atomexplosion sein, die nicht zerstört. Strukturell ist dies in der religiösen Überlieferung die Erfahrung eine Theophanie wie z. B. die am brennenden Dornbusch (Exodus 3). Die tiefenpsychologische Auslegung von religiöser Überlieferung lebt daher von der Kenntnis der Traumsprache. Drewermann spricht hier von einer „traumanalytischen Hermeneutik" der tiefenpsychologischen Exegese.[72]

Bei ihrer Arbeit an den religiösen Symbolen deckt die Tiefenpsychologie Verdrängtes, Unterdrücktes, Abgespaltenes auf, das tief ins Unbewußte abgesunken ist; ebenso auch nicht Realisiertes, das noch im Unbewußten schlummert. Im Blick auf religiöse Überlieferung heißt das: sie deckt auch deren Möglichkeiten und Defizite auf. Und hier ist die Gelenkstelle, an der die tiefenpsychologische Theologie sich mit der feministischen verbinden kann.

Tiefenpsychologie und die feministisch-theologische Perspektive

Eine enge Berührung zwischen tiefenpsychologischer und feministischer Theologie besteht darin, daß beide ihren Ausgang nicht von einem abstrakten Denken, sondern aus der Erfahrung nehmen. Frauen haben ihre eigene Lage in patriarchalen Gesellschaften bewußt wahrgenommen, und daraus ist die Frauenbewegung der siebziger und achtziger Jahre entstanden, und in deren Rahmen auch die feministische Theologie. Für Frauen in den christlichen Kirchen entwickelt sich ihr Befreiungsprozeß in derselben Weise. Hier wird Frauen die durch den größten Teil der Christentumsgeschichte andauernde Erfahrung bewußt, daß sie in den männlich beherrschten Kirchen beiseitegeschoben, ja unsichtbar gemacht worden sind (vgl. dazu III, 14).

Die Erfahrungen betreffen die sichtbaren Lebensbereiche von Frauen. Sie haben aber, wie jede äußere Realität, auch eine unbewußte, eine tiefenpsychologisch relevante Innen- oder Unterseite. Die Unsichtbarkeit von Frauen in den öffentlichen Bereichen einer Religionsgemeinschaft zeigt die Verdrängung und Abspaltung einer psychischen Realität an. Die Dominanz des männlichen Geschlechts über das weibliche im Christentum signalisiert eine unbewußt abwertende Einstellung beim männlichen Geschlecht zu Frauen und den Werten ihrer Lebenswirklichkeit, eine Art tiefenpsychischer Negation der Bedeutung des Weiblichen für die äußere und innere Lebenswirklichkeit von Menschen.

Daß dies im Christentum nicht zufällig so ist, wird am religiösen Bereich im engeren Sinn, an der religiösen Symbolik, besonders deutlich. In der christlichen Symbolik kommen Werte der weiblichen Lebenswirklichkeit entweder nur in der Form von männlichen Imaginationen vor – wie z. B. in der Madonna, in der Gestalt der Maria Magdalena als Sünderin und Büßerin, die es biblisch so gar nicht gibt, u. a.; oder solche Werte sind völlig abgespalten, fehlen also ganz. Die Kreuz-Symbolik ist eindringliches Beispiel dafür. Sie hat schon als historischen Hintergrund den Machtapparat einer männlich orientierten Religion und eines patriarchalen Staatswesens, durch die Jesus umgebracht wurde. Zwar wird in der Kreuzsymbolik nicht solche Gewalt verherrlicht, wohl aber das durch Gewalt hervorgebrachte Leiden; diesem wird erlösende Kraft zugeschrieben. Tiefenpsychologisch läßt sich aber der Kreuzestod Jesu nicht trennen von der männlichen Gewalt, die ihn hervorgebracht hat, auch wenn die Kreuzestheologien und die Kreuzverehrung diese Trennung auf der Ebene der bewußten Aussage vornehmen. Wenn in der Kreuzsymbolik ein so hoher Wert repräsentiert wird, wie das bei der Erlösungsvorstellung der Fall ist, dann wird mit diesem Symbol auch sein Gegenaspekt, die Gewalt, unbewußt mit evoziert. Und weil unbewußt, bleibt ungeklärt, ob die Kreuzessymbolik nicht die psychischen Wurzeln von Destruktivität im Christentum weiter nährt; der Verdacht ist jedenfalls nicht abzuweisen.

Dieses Beispiel verdeutlicht, daß in der zentralen christlichen Symbolik – dem Kreuz und dem dahinterstehenden Gottesbild – weibliche Imaginationen nicht vertreten und Werte des Lebens von Frauen aus dieser zentralen Symbolik ausgeschlossen sind. So wird z. B. in der ethischen und pastoralen Tradition dem Kindergebären ein immens hoher Stellenwert beigemessen; schon in den Pastoralbriefen am Ende des ersten Jahrhunderts heißt es: „Die Frau wird durch Kindergebären gerettet (= erlöst) ..." (1 Timotheus 2, 15); aber eine religiöse Symbolik, gar mit erlösender Bedeutung, ist daraus nicht entwickelt worden, obwohl auch die Geburt ein Leidensvorgang ist, allerdings kein gewalttätig hervorgebrachtes Leiden, sondern ein natürliches und eines, das nicht Zerstörung wie beim Kreuzestod, sondern Leben zum Ziel hat.

Dies macht einen weiteren Aspekt der Berührung von tiefenpsychologischer und feministischer Perspektive sichtbar: durch die fehlende religiöse Symbolisierung eigenständiger weiblicher Werte ist im Christentum eine authentische Identitätsbildung von Frauen verhindert worden. Frauen wurden und werden sozialisiert nach männlichen Imigationen über die Frau, besonders deutlich an der Spaltung des religiösen Frauenbildes in das negative der den Mann zur Sünde verführenden Eva und in das religiös überhöhte der sündenlosen Maria.

Als Objekt nicht nur äußerer männlicher Fremdbestimmung, sondern auch als Objekt der inneren Enteignung ihrer psychischen Identität, hatten Frauen im Christentum und in den von diesem beeinflußten Zivilisationen keine Möglichkeit, Subjekt ihres eigenen Menschseins und ihres Glaubens zu werden. Dieser Befund gilt, insbesondere für die psychische Menschwerdung von Frauen, heute noch, weil Frauen die imaginierten Bilder des Frauseins selbst so tief verinnerlicht haben, daß es für sie schwer ist, sich zu den echten Wurzeln ihrer weiblichen Identität durchzugraben. Dies zu tun, halte ich für die wichtigste Aufgabe einer Verbindung des tiefenpsychologischen mit dem feministischen Ansatz in der Theologie.

An einem christlichen Symbol, dem des Kreuzes, soll der Themenkomplex genauer analysiert werden.

Das Kreuz – kritisches Symbol in tiefenpsychologisch-feministischer Perspektive

Religiöse Symbole wirken nie nur auf dem Weg der bewußten Übernahme; sie wirken sogar viel stärker als über das Bewußtsein wie eine Art unbewußten Einatmens. Da alles, was unbewußt ist, unbekannt bleibt – es sei denn, es wird tiefenpsychologisch erhellt –, transportieren überlieferte Symbole in der Regel weit mehr an psychischer Realität als denen, die mit den Symbolen leben, bewußt wird. Gut läßt sich das an rituell vollzogenen Symbolen erkennen. Ich will es am schon erwähnten Kreuzessymbol verdeutlichen, denn dieses gehört zur christlichen Zentralsymbolik; und das christliche Gottesbild wird wesentlich von der Auffassung vom Kreuz bestimmt.

Das Kreuz wurde von Anfang an mit Interpretationen versehen. Als bloßes historisches Faktum wurde es nie überliefert; als solches hätte es auch keine theologische Aussage machen können. Hinrichtungen am Kreuz hat es in der Antike viele gegeben. Aber nur die eine, die Jesu, ist zu einem religiösen Symbol geworden, indem sein Kreuz die Bedeutung z. B. des Sühneleidens, der Stellvertretung, der Erlösung angenommen hat und so zu einem religiösen Urbild wurde. Erst die Verschmelzung des historischen Kreuzes Jesu mit religiösen Imaginationen machte das Kreuz zu einem emotional erfahrbaren Wert, zu einem Symbol, das verändernd in das Leben von Menschen und Gesellschaften hineinwirken kann. Bei jeder rituellen Feier des Symbols wird daher auch nicht das Faktum des Kreuzestodes Jesu zur Kenntnis genommen, sondern es werden Bedeutungen des Kreuzes wachgerufen. Was von der komplexen Bedeutung des Kreuzsymbols bei seiner rituellen Aktivierung emotional unbewußt bleibt, aber dennoch wirksam ist, läßt sich nicht ermessen. Die unbewußten Bild- und Gefühlsanklänge, die durch ein vollzogenes Symbol angeregt werden, entziehen sich im allgemeinen der bewußten Wahrnehmung und Steuerung. An einem konkreten gottesdienstlichen Beispiel läßt es sich leichter verstehen.

Der mittlere Teil des katholischen Karfreitagsgottesdienstes ist eine Kreuzverehrung, bei der das verhüllte Kreuz vor dem Altar stufenweise enthüllt und dann verehrt wird, indem die Gemeinde zum Altar zieht, alle einzeln vor dem Kreuz das Knie beugen und es früher auch küßten. Als erster Wechselgesang wird bei dieser Zeremonie gesungen: „Seht das Holz des Kreuzes, / an dem das Heil der Welt hing. / Kommt, lasset uns anbeten!" Aus meiner Kindheit und Jugend habe ich diesen Vorgang und den Gesang als einen ergreifenden Ritus in Erinnerung. Heute jedoch frage ich aufgrund meiner tiefenpsychologischen Kenntnisse, was die Symbolik dieses Ritus bewirken mag.

Die Frage läßt sich bislang nicht aufgrund empirischer Untersuchungen beantworten. Wohl aber läßt sich aus tiefenpsychologischer Sicht erschließen, welche unbewußten psychischen Antriebskräfte durch eine solche Symbolik angesprochen werden können. Da ist zuerst die Idealisierung des Kreuzes; es wird gefeiert unter dem Aspekt, der Ursprung des Heils der Welt zu sein. Das Tötungsinstrument, durch das ein Menschenleben gefoltert und zerstört wurde, ist ausgeblendet. Wer vermöchte sich auch dieser brutalen Realität mit ungeschütztem Gefühl auszusetzen? Aber wirkt diese Realität wegen der symbolischen Stilisierung nicht mehr? Tiefenpsychologisch ist das zu bezweifeln, und der rituelle Vollzug selbst gibt einen Hinweis: die Kniebeuge.

Sie ist der Restgestus einer Zeremonie totaler Unterwerfung in der Antike, der Proskynese, die durch ausgestrecktes Niederlegen, das Gesicht auf dem Boden, ausgeführt wurde. Verlangt wurde sie von den im Krieg Besiegten vor dem siegreichen Herrscher.[73] Aus heutiger Sicht ist sie ein Zeichen der (erzwungenen) Selbsterniedrigung und der Zerstörung von Menschenwürde. Und überholt ist diese emotionale Bedeutung bis heute keineswegs, zumindest nicht in der männlichen Psychologie; wir brauchen nur an die Kämpfe von Jugendlichen zu denken, bei denen der sich als Sieger und groß erlebt, der den anderen unter sich in den Staub drücken kann. Diese Zeichenhandlung ist offensichtlich nicht etwas historisch Vergangenes, sondern Ausdruck einer stets neu aktivierbaren psychischen Realität. Ein religiöser Ritus, der auch nur ein Relikt der Ursprungsbedeutung dieses Symbols enthält – hier die Kniebeuge –, rührt damit an den unbewußten psychischen Gesamtkomplex, der in dem betreffenden Symbol seinen Ausdruck gefunden hat(te).

Was heißt das für die Kreuzessymbolik? Bewußt soll mit ihr natürlich nicht die Gewalt, die zum Kreuzestod Jesu geführt hat, gefeiert werden. Aber was liefert das Symbol an unbewußten Inhalten mit? Tiefenpsychologisch sind paradoxe Phänomene stets zusammenzudenken. Daher läßt sich fragen: worauf soll sich die Anbetung, zu der bei der Karfreitagsliturgie aufgerufen wird, eigentlich richten? Der Text legt das nicht genau fest. Das „Holz des Kreuzes" selbst kann das Objekt der Anbetung wohl kaum sein. Also kommt dafür eine Bedeutung in Frage, die das Kreuz und der an ihm hing, hat. Die Bedeutung des Kreuzes liegt nun in der Erlösung der Menschen – von der Sünde, von der Gottferne –, die es bewirkt aufgrund des Leidens Jesu an diesem Kreuz. Es wird somit durch die symbolische Kreuzverehrung einem leidenden Erlöser göttliche Ehre – Anbetung – erwiesen. Und das Leiden Jesu wird theologisch als Erfüllung des Willens Gottes verstanden. So wird dieses Leiden zu einem Aspekt am christlichen Gottesbild.[74] Das Kreuzesleiden ist aber durch patriarchale Gewalt hervorgebracht worden. In die Kreuzverehrung bzw. in die Anbetung des Erlösers wird diese bewußt zwar nicht einbezogen. Vielmehr wird die gewalttätige Rückseite des Leidens Jesu im Kreuzsymbol und seiner Verehrung übersehen; und gerade deshalb ist sie psychisch anwesend. Die Kniebeuge kann dafür als symptomatisch gelten. Als symbolische Resthandlung totaler menschlicher Unterwerfung unter einen durch Gewalt siegreichen Herrscher in der Antike evoziert sie eine wesentliche Seite am christlichen Gottesverhältnis: das zwischen einem Herrschenden und Unterworfenen. Und das Kreuz fungiert dabei unbewußt als Herrschaftsinstrument. Das ließe sich an verschiedenen Spielarten herkömmlicher Kreuzestheologien zeigen.[75]

In tiefenpsychologischer Sicht kann die Gewaltseite wegen ihrer Ursprungszugehörigkeit nicht vom Kreuzsymbol getrennt werden. Für eine halbwegs unbeschädigte menschliche Identität ist der psychische Aufstand gegen gewalttätig verursachtes Leiden notwendig. Wird beim Vollzug der religiösen Symbole – wofür die katholische Karfreitagsliturgie nur ein bezeichnender Ausschnitt ist – dieser Zusammenhang ignoriert, so ist damit zu rechnen, daß die ausgeblendete Seite unerkannt in reales Handeln projiziert wird. So sind an die christliche Kreuzessymbolik aus tiefenpsychologisch-feministischer Perspektive Anfragen zu richten und aus der kritischen Analyse Erkenntnisse zu gewinnen.

Hat die im Zeichen des Kreuzes geforderte Unterwerfungshaltung in der Christentumsgeschichte nicht oft genau zum Gegenteil geführt? Zur Unterstützung und eigenen Hervorbringung von Gewalt, z.B. im Rechtfertigen von Kriegen bis in die Gegenwart; durch Aufrufe zu Kriegen im kirchlichen Interesse wie bei den Kreuzzügen; im Missionieren durch äußere und durch psychische Gewalt; im Unterwerfen und Verächtlichmachen des weiblichen

Geschlechts bis hin zu physischer Vernichtung in der „Hexen“-Verfolgung usw.?

Verweist nicht der tiefenpsychologisch unlösbare Zusammenhang von Leiden und Gewalt in der Kreuzsymbolik sowie von Herrschafts- und Unterwerfungsvorstellungen im Gottesbild darauf, daß die christliche Zentralsymbolik ausgesprochen patriarchal ist? Eine tiefenpsychologisch-feministische Analyse kommt nicht umhin, festzustellen, daß die imaginativen Wurzeln des Christentums in der männlichen Psychologie zu finden sind. Darin steckt der gravierendste christliche Gewaltakt, denn Gewalt und Unterwerfung sind im Christentum strukturell nach Geschlechtszugehörigkeit verteilt: das Herrschen für das männliche, das Unterworfensein für das weibliche Geschlecht. Die durch die feministische Bewegung auch in den Kirchen eingeleitete Bewußtseins- und Verhaltensänderung erscheint in tiefenpsychologischer Analyse nur als Kosmetik; denn bis zu den Wurzeln des Unrechts reicht die kirchliche Veränderungsbereitschaft bisher nicht. Auch ist es eine ernste Frage, ob eine Sanierung von den Wurzeln her allein aus der christlichen Tradition überhaupt möglich ist, ist das Christentum doch auf einem religionsgeschichtlichen Boden entstanden, der schon durch und durch patriarchalisiert war; und seine Glaubenssymbole haben sich in der Welt eines patriarchalen Geistes gebildet.

Für Frauen kann die Entpatriarchalisierung nur dann zum Ziel gelangen, wenn Werte des weiblichen Lebenszusammenhangs in die gesamte christliche Symbolik Eingang finden. Besonders wichtig dafür ist die Symbolisierung von gewaltfreiem Leiden, wie dies in alten Göttinreligionen mythisch überliefert ist (vgl. III, 13). Die Symbolisierung des weiblichen Menschseins vor allem muß ins Gottesbild eingehen und dessen männliche Einseitigkeit im Christentum aufheben. Vorchristliche Religionen mit noch kaum patriarchalen Zügen lassen erkennen, daß die religiöse Symbolisierung von gewaltfreien Werten und ein weibliches Gottesbild einen engen Verbund bildeten, der durch zunehmende Patriarchalisierung gesprengt wurde. Frauen insbesondere, doch auch Männer, könnten durch religiöse Symbolisierungen in diese Richtung eine neue menschliche Identität finden, die immer weniger bestimmt wird von dem Antagonismus des Herrschens und Unterworfenseins.

Symbole lassen sich allerdings nicht machen. Sie entstehen durch neue Erfahrungen. Auf der Ebene der tiefenpsychischen Symbolerfahrung kann hierbei viel erreicht werden, bleibt diese doch nicht bei der Veränderung der äußeren Lebenswelt stehen, sondern sie verändert auch die psychisch virulenten Bilder, die weitgehend unbewußt die äußere Lebenswelt beeinflussen. Werden bei solcher Erfahrungsarbeit die feministische Perspektive und die tiefenpsychologischen Methoden zu einer neuen Hermeneutik integriert, so kann eine Transformation religiöser Symbole zu mehr gewaltfreien in Gang kommen. Und diese können als Inspiration auf eine menschlich zuträglichere Lebenswelt hin wirken.

Epilog

Wälze den Stein ...?[76]

Es gibt Bilder, deren Bedeutung sich nicht abnutzt, auch dann nicht, wenn sie sich erschöpft zu haben scheinen. Nach einer Ruhezeit treten sie oft wieder vor den Blick mit neuer, mit erweiterter Bedeutung. Sie können Sichtweisen auf das Leben, auf die menschliche Geschichte und auf die Welt so verdichtet darbieten, daß diese Bilder zum gesellschaftlichen und sogar zum religiösen Symbol für viele werden können. Immer verquickt mit tiefen Gefühlswerten, bezeichnen sie in Brüchen und Zusammenbrüchen des Lebens etwas Zusammenhaltendes, die Ahnung von etwas Unverbrüchlichem.

Der Stein ist für mich ein solches Bild geworden, das widersprüchliche Bedeutungen in sich vereint. Steine, etwas vom ältesten Stoff der Natur, scheinen viele Menschen zu faszinieren, unabhängig von ihrem materiellen Wert als Edelsteine oder bloß als Kieselsteine. Ich erinnere mich an einen Urlaub an der dänischen Nordseeküste, in einer Region, in der es Steine wie Sand am Meer gibt. Gegen Abend entstand dort täglich ein eigenartiges Szenarium: Scharen von Menschen gingen gebückt, eine Plastiktüte in der Hand, langsam den Strand entlang, wie Schatzsucher. Sie sammelten die vom Salzwasser am schönsten gefärbten Kiesel, obwohl sie wußten, daß mit dem Trocknen der Steine auch ihr Glanz dahin sein würde. Im Gegenlicht der untergehenden Sonne wirkten die Menschen wie Schemen in der Unterwelt, wo sie zu Sklavenarbeit gezwungen wurden. Ich gehörte auch zu ihnen.

Diese Erinnerung bringt mich auf Sisyphos mit seinem Stein, den Albert Camus zum tragischen Helden des Existentialismus gemacht und der mich, wie die Steine selbst, während einer langen Lebensphase angezogen hat.[77] Wer nicht dialektisch denkt, muß

Sisyphos für einen Verrückten halten, wie er seinen Stein wieder und wieder in dem Wissen auf den Berg schafft, daß dieser sogleich wieder hinunterpoltern und ihn zwingen wird, ihm zu folgen. Sisyphos mit einem psychopathischen Wiederholungszwang, hörig dem Stein, in der Sklaverei des für ihn versteinerten Lebens? Er kann durchaus so gesehen werden. Camus allerdings läßt die Absurdität zum Glück werden – „Wir müssen uns Sisyphos als einen glücklichen Menschen vorstellen" –, indem er die Götter, die Sisyphos den Stein auferlegt haben, abschafft und so das blinde steinerne Schicksal zu Sisyphos' persönlicher Sache macht. Die Lösung beeindruckt: durch Leugnen jedes Göttlichen und durch Einswerden mit einem absurden Dasein – durch einen geistigen Akt also, zu dem nur der Mensch fähig ist –, versteinernde Verzweiflung über eine Sinn-lose Existenz in Seligkeit umzupolen. Doch inzwischen haben mich Zweifel beschlichen über solch eine Lösung. Wenn Sisyphos durch einen Bewußtseinsakt das Menschenschicksal verändern kann, warum sagt er dann nicht einfach „nein" zu seinem Stein, läßt ihn am Fuße des Berges liegen und wandert unbeschwert hinauf, zum erstenmal aufrecht?

Meine Erinnerung erweitert sich und führt mich auf den Jerusalemer Tempelplatz, wo gläubige Theologen Jesus in die Falle zu treiben versuchen und dafür eine Frau – Ehebruch habe sie begangen – als Mittel zum Zweck benutzen. „Wer von euch ohne Sünde ist, werfe als erster einen Stein auf sie", so weigert sich Jesus, ihre versteinerten Gesetze anzuwenden (Johannes 8). Der Stein fliegt nicht; die potentiellen Werfer schleichen davon. Doch ihre steinharte Gottesgerechtigkeit hat Jesus nicht aufweichen können, sonst hätte er nicht am Galgen enden müssen.

Und diesmal zeichnet sich eine makabre Steindialektik ab. Die durch Steinwürfe bedrohten Anhänger Jesu – angefangen bei Stephanus (Apostelgeschichte 7) – sind im Laufe ihrer Geschichte selbst zu Steinewerfern geworden. Und Frauen sowie weibliche religiöse Symbole wurden beliebte Objekte für christliches Schleudern tödlicher Steine.

Handgreiflich fand ich Spuren davon an einer Steinplastik im Landesmuseum von Trier. Dort steht ein weiblicher Torso mit unregelmäßig aufgerauhter, fast aufgerissener Oberfläche, bezeichnet mit „Venus Genitrix" – „Gebärerin Venus".[78] Der Name weist die Abgebildete als eine Verkörperung der weiblichen Gottheit aus, die vor den monotheistischen Religionen des Morgen- und Abendlandes als Schöpferin der Welt und als Spenderin des Lebens verehrt wurde. Ihr Abbild hat vor St. Matthias in Trier gestanden. Auf einer beigegebenen Tafel sagt sie, Bischof Eucharius habe sie zerbrochen und ihr ihre Ehre genommen, jetzt stehe sie hier zum Spott der Welt. Der Legende nach sollen die Gründerbischöfe von Trier, Eucharius, Valerius und Maternus, das Volk aufgefordert haben, der Göttin durch Steinewerfen ihre Verachtung zu zeigen.

Mit Steinen wurde die Statue der Muttergöttin tatsächlich jahrhundertelang beworfen, bis in den Anfang des 19. Jahrhunderts hinein – daher die verwundete Oberfläche des Steins. Was haben Kirchenmänner, wenn nicht durch Aufforderung, so doch durch Duldung, am Steinsymbol durch Steinewerfen entehren und verletzen lassen und vor allem selbst verachtet? Ist es nicht der mütterliche und zugleich erotisch schöne Grund der Welt? Noch das geköpfte und verletzte Steinbild der Venus von Trier strahlt diese Eigenschaften aus.

Mir kommt der Verdacht, ob die Geisteshaltung von Camus' Sisyphos – der sich einer unterdrückenden steinernen Macht unterwirft, ihr die Treue hält, sie wohl sogar liebt – nicht die Voraussetzung für das ist, was dem schönen Venusstein von Trier angetan worden ist, und ob nicht Sisyphos und die Verächter der Venus dasselbe Herz aus Stein haben. Muß der gebückt seinen Stein wuchtende Sisyphos nicht eines Tages Steine aufheben und auf die werfen, welche die Fülle des Lebens verströmt? Diese Art von Stein bezeichnet vielleicht einen Grundzug patriarchaler Gesellschaften und Religionen.

Indirekt bestätigt mir das ein Anti-Sisyphos-Gedicht von einem, der Bescheid wissen muß über den von einem Gesellschaftssystem verordneten steinernen Tod; denn er hat sein Gedicht geschrieben, als er noch in der eingemauerten DDR lebte:

Reiner Kunze: Auch eine Hoffnung[79]

Ein grab in der erde
Hoffnung aufzuerstehen
in einem halm

(Grabplatte keine
Nicht noch im tod
scheitern an stein)

Die Grabplatte als Symbol für die Herrschaft des Totmachenden noch über den Tod hinaus! Wer im Tod am Steinernen der Lebenden scheitert, ist wirklich und endgültig tot; da sprießt auch kein Grashalm von Auferstehungshoffnung mehr.

Doch gibt es das überhaupt? Hat die Heimat des Dichters nicht die Steinköpfe hinweggefegt und die Mauer aus Beton, dem modernen, leblosen Ersatz für Stein, geschleift?

Reiner Kunze wählt Bilder, die meine Erinnerung nochmals in die Bibel zurückschweifen lassen, zu einem Grabstein, der einen Toten tatsächlich beinahe für immer und ewig hätte scheitern lassen – wenn da nicht Frauen gewesen wären. In allen Evangelien wird in Verbindung mit dem Gang von Frauen zum Grab Jesu auch von dem Stein berichtet, mit dem das orientalische Felsengrab verschlossen war. Die Frauen machen nun die überraschende Erfahrung, daß der Stein ihnen Jesu Grab gar nicht versperrt, daß sie offenen Zugang haben. Sowohl der Gang der Frauen als auch der weggewälzte Stein werden von den Erzählern in die Morgenfrühe verlegt. Beides ist somit überliefert als Geschehen zwischen Traum und Tag. Es ist die Stunde, in der die nächtlich in der Seele angekommenen Botschaften am leichtesten die Schwelle in die Tagesrealität überschreiten.

So dürfte der Stein in den Geschichten vom Grab Jesu, viel eher als eine historische Notiz, ein Symbol sein für den Stein, der sich mit dem Tod Jesu auf das Leben der Frauen gelegt hatte. Diesen Stein haben sie durch ihre Trauer um den verächtlich gemachten Hingerichteten und durch ihre furchtlose Liebe über seinen Tod hinaus von ihren Herzen zu wälzen vermocht. So, nur so konnte sich ihnen sein Grab öffnen und ihnen die unverhoffte Botschaft von seiner Auferstehung zuteil werden.

Dies war ein ganz anderes Steinwälzen als das des Mannes Sisyphos. Von den männlichen Anhängern Jesu wird es uns interessanterweise auch nicht überliefert: das Steinwälzen der Frauen, das dem Auferstandenen den Weg in die Weltgeschichte frei gemacht hat.

Für mich hat sich die Faszination durch den vergeblich seinen Stein stemmenden Sisyphos – über die biblische Wiedererfahrung des durch Schmerz und Trauer zu bewegenden Steins vor dem Tor zum Leben – gewandelt in eine neue Beziehung zum Stein. Ich habe sie gefunden durch oftmaliges Imaginieren des Gangs der Frauen, meines Gangs zum Grab. Dort in einer tiefen Höhle habe ich meinen Stein gefunden: äußerlich rund wie ein Mühlstein, angenehm an den Füßen mit seiner rauhen Oberfläche und der Temperatur meines Körpers. Das Geheimnis meines Steines liegt darin, daß er sich auf einer federnden Säule bewegt, die aus unsichtbarer Tiefe heraufkommt, daß ich weiß, mein Platz ist auf dem Mittelpunkt des schwankenden Steins. Auf ihm muß ich mich versammeln und mein Gewicht zentrieren. Dann kann ich einschwingen in die Bewegung des Steins, ohne Gefahr, in den seitlich klaffenden Abgrund geschleudert zu werden.

Ich muß nicht kämpfen mit dem Stein, obgleich er mir große Anstrengungen abverlangt. Vielmehr muß ich mich ihm anvertrauen; dann läßt er mich etwas von der Bewegung des Universums erfahren. Gelernt habe ich auch, daß das notwendige Üben nur Vorübungen sind für das vollständige Gelingen des Einschwingens, das hier, in der irdischen Existenz, nicht stattfinden wird.

Der Stein verbindet so heute für mich uralten Weltstoff von kompakter Dichte mit leichtester Beweglichkeit und mit einer Verheißung von Weisheit im Übereinkommen mit seiner steinernen und zugleich lebendigen Kraft. So hat er auch etwas vom „Stein der Weisen" – für die Alchimisten der Inbegriff ihrer Versuche, ihrer Suche.

Doch gewälzt werden will der Stein von mir nicht ...

Anmerkungen

[1] Die Reise der Seele. Die Lebensgeschichte der Marie Métrailler, hg. von Marie-Madeleine Brumagne, Zürich – Köln 1982, S. 46.

[2] Vgl. Fachbereich Katholische Theologie der Universität Münster: Kommentar zum Vorlesungsverzeichnis, Sommersemester 1985, S. 51.

[3] An der Katholisch-Theologischen Fakultät der Universität Münster ist diese Form, Griechisch zu lernen, nach jahrelangen hartnäckigen Bemühungen geändert worden: Studierende durften das neutestamentliche Griechisch direkt am Neuen Testament lernen. Seit kurzem gibt es Bestrebungen der staatlichen Bildungspolitik, den alten Zustand des Graecums wieder verbindlich zu machen.

[4] Vaticanum II, 1962–1965, das in vieler Hinsicht einen theologischen Aufbruch bedeutete.

[5] Den Aspekt der religionspädagogischen Vermittlung, z. B. im Religionsunterricht, behandle ich in diesem Buch nicht, da es mir hier darauf ankommt, die Genese der tiefenpsychologischen Bibelauslegung darzustellen. Über die religionspädagogische Relevanz meines eigenen theologischen Weges habe ich nachgedacht unter dem Titel: Religiöse Metamorphosen. Biographische Szenen und ihre religionspädagogische Deutung, in: R. Lachmann / H. F. Rupp (Hg.), Lebensweg und religiöse Erziehung. Religionspädagogik als Autobiographie, Weinheim 1989, Bd. 2, S. 145–170.

[6] Es war die Zeit, in die der Aufbruch der achtundsechziger Jahre und im Zusammenhang mit diesem manche theologischen Umwertungen noch stark hineinwirkten.

[7] Eine tiefenpsychologische Interpretation der Jesusüberlieferung nach einem mythographischen Grundmuster – dem des Heldenmythos – hat *Hildegunde Wöller* vorgelegt: Ein Traum von Christus, Stuttgart 1987.

[8] Gekürzte Fassung der Erstveröffentlichung in: Diakonia 5 (1974), H. 4, S. 223–228. Aus dem Zusammenhang mit dem Jakob-Esau-Sagenkranz interpretiert ist die Geschichte in: *M. Kassel,* Biblische Urbilder, München [3]1987, S. 258–279.

[9] Vgl. *C. G. Jung,* Über die Archetypen des kollektiven Unbewußten in: Bewußtes und Unbewußtes, Frankfurt/M. [25]1987, S. 11–53

[10] Zu erinnern ist an Acheron und Styx als Eingang in den Hades in der griechischen Mythologie; auch an den Lethe, den Fluß des Vergessens, aus dem

die Verstorbenen trinken. Vergessen ist Chiffre für das Hinabsinken ins Unbewußte.

11 Feen und Nymphen an Flüssen, welche die Schönheit des Lebens verkörpern; der Nil als Lebensspender im Verständnis der alten Ägypter; die Paradiesesströme in Genesis 2. Vgl. zur Flußsymbolik wie zur Jakobsgeschichte insgesamt die tiefenpsychologische Auslegung von *W. G. Niederland,* Jakobs Kampf am Jabbok, in: Psychoanalytische Interpretationen biblischer Texte, hg. von Y. Spiegel, München 1972, S. 128–138. In dieser Deutung wird m. E. das Erklärungsmodell des Ödipuskomplexes überstrapaziert, da es weniger aus der Erzählung abgeleitet als vielmehr von außen her, z. B. aus analytischen Erfahrungen, auf diese übertragen wird.

12 Esau als Verkörperung von Jakobs Schatten ist nicht nur als reale Person zu verstehen, sondern bei archetypischer Auslegung auch als eine psychische Funktion in Jakob selbst; er ist das andere Gesicht Jakobs, gut ausgedrückt im Zwillingsein. Bei der Auslegung alter Sagen auf die unbewußt gestalteten menschlichen Grunderfahrungen hin sind Personen der Erzählung immer in dieser doppelten Funktion zu sehen: als reale Mit- bzw. Gegenspieler der Hauptperson und als Teilaspekt dieser Person, wobei das Agieren der verschiedenen Personen die innerpsychischen Spannungselemente symbolisiert.

13 Zum Beispiel bei der Vision von der Himmelstreppe, wo er versucht, durch einen Handel mit Gott aus der Begegnung mit diesem für den mit seiner eigenen Findigkeit erstellten Lebensplan Kapital zu schlagen (Genesis 28,20–22); im Werben um Rachel, an dem sichtbar wird, daß er meint, die Lebenserfüllung in der Liebe wie einen Besitz erwerben zu können (Genesis 29).

14 Aus heutiger, vor allem feministischer Sicht beurteile ich die magische Praxis alter Religionen positiver, als Ausdruck der immer wieder neu herzustellenden und zu bewahrenden Verbindung von Menschen mit der (göttlichen) Kraft, die alles hervorbringt, das Leben garantiert und erneuert sowie das Gleichgewicht zwischen allem Seienden bewahrt.

15 Erstveröffentlichung in: Welt des Kindes 58 (1980), S. 450–459.

16 Auf die Unterschiede zwischen der symbolischen Aussage in biblischen Geschichten und in Märchen wird hier nicht eingegangen. Es sei nur darauf hingewiesen, daß sie inhaltlich in erster Linie von der geschichtlich einmaligen Gotteserfahrung im Volk Israel und insbesondere in Jesus bestimmt sind.

17 Eine vollständige Interpretation der beiden Geschichten ist hier nicht möglich; es werden nur durchgehende Grundzüge herausgestellt. Das verschlungene Erzählgeflecht mit seinen vielen Motiven, vor allem beim Märchen, wird dabei nicht voll aufgedeckt.

18 Das in „Aschenputtel" auch gestaltete Thema der sexuellen Entwicklung bleibt hier außer Betracht. – Heute, gut zehn Jahre nach der ersten Veröffentlichung dieser Interpretation, würde ich das Märchen auch noch unter feministisch-kritischen Aspekten auslegen, vor allem den Zwang, in der Asche zu leben, als Ergebnis patriarchaler Unterdrückung beurteilen.

19 Eine genauere Analyse der gesamten David-Überlieferung würde allerdings auch zutage fördern, daß der König nicht nur eine edle Gestalt gewesen ist und

daß er sich, um an die Macht zu kommen und sie zu erhalten, auch recht zweifelhafter Mittel bedient hat.

[20] Kinder- und Hausmärchen der Brüder Grimm, Nr. 21.

[21] Die Interpretation ist in Form eines Thesenpapiers erarbeitet worden in einem Seminar „Tiefenpsychologische Exegese" im Wintersemester 1982/83 von Ingrid Elsweier, Christiane Koppers und Veronika Schaefer. Für diesen Sammelband habe ich sie in eine zusammenhängende sprachliche Form gebracht. Die Überschrift stammt wörtlich von den damaligen Studentinnen. Bisher unveröffentlicht.

[22] Alle Bibeltexte werden nach der Einheitsübersetzung zitiert.

[23] Unveröffentlichter überarbeiteter Ausschnitt aus einer an der Katholisch-Theologischen Fakultät der Universität Münster im Sommersemester 1983 gehaltenen Vorlesung zur Jesusüberlieferung.

[24] Deutsche Ausgabe, Nijmegen–Utrecht 1968, S. 206.

[25] Vgl. *M. König,* Die Frau im Kult der Eiszeit, in: Fester/König u. a., Weib und Macht, Frankfurt/M. 1983, S. 107 ff.

[26] In abgewandelter Form zuerst veröffentlicht in: Lebensprozesse: das thema 26, hg. von der Arbeitsgemeinschaft Frauenseelsorge Bayern, München 1984, S. 120–124.

[27] Im Konzil von Chalcedon 451 n. Chr.

[28] Die Versuchungsgeschichte nach Matthäus 4 habe ich tiefenpsychologisch interpretiert in: Biblische Urbilder, München ^{3}1987, S. 8–29.

[29] Die Erstfassung dieses Themas wurde vorgetragen auf dem 3. Europäischen Kongreß für Religionspsychologie in Nijmegen/Niederlande 1985; dann veröffentlicht in: Katechetische Blätter 111 (1986), H. 10, S. 755–759.

[30] Weiter ausgearbeitet ist dieser Unterweltaspekt, besonders im Zusammenhang mit der christlichen Erlösungslehre, in: *M. Kassel,* Tod und Auferstehung, in: dies. (Hg.), Feministische Theologie. Perspektiven zur Orientierung, Stuttgart 1988, S. 191–226.

[31] Vorlesung, gehalten im Rahmen einer Gastprofessur am C. G. Jung-Institut in Zürich/Schweiz, 1985; so bisher nicht veröffentlicht. Der Sprechstil ist beibehalten worden.

[32] Jung nennt die Archetypen „die vererbten Möglichkeiten menschlichen Vorstellens" (= Gesammelte Werke, Bd. 7, S. 67); und diese sieht er im „kollektiven Unbewußten" verankert.

[33] Der Jung-Schüler *Erich Neumann* nennt die Archetypen „transpersonale Faktoren", in: ders., Ursprungsgeschichte des Bewußtseins, München o. J. (1949), mehrfach in der Einleitung.

[34] Für den Traum beschreibt Jung das Verständnis auf der Subjektstufe so: „der Traum ist jenes Theater, wo der Träumer Szene, Spieler, Souffleur, Regisseur, Autor, Publikum und Kritiker ist ... Diese Deutung faßt ... alle Figuren des Traums als personifizierte Züge der Persönlichkeit des Träumers auf", in: Gesammelte Werke, Bd. 8, S. 303. – Beim Bibeltext tritt an die Stelle des träumenden Ich die Hauptfigur des Textes.

[35] Verschiedenartige Beispiele aus der Praxis sind dargestellt in meinem Buch: Sei, der du werden sollst, München ^{2}1988.

[36] München o.J. (1975 oder 1976).

[37] Ausgabe einer deutschen Übersetzung: Das Gilgamesch-Epos. Neu übersetzt von Albert Schott, Stuttgart 1958.

[38] Die Beispiele von tiefenpsychologischen Erfahrungsübungen sind alle meiner Tonband-Dokumentation entnommen.

[39] An dem Phänomen läßt sich das identifizieren, was C. G. Jung das „kollektive Unbewußte" genannt hat. Dessen Inhalte sind allerdings nicht in einem alten religiösen Wissen zu sehen, das auf unerklärliche Weise zustandekommt. Vielmehr zeigt sich darin ein anthropologisch notwendiger Faktor zur psychischen Menschwerdung, durch den zu allen Zeiten und in allen Kulturen vergleichbare (religiöse) Symbole gebildet werden; diese regen den Menschwerdungsprozeß an, begleiten ihn und drücken ihn aus. Das Erscheinen von Symbolen aus weiblich orientierten Religionen zeigt dann an, daß ein verdrängtes Potential für die Entwicklung der Menschen zurückgewonnen werden muß.

[40] Für Letzteres ist die tiefenpsychologische Theologie von Eugen Drewermann ein Beispiel. Auch wenn er in jüngerer Zeit in seinen Veröffentlichungen Frauenaspekte hervorhebt, läuft ihm doch, wie durch die Hintertür, ein tiefenpsychologischer Sexismus unter. Hier zeigt sich, daß in einer patriarchalen Welt besonders Männer der Gefahr erliegen, gegen ihre bewußte Absicht alte sexistische Vorurteile weiterzutransportieren. Ihre oft ehrlich gemeinte Unterstützung von feministischen Anliegen bleibt bei fehlender tiefenpsychisch wirksamer Veränderung ihrer eigenen patriarchalen Prägung bloße Kosmetik.
Eine ausführlichere Analyse von D.s. tiefenpsychologischer Exegese habe ich vorgenommen unter dem Titel: Bibel und Tiefenpsychologie. Eine Sichtung des Streits um Eugen Drewermann, in: rhs (Religionsunterricht an höheren Schulen) 1/90, S. 48–57; eine kürzere Fassung: Die Überwindung der menschlichen Angst – das einzige wesentliche Thema der Religion?, in: Diakonia H. 2, 1990, S. 107–111.

[41] Teil eines unveröffentlichten Vortrags, zum erstenmal 1986 gehalten. S. auch meine Interpretation der Geschichte im Zusammenhang mit der Wunderfrage: Wunder geschehen in uns oder gar nicht, in: ru. Zeitschrift für die Praxis des Religionsunterrichts 17 (1987), H. 2, S. 56–61.

[42] Zu den Regeln der tiefenpsychologischen Textinterpretation s. I,7.

[43] S. ebd.

[44] Predigt, gehalten im Semestereröffnungsgottesdienst des Sommersemesters 1986 im Dom zu Münster.
Erstveröffentlichung unter dem Titel: Schwesterlichkeit: sich erinnern – berichten – handeln, in: Schlangenbrut Nr. 14, August 1986, S. 21–23.

[45] Die beiden feministischen Versionen des Gleichnisses sind erschienen in: Schlangenbrut Nr. 23, November 1988, S. 22–23. Den Kommentar habe ich für diese Veröffentlichung verfaßt. Indem ich die Geschichte des Entstehens und der Wirkung eines solchen Stückes narrativer Theologie mitteile, verdeutliche ich eine Spielart feministischer Theologie, die aus reflektierter Erfahrung entsteht.

[46] Zu V. 29 vgl. Mt 13,12, parr: Mk 4,25; Lk 8,18.
Zu V. 30 vgl. Mt 8,12.

[47] Vgl. I,7.

[48] Die „schöpferische Aktualisierung" gehört zu den vier Prinzipien der feministischen Bibelhermeneutik, die *Elisabeth Schüssler Fiorenza* entwickelt hat, vgl. dies.: Biblische Grundlegung, in: M. Kassel (Hg.): Feministische Theologie. Stuttgart 1988, S. 13–44; dies.: Zu ihrem Gedächtnis. Eine feministisch-theologische Rekonstruktion der christlichen Ursprünge. München – Mainz 1988 (amerikanisches Original: 1983).

[49] Der Text ist erschienen als Weihnachtsartikel der Westfälischen Nachrichten (WN), Tageszeitung von Münster/Westfalen, am 24. Dezember 1989.

[50] In etwas längerer Fassung erschienen in: Entschluß 44 (1989), Nr. 9–10, S. 9–15.
Feministische Literatur zu Maria Magdalena:
A. Craig-Faxon: Maria von Magdala, in: dies. (Hg.): Frauen im Neuen Testament. München 1979, S. 76–81. *E. Moltmann-Wendel:* Maria Magdalena, in: dies.: Ein eigener Mensch werden, Gütersloh 1980, S. 67–95. *M. Dirks:* Gesandt zum Zeugnisgeben. Das Beispiel der Maria von Magdala, in: K. Walter (Hg.): Frauen entdecken die Bibel. Freiburg i.Br. 1986, S. 153–159. *A. Ohler:* Maria Magdalena – die erste von vielen, in: dies.: Frauengestalten der Bibel, Würzburg 1987, S. 178–203. Zu Maria Magdalena, in Geschichte und Kunstgeschichte: *H.-G. Held* (Hg.): Maria Magdalena, die heilige Sünderin. Ein Lesebuch, Frankfurt/M. – Berlin 1989.

[51] Gastvortrag, gehalten 1988 an der Katholisch-Theologischen Fakultät der Universität Wien und 1989 am Institut für Ökumenische Forschung an der Universität Tübingen; bisher unveröffentlicht. Der Redestil des Textes ist nicht verändert worden.

[52] *S. Freud:* Die Traumdeutung, 1900; s. Studienausgabe Bd. II, Frankfurt/M. 1972 S. 29.

[53] *E. Wiesel:* Der Schwur von Kolvillág, München 1986, S. 57.

[54] *P. Tillich:* Mut zum Sein, Hamburg 1965, S. 171.

[55] Die sumerische Fassung stammt aus der ersten Hälfte des 2. Jahrtausends v. Chr., hat aber ältere Vorstufen, die jüngere, altbabylonische Fassung (in akkadischer Sprache) aus der zweiten Hälfte des 2. Jahrtausends v. Chr. Eine deutsche Übersetzung des Mythos gibt es noch nicht. In englischer Sprache vgl. *D. Wolkstein / S. N. Kramer:* Inanna – Queen of Heaven and Earth, New York 1983. Übersetzungen stammen von mir, in Anlehnung an eine Vorlage aus dem Jung-Institut Zürich.

[56] „Dumuzis Traum" ist ein eigener Mythos, der „Inannas Abstieg" fortsetzt; s. *Wolkstein / Kramer,* a.a.O.

[57] Vgl. *R. v. Ranke-Graves:* Griechische Mythologie. Reinbek 1984, S. 22; *A. Waiblinger:* Große Mutter und göttliches Kind, Stuttgart 1986, S. 15.

[58] Überarbeiteter Vortrag, gehalten 1989 und 1990 bei den Jahrestagungen von Verbänden katholischer Religionslehrer und -lehrerinnen in Münster/Gemen und in Saarbrücken; bisher unveröffentlicht. Der Redestil ist beibehalten worden.

[59] Aus einem Forschungsgutachten zu einem Antrag auf Förderung eines Forschungsprojektes, 1987 an die Ministerin für Wissenschaft und Forschung des Landes Nordrhein-Westfalen gerichtet. Das Projekt trug den Titel: Untersuchung von schulischen Religionsbüchern auf einen geschlechtsspezifischen Gebrauch von Sprache. Es wurde aufgrund dieses und weiterer, ähnlich argumentierender Gutachten abgelehnt.

[60] Ebd.

[61] *E. Drewermann:* Ich steige hinab in die Barke der Sonne. Olten/Freiburg i. Br. 1989, IV. „Gesehen habe ich den Herrn" (Johannes 20, 18), S. 176.

[62] Erklärung der Kongregation für die Glaubenslehre über die Zulassung der Frauen zum Priesteramt. Verlautbarungen des Apostolischen Stuhls Nr. 3, S. 5.

[63] *M. Daly:* Jenseits von Gottvater, Sohn und Co., München 1980, S. 33 (Amerikanisch: 1973).

[64] Vgl. den Entwurf einer feministischen Bibelhermeneutik von *E. Schüssler Fiorenza* a. a. O. (s. Anm. 48).

[65] Die meisten Beispiele sind dargestellt bei *Virginia Mollenkott:* Gott eine Frau? Vergessene Gottesbilder der Bibel, München 1985.

[66] Deutsche Vertreterinnen dieser Richtung sind z. B.: *G. Weiler:* Der enteignete Mythos. München 1985; dies.: Das Matriarchat im Alten Israel. Stuttgart 1989; *Ch. Mulack:* Die Weiblichkeit Gottes. Matriarchale Voraussetzungen des Gottesbildes. Stuttgart 1983; dies.: Maria. Die geheime Göttin im Christentum. Stuttgart 1985. Ich selbst versuche bei meiner Göttinforschung den Begriff „Matriarchat" zu vermeiden; zum einen weil er suggeriert, es habe Gesellschaften mit politischer Frauenherrschaft gegeben, was m. W. nicht nachgewiesen ist; zum anderen weil der Begriff eine Analogiebildung zu „Patriarchat" ist und dadurch dem Mißverständnis Vorschub leistet, beim Matriarchat würde an dieselben hierarchischen Machtverhältnisse gedacht, wie sie in patriarchalen Gesellschaften und Religionen bestehen, nur daß Frauen die Männer beherrschen. Dieser falschen Auffassung von Matriarchat begegne ich bei Männern häufig, bei Frauen allerdings nie.
Vgl. auch *M. Kassel:* Das Auge im Bauch. Olten/Freiburg i. Br. [4]1989, bes. Kap. 4: Weibliche Lebensmuster.

[67] Vortrag, gehalten 1990 vor den deutschsprachigen katholischen Verlegern/-innen und Buchhändlern/innen, 1991 an der Paulus-Akademie in Zürich/Schweiz; für diese Erstveröffentlichung überarbeitet; der dritte Abschnitt wurde verändert.

[68] Vgl. z. B. *E. Moltmann-Wendel:* Zwischen Trost und Anspruch. Neue Bücher zur feministischen Theologie, in: Evangelische Kommentare 21 (1988), Nr. 7, S. 3f. bei der Besprechung meines Buches: Feministische Theologie. Stuttgart 1988. Dies.: Männlich und weiblich schuf Gott sie, in: Weiblichkeit in der Theologie, hg. von E. Moltmann-Wendel, Gütersloh 1988, S. 9. *E. Schüssler Fiorenza:* Zu ihrem Gedächtnis, a. a. O., ersetzt den Begriff „Archetyp" durch „Prototyp" (z. B. S. 67 f. u. ö.), erklärt diesen aber weitgehend mit Merkmalen des Archetypus. Auch sonst benutzt sie tiefenpsychologisch definierte Begriffe – z. B. „Imagination", „Projektion" (S. 21; 93 ff. u. ö.) – in einem

anderen Kontext, ohne deren Herkunft zu belegen oder ihren unspezifischen Gebrauch zu begründen. Selbst G. Weiler, die sich tiefenpsychologischer Erkenntnishilfen bedient, wird deren tatsächlicher Bedeutung nicht gerecht, verunglimpft sie teilweise sogar; vgl. *G. Weiler:* Der enteignete Mythos, a. a. O. (s. Anm. 66).

69 Vgl. *E. Drewermann,* der die tiefenpsychologische Aufdeckung sexistischer Passagen in seinen Veröffentlichungen als feministische Ideologisierung abqualifiziert, in: Zur Kritik von Frau Kassel, in: rhs (= Religionsunterricht an höheren Schulen) 2/1990, S. 124 ff., als Antwort auf meine Rezension seiner „Tiefenpsychologie und Exegese", in: rhs 1/1990, S. 48 ff (vgl. Anm. 40).

70 Vgl. *Ch. Olivier:* Jokastes Kinder. Die Psyche der Frau im Schatten der Mutter, München 1989; *J. Christoffel:* Neue Strömungen in der Psychologie von Freud und Jung. Impulse von Frauen, Olten/Freiburg i. Br. 1989; *J. Chasseguet-Smirgel* (Hg.): Psychoanalyse der weiblichen Sexualität, Frankfurt/M. 1974.

71 Vgl. *V. Kast:* Paare. Beziehungsphantasien oder Wie Götter sich in Menschen spiegeln, Stuttgart 1984, letzter Abschnitt: Eine Auseinandersetzung mit dem Animus- und Animabegriff C. G. Jungs; U. Baumgardt: König Drosselbart und C. G. Jungs Frauenbild. Kritische Gedanken zu Anima und Animus, Olten/Freiburg i. Br. 1987; J. Christoffel: Neue Strömungen ..., a. a. O.

72 *E. Drewermann:* Tiefenpsychologie und Exegese, Bd. I. Olten/Freiburg i. Br. 1984, S. 179.

73 S. Lexikon für Theologie und Kirche (LThK) Bd. 8, Freiburg i. Br. 1963, unter „Prostration", Sp. 814.

74 Daß das Kreuz in der Theologie als ein Aspekt Gottes selbst gesehen werden kann, belegt ein Buchtitel wie der des evangelischen Theologen *J. Moltmann:* Der gekreuzigte Gott, München 1972. Einer kritischen Analyse aus tiefenpsychologisch-feministischer Sicht wäre auch die reformatorische Kreuzsymbolik – wie sie sich z. B. an der Wertung des Karfreitags als höchstem Fest zeigt – zu unterziehen.

75 Als Beispiel sei die Satisfaktionstheologie erwähnt, die das Kreuz als Sühneleistung, als Genugtuung für die Majestätsbeleidigung Gottes durch die Sünde versteht; vgl. dazu meinen Artikel: Tod und Auferstehung, a. a. O. (s. Anm. 30).

76 Zuerst erschienen in: Der evangelische Erzieher 42 (1990), H. 5/6, S. 520–523.

77 *A. Camus:* Der Mythos von Sisyphos. Ein Versuch über das Absurde, Reinbek 1964.

78 Vgl. Trier – Kaiserresidenz und Bischofssitz, hg. vom Rheinischen Landesmuseum Trier. Mainz [2]1984, S. 202–203.

79 *R. Kunze:* Auch eine Hoffnung, in: ders.: zimmerlautstärke. gedichte, Frankfurt/M. 1977, S. 57.

HERDER / SPEKTRUM – Frauen

Frauenlexikon
Wirklichkeiten und Wünsche von Frauen
Herausgegeben von Anneliese Lissner, Rita Süssmuth, Karin Walter
Band 4038

Verena Kast
Loslassen und sich selber finden
Die Ablösung von den Kindern
Band 4002, 2. Auflage

Christine Swientek
Mit vierzig depressiv, mit 70 um die Welt
Wie Frauen älter werden
Band 4010, 2. Auflage

Sabine Brodersen
Inge
Eine Geschichte von Schmerz und Wut
Band 4059

Marina Schnurre/ Renate Kreibich-Fischer
Ich will fliegen, leben, tanzen
Zwei Frauen arbeiten mit Krebskranken
Band 4066

Ulli Olvedi
Frauen um Freud
Die Pionierinnen der Psychoanalyse
Band 4057